# 중국어학 입문

오길용 · 김훈호 공저

中國語學 概論

신아사

# 머리말

중국어 학습이나 임용고시를 준비하는 학생들이 어렵고 하기 싫은 분야가 중국언어학의 학습일 것이다. 문학분야와 달리 내용이 쉽게 눈에 들어오지도 않고 학습하는 이해하기 어렵게 느껴지는 것은 사실이다. 그렇지만 어떤 언어이든 학생들이 음성, 어휘, 문법, 문자 등 언어에 대한 전반적인 학습 없이는 그 언어나 사회를 이해할 수 없다. 한 국가의 사회생활을 이해하려면 해당 언어의 기초지식을 튼튼해야 쌓아야 한다. 인간의 의사소통은 항상 말과 글로 시작하기 때문이다. 더욱이 21세기에 들어서 짧은 기간에 G2로 급부상한 중국을 깊이 이해하고 불확실한 미래에 대비하기 위해서 언어에 대한 도전은 중요하다.

현대중국어의 기초 지식을 토대로 중국 언어, 문학, 역사, 사상, 문화 등을 이해하는 기회가 되었으면 하는 바람이다. 더 나아가 새로운 관점에서 언어, 언어학습, 언어교육을 되돌아보고 새로운 통찰력을 얻을 수 있는 사고의 틀이 되기를 기대한다. 그것을 깨닫게 되면 정말 재미있는 언어여행을 할 수 있을 것이다. 이론적인 내용이 너무 전문적이라고 생각하여 학습을 포기하는 학생들은 중국 문장에 담긴 내용을 이해하거나 문제를 해결하는데 어려움을 겪을 것이다. 텍스트를 읽고 문제에 답하는 교육에 익숙한 우리의 습관을 바꾸어 한 번쯤은 총체적인 언어이론과 실제를 학습하는 것도 좋으리라 생각된다. 중국어에 대해 자신이 무엇을 알고 있는지, 무엇을 어떻게 알고 있는지를 아는 것이 문제를 해결하려는 사고력, 창의력의 중요한 출발이기 때문이다. 이 입문서가 여러 가지 정보가 담긴 글을 편안히 읽을 수 있도록 조금이나마 도움이 되었으면 한다.

이 책은 그 동안 중국어 교직과정을 수강하는 학생들에게 언어학을 가르치며 자료를 보강하고 연습문제를 넣어 학습한 결과를 스스로 평가할 수 있도록 출판한 것이다. 기존의 현대 중국어 기초의 틀에서 벗어나지 못하고 출판하게 된 것을 부끄럽게 여긴다. 필자의 지식이 아직 깊지 못한 것을 너그러이 이해해주길 바란다.

마지막으로 이 책을 출판해 주신 신아사와 편집을 위해 수고하신 선생에게도 감사를 드린다.

2022년 8월
연구실에서

# 목차

## 제1장 중국어 개설



## 제2장 음성

## 제3장 어휘



## 제4장 문법

# 제5장 한자

# 제1장 중국어 개설

## 1. 언어란 무엇인가?

### 1) 언어의 중요성

언어는 인간과 밀접한 관계가 있다. 언어는 어느 지역에나 존재하기 때문에 언어 없이 인간집단은 사회생활을 할 수 없다. 그러나 언어를 이해하고 있는 사람은 많지 않다. 지식인이나 언어학 전문가일지라도 언어를 완전히 이해하고 있다고 주장할 수 없다. 단순히 말을 한다는 이유로 언어를 잘 알고 있다고 말할 수 없다.

언어를 정확히 이해하는 것은 중요하다. 그 이유는 첫째, 오늘날 중요한 문제들은 언어와 본질적인 관련을 맺고 있다. 언어 차이가 사회를 이해하는데 얼마나 장애가 되는가? 보편적인 언어는 가능한가? 아이들에게 어떤 방법으로 읽기를 가르쳐야 할까? 외국어는 몇 살 때부터 가르쳐야 하는가? 하층계급 사람들은 언어 때문에 사회적 출세가 어느 정도 불리한가? 경제적으로 성공할 수 있을 것인가? 이와 같은 문제에 해답을 얻으려면 언어 지식을 최소한 갖추지 않으면 안 되는 것이다.

둘째, 언어는 기타 학문을 연구하는 데 중요하다. 예를 들면 철학자는 언어를 철학적으로 분석하는데 비상한 관심을 가지고 있다. 언어는 습득되는 것인가? 선천적인 것인가? 언어와 논리의 관계는 무엇인가? 언어는 철학적 탐구나 이론의 수단으로 가능한가? 언어는 심리학과도 많은 부분에서 관계가 깊다. 사실 언어는 대부분 심리적 현상이므로 심리학의 일부분이라고 생각할 수도 있다. 그래서 심리학에서 언어는 심리체계의 이론을 시험하는데 중요한 수단이기도 하다.

셋째, 언어 연구성과를 실제로 응용하는 사람에게 언어는 중요한 문제이다. 언어를 공부하거나 가르치는 사람에게 언어를 통찰하는 것이 기본적으로 중요하다. 만일 자동번역이나 프로그램 개발자가 언어를 이해하지 못한다면 프로그램 개발은 거의 불가능하다. 인류학자가 그 나라의 문화를 연구하거나 선교사업에서 원주민의 언어를 습득할 때 언어 지식은 반드시 필요한 것이다. 이처럼 언어는 인간생활 중심에 놓여 있다.

인간 생활은 모두 언어를 기초로 하여 만들어진다. 개인과 개인은 언어를 통해 소통되고, 이미 얻은 지식은 언어를 통해 전달된다. 이렇게 언어로 사회적 집단이 협력할 수 있고 공동생활이 유지되며 과거에서 미래로 이어진다. 따라서 우리 인간은 언어 속에 살고 있어 언어의 중요성이 아무리 강조되어도 지나침이 없을 것이다.

## 2) 언어의 특성과 기능

### (1) 언어의 특성

인간은 누구나 태어나면서 무의식적으로 습득하여 자유자재로 사용하고 이해하는 모국어(mother tongue)가 있다. 우리의 모국어는 말할 것도 없이 국어(Korean)이다.

모국어 사용자의 무의식적인 언어 지식(unconscious linguistic knowledge)을 의식적인 기술(description)과 분석(analysis)이라는 이론적인 작업을 통해서 어느 정도 과학적으로 접근할 수 있게 된다. 언어학(linguistics)은 언어(language)에 대한 체계적인 연구를 하는 학문(science)이다. 그러나 여기서 유의할 점은 어떠한 개별 언어도 인간 언어로서의 공통적 특성, 즉 언어 보편성(language universality)을 가지고 있다는 점이 현대 언어학, 특히 Noam Chomsky가 주도해온 생성언어학(generative linguistics)의 기본 철학이며, 언어학의 궁극적인 목표를 보편문법(universal grammar)의 확립에 둔다는 점이다. 구체적으로 개별 언어로서의 문법(particular grammar) 이론인 중국어학을 연구하는 과정에서도 다른 언어의 지식, 특히 모국어로서의 국어에 관한 직관적 지식을 적극적으로 활용하고 참고하는 것이 중국어학도로서의 바람직한 자세라고 말할 수 있다.

이런 기본적인 입장에서 여기에서는 중국어학을 이해하기 위한 기초 작업으로서 일반 언어의 특성을 살펴보기로 하겠다.

### ① 언어의 기호성

언어는 인간이 자신의 생각(thought)이나 감정(feeling)을 표현(expression)하거나 일정한 정보(information)를 상대방에게 전달하는 기호(code)라고 간주된다. 언어, 즉 언어적 기호는 이를 통해서 다른 것을 의미하거나 전달하는 상징물(symbol)이나 신호체계(signal)를 사용한다. 기호는 사용자 상호간의 약정(convention)에 의해서 일정한 의미를 갖게 되는 것으로서 의미(meaning)와 필연적인 관련성을 갖지 않는다.

언어는 기능면에서 보면 인간의 교제도구이고 사유이며 정보전달의 수단이다. 구조적 특징으로 보면 기호체계이다. 언어는 조음기관에서 나오는 음성형식에 일정한 내용을 담은 기호의 체계이다. 기호는 내용을 나타내기 위한 형식이다. 기호란 인간이 생각을 전달하기 위해 사용하는 모든 수단을 의미한다. 인간이 활동하면서 A라는 형식으로 B라는 지시대상을 대표한다. 이때 A는 표시자이고 B는 피표시자이다. 지시대상을 대표하는데 필요한 형식, 즉 표시자를 기호라 한다. 기호는 지시대상을 가리키는 표식이다. 예를 들면, 교통 표지판, 신호등, 깃발을 이용한 신호, 암호, 먹구름, 기적소리, 나팔소리, 종소리, 몸짓, 문자, 점자(点字) 등이 이에 해당한다. 신호등, 문자 등이 지각기호이며, 기적소리를 청각 기호라 하며, 점자(点字)는 촉각 기호에 해당한다. 언어도 인간의 생각을 전달하기 위한 청각 기호라 할 수 있다. 그리고 언어 기호는 음성 언어와 문자 언어로 나눌 수 있다. 음성 언어는 조음기관을 통해 만들어지는 말소리를 말하고, 문자 언어는 음성 언어를 문자 언어로 표기한 것을 말한다. 이러한 기호는 일정한 의미를 표시하며 소식과 정보를 전달하는 것이다. 결국 인간의 언어는 기호이기에 전달하고자 하는 내용(의미)과 형식(말소리), 또는 문자 형식의 결합으로 이루어진다. 언어 기호를 예로 들면, 한국어의 '불'이라는 음성형식은 <pul> 이다. 물체가 연소할 때 붉게 타는 현상을 의미한다. 중국어 '书'의 음성형식은 <shū>로 책, 도서 등의 의미를 표시한다. 이들 사이에는 필연적이거나 본질적인 관련이 없다. 해당 언어사회에 의해서 약속한 '불'과 '书'은 언어기호이다. 이 기호에 의해 표시하는 사물을 알아낼 수 있다.

언어기호는 사용하기 편리하고 효과가 좋다. 머리속에 정보를 입력하여 어디에서나 입으로 말하면 소리로 나타낼 수 있다. 만약 의사소통할 때마다 가방에서 실물을 꺼내어 보이려면 불편할 뿐만 아니라, 가방을 몇 백 개 준비해야 할 것이다. 그래서 실물 대신에 기호를 쓰는 것이다. 언어는 이러한 기호들로 구성된 하나의 체계이다.

기호를 파악하면 기호들로 표시되는 사물을 알 수 있다. 모든 기호는 형식과 의미가 있다. 언어기호에도 음운은 형식이고 의미는 내용이다. 어떤 기호로 어떤 사물을 나타내는가 하는 것은 자의적이고 인위적이며 약정적이다. 필연적이거나 본질적인 관련이 없는 해당 언어사회에서 약속한 것이다.

### ② 언어의 자의성

언어는 표시자와 피표시자의 관계에 자의적 성격을 지닌다. 언어 기호에서 형식과 내용의 결합은 필연적이 아니라는 것이다. 만일 둘 사이가 필연적이라면, 모든 언어들은 명칭이 다 같아야 할 것이다. 인류 최초로 '개'를 발견한 인간은 꼭 이 동물을 '개'라고 불러야 할 이유가 없었다. '돼지'라고 해도 되고, '말'이라고 해도 되고, '소'라고 해도 됐다. 그런데 아무 이유 없이 '개'라고 부르게 되었다. 한국어에서 '개'를 '개'란 형식으로 표시할 필연적인 이유가 없다. 이렇게 우리가 사용하는 언어는 모두 필연적인 이유 없이 임의로 내용과 형식이 결합된 것이다. 이는 같은 대상을 나라와 민족마다 다르게 부르고 있는 것을 보면 쉽게 알 수 있다. 세계의 언어는 '개'을 나타내는 형식이 다르다. 한국어는 '개', 영어는 'dog', 독일어는 'hunt', 일본어는 'いぬ' 등으로 표시하고 있다. 이러한 관계를 자의적 관계라 한다. 즉 언어에 따라 관습적으로 결정되는 자의성이 있다. 언어 기호를 구성하는 두 면, 직접 지각할 수 있는 음성(시니피앙)과 지각되지 않는 의미(시니피에) 사이에 자연적인 관계나 필연성은 없다. 교통신호체계를 예로 들면 '붉은 신호(형식, 시니피앙)'는 정지(내용, 시니피에)를 의미한다. 붉은 색 자체가 필연적으로 '정지'를 뜻하는 것은 아니다. 구급차의 붉은 신호는 '위급'을 나타내며, 비행기나 고층빌딩에서 보내는 붉은 신호는 '위험 및 경고'를 상징한다. 붉은 색과 의미 사이에 필연적인 관계는 없다. 어떤 신호로 어떤 의미를 나타내는가 하는 것은 자의적이고 인위적이며 약속이다.

### ③ 언어의 사회성

언어의 내용과 형식은 필연적이지 않고, 자의적이기 때문에 언어는 사회성을 갖는다. '개'를 최초의 원시인들은 각자 다르게 이름을 부르고 싶었을지 모른다. 그러나 각자 다르게 이름을 부르면 의사소통에 문제가 생긴다. 그래서 사회집단 내에서 서로 약속을 해야 한다. 언어 기호는 개인이 단독으로 만들거나 바꿀 수 있는 것이 아니다.

언어 기호의 내용과 형식의 결합은 사회 구성원 간의 약속에 의해서 가능하다는 언어 특징을 사회성이라 한다. 따라서 언어 사용은 제약을 받는다. 언어 사용능력이 창조적이기는 하지만 우리가 원하는 바를 표현하는 자유도 환경에 따라 일정한 제약을 받는다. 언어 사용이 인간 상호간의 교류의 일부 작용이므로 상대방과 관련된 상황에 맞게 언어사용이 조절되어야 하는 것은 자유의 다른 선택이라고 말할 수 있다.

### ④ 언어의 역사성

언어는 시간이 흐르면서 내용과 형식 혹은 문법적인 측면에서 변화가 생길 수 있다. 이처럼 시간의 흐름에 따라 언어가 변화하는 것을 언어의 역사성이라 한다. 언뜻 사회성과 역사성의 관계는 모순처럼 보인다. 하지만 사회성은 개인이 마음대로 바꿀 수 없다는 것이고, 역사성은 시간이 흐르면서 자연스럽게 사회구성원이 받아들이는 변화는 가능하다는 것이다. 언어는 역사의 흐름 속에 언어집단에 의하여 신생(新生), 수정(修订), 성장(成长), 소멸(消灭)하면서 끊임없이 변화할 수 있다.

### ⑤ 언어의 구조성

언어는 단어(word)라 부르는 상징물의 집합일 뿐만 아니라, 단어가 서로 조합하여 더 큰 구(phrase)와 문장(sentence)을 만든다. 언어의 구와 문장, 심지어 단어 자체까지도 반드시 구조(structure)를 가진다. 구조란 일정한 원리(principle)와 유형(pattern)에 따라 조직된 개체이다.

언어가 구조라는 점은 가장 기본적인 언어의 성질 가운데 하나이다. 예를 들면 "Mary sings."라는 문장을 생각해보자. 영어를 모국어로 사용하는 사람이나 영어를 아는 사람에게는 이 문장은 무의미한 소음의 연속체가 아니라, 모두 9개의 자음(consonant)과 모음(vowel)으로 이루어져 있는 의미있는 구조이다. 연속적으로 이어지는 9개의 소리는 결국 명사(noun)를 지칭하는 4개의 소리와 동사(verb)를 지칭하는 5개의 소리로 나누어지며, 명사는 행위자(agent)로서 주어(subject)가 되고, 동사는 술어(predicate)가 되어 문장을 만들게 된다. 명사나 동사는 형태(form)를 지칭하는 문법형태(grammatical form)이며, 주어나 술어는 문장 안에서 일정한 형태가 담당하는 기능을 가리킨다. 형태와 기능은 문장을 분석하는데 가장 기본이 되는 개념이다. 동일한 형태가 다른 기능을 갖기도 하고, 동일한 기능을 다른 형태가 담당하기도 한다.

문법적 분석의 최종적인 대상인 문장은 더 큰 구조인 문단(paragraph)의 단위(unit)가 되기도 하고, 문단은 더 큰 단위인 담화(discourse)의 단위가 되기도 한다. 결국 언어의 구조는 형태와 기능을 가지며, 더 큰 구조의 작은 단위가 된다고 말할 수 있다.

### ⑥ 언어의 체계성

언어는 언어를 구성하는 요소들은 일정한 관계를 맺고 있어 규칙의 지배를 받는다. 언어의 단위는 계층적 조직(hierarchical organization)을 가진다. 각 단위는 더 큰 상위 단위의 부분이 된다. 단어가 문장을 구성하기 위해서는 규칙을 준수해야 한다.

규칙은 단어의 형성에도 존재한다. 단어는 최소의 의미 단위인 형태소(morpheme)가 일정한 규칙에 따라 배열될 때 올바른 단어가 만들어진다. 예를 들어 sane의 명사형은 sanity와 saneness가 가능하고 bleak의 명사형은 bleakness는 가능하지만, *bleakity는 존재하지 않는다. 이는 단어를 만드는 엄격한 형성규칙을 위반했기 때문이다.

또한 단어의 소리, 즉 음소(phoneme)의 배열에도 규칙이 존재한다. 음소의 배열이 blick나 brick는 존재하지만 *bnick는 존재하지 않는다. 다시 말하면 bn의 연속음은 영어의 음소배열규칙을 위반하고 있다고 말할 수 있고, 결과적으로 영어를 모국어로 하는 화자는 이런 배열은 자연스럽게 발음할 수 없다고 말할 수 있다.

모든 언어의 내부구조를 분석해보면 언어는 여러 가지 단위와 요소들로 이루어진 전일체이다. 이 전일체에 포괄되어 있는 각 요소와 단위들은 서로 연계되고 제약되면서 하나의 체계를 구성한다. 언어의 구성요소인 음운은 형식, 의미는 내용, 어휘는 재료, 문법은 규칙이다. 이러한 구성요소들이 체계성을 가지고 있지 않다면 사람들이 서로 언어의 뜻을 포착할 수 없고, 언어를 통해 교제할 수도 없다.

### ⑦ 언어의 보편성

인간 언어는 동물 언어와 근본적으로 다른 공통점이 있다. 우리와 전혀 다른 세계에 들어가서 새로운 사람을 만나고 새로운 언어를 접해본다면 생각보다는 서로 자신의 생각과 감정을 교환하는 일이 그렇게 어렵지 않음을 알고 놀라게 된다. 우리가 아무리 영리한 애완동물을 기른다고 하더라도 아주 간단한 신호체계 이상으로 서로 의사를 전달하는 것이 얼마나 어려운가를 생각해보면 인간 언어가 가진 공통성이 얼마나 확실한지를 알 수 있다. 기본적으로 인간 언어는 자음과 모음으로 구분되는 소리의 연속체로서 단어를 만들고, 단어가 구가 되고, 구가 문장이 되는 과정이 규칙의 지배를 받는다는 점에서 언어의 보편성(linguistic universality)을 가지고 있다. 이를 '인간 고유의 특성'이라고 부른다.

⑧ 언어의 창조성

우리가 우리말을 자신의 의지에 따라서 새롭게 만들어서 사용하고, 전에 들어본 적이 없는 문장을 듣고 이해한다면 우리는 우리말을 창조적으로 사용한다고 말할 수 있다. 이러한 우리의 모국어 지식의 단면을 창조적 측면이라고 부른다. 창조의 반대 개념은 모방(imitation)이다. 언어 능력을 창조로 보느냐 모방으로 보느냐 하는 점은 인간 언어 더 나아가서 인간의 정의 및 위상과 밀접히 관련되어 있다. 물론 우리는 태어나면서 부모와 주위 환경으로부터 일정한 표현을 모방하는 과정이 있다. 그러나 이것은 나중에 우리가 가지는 놀라운 언어 사용능력에 비하면 지극히 부분적인 것에 지나지 않는다. 동물이 인간의 언어를 흉내 내는 정도와 비교해보면 인간의 언어 능력은 가히 창조적이라고 말할 수 있다.

실제로 새로운 개념을 표현하기 위하여 새로운 단어를 만들고, 새로운 의미를 표현하기 위하여 새로운 문장을 필요에 따라 얼마든지 길게, 그리고 다양하게 표현하는 능력을 보면 모국어의 능력은 창조적이라고 보아야 할 것이다.

### (2) 언어의 기능

인간 언어의 기능(function)은 시대와 학문 분야, 그리고 언어의 정의에 따라 그 내용에 대한 강조점의 차이가 있지만 일반적으로 다음과 같이 정리할 수 있다.

① 언어의 정보적 기능(informative function)

언어는 대화자간의 의사소통의 수단(means of communication)으로서 화자의 정보의 전달 기능과 동시에 청자의 정보 입수의 기능을 가진다. 이를 언어 기능의 상호교환성(interchangeability)이라 부른다. 의사소통이란 말 그대로 화자가 전달한 message가 청자에 의해서 올바르게 이해 혹은 해석되어야 함을 전제한다. 따라서 대화 중에 동일한 사람이 message의 송신자도 될 수 있고, 수신자도 될 수 있다. 그러나 동물의 언어는 송신자와 수신자가 분리되어 있는 경우가 많다. 새벽을 알리는 것은 수탉의 울음이며, 암탉이 알을 낳고 신고하는 울음을 수탉은 흉내 내지 못한다.

#### ② 언어의 지시적 기능(directive function)

언어를 사용하여 화자가 청자에게 요구하거나 지시하여 청자의 생각이나 행동을 하도록 한다. 지시적 기능은 명령문(imperative sentence)과 같은 언어표현 형식 자체만으로 이루어지기도 하지만, 많은 경우에 상황과 화자-청자 사이의 관계에 따라 지시적 의미로 해석된다. 예를 들면 "Could you help me?"가 상대방이 나를 도와줄 수 있는 능력이 있는지 묻는 질문이 아니라, 나를 도와달라는 정중한 부탁으로 해석할 수 있는 능력은 화자와 청자의 몫이다. 얼굴표정이나 몸짓으로 간단한 지시는 할 수 있지만 구체적이고 정확한 지시는 인간 언어만의 고유기능이다.

#### ③ 언어의 표현적 기능(expressive function)

인간은 언어를 사용하여 자신의 감정이나 태도, 생각을 표출한다. 이는 청자를 전제하지 않는다는 면에서 정보적 기능이나 지시적 기능과 구분될 뿐만 아니라, 동물의 언어와도 구별된다. 인간만이 독백(monologue)을 하며, 잠꼬대를 하기도 한다. 일기를 쓰기도 하고 자기 안에서 수많은 다른 사람을 등장시켜 문학작품을 창조하기도 한다. 동일한 내용의 말과 글도 더 효과적으로 표현하기 위하여 다듬고, 특히 문학작품에서 아름다운 표현을 추구하는 심미적 기능도 인간 언어의 표현기능에 속한다.

#### ④ 언어의 친교적 기능(phatic function)

영국의 인류학자 Malinowski가 처음 사용한 용어인데, 의례적 혹은 의식적 기능이라고 부르기도 한다. 사람들은 대인관계에 있어서 의례적인 인사말로 대화를 시작하고, 가볍게 그날의 날씨에 대해서 이야기를 주고받음으로써 상호간의 관계를 부드럽게 한다. 영어의 인사말 "How are you?"에 대하여 "Fine. Thank you."로 응답하는 것이나, 편지글의 서두에 "Dear Mr ..." 라는 표현도 친교적 기능을 가지며, 우리말에도

"밥 먹었니?" "어디 가니?" 등이 순전히 인사말로 쓰인다면 친교적 기능이다.

### 3) 언어의 속성

말과 글은 의사소통의 중요한 수단이다. 말은 우리가 매일 마시는 공기나 물처럼 인간의 사회 생활과 불가분한 관계이다. 아침에 일어나 잠자리에 들 때까지 말을 하지 않고는 사회생활과 가정생활을 할 수 없다. 말은 사람의 사상, 감정을 나타내는 음성적 부호, 즉 사람의 생각을 목구멍을 통하여 조직적으로 발음되는 소리이다. 인류 역사에서 지능과 발성기관이 발달하면서 자연스럽게 발생한 것이 언어이다. 청각적인 말을 시각적인 부호를 만들어 보존하려는 목적으로 만들어 낸 것이 문자이다. 이 문자를 이용하여 인간의 생각을 표현한 것이 문장이다.

언어는 말과 글을 모두 포함한다. 언어는 각자의 생각을 표현하는 매개체로 사회의 모든 사람이 공통적으로 사용하는 의사소통의 교제도구이다. 언어는 특수한 사회현상으로 언어의 외적기능과 내적기능, 즉 언어체계의 특징을 통해 이해할 수 있다.

언어 외적기능에서 보면 언어는 인류가 사용하는 가장 중요한 교제도구이며, 추상적인 사유도구이다. 언어는 인류 조상들의 필요에 따라 만들어진 것이다. 인류 조상인 유인원은 나무 위에서 땅으로 거주지를 옮겨 생활한 이후, 생계를 도모하고 맹수의 공격을 막기 위해 군집생활을 해야 했으며 공동으로 생활하면서 자연을 정복해 나갔다. 이처럼 자연 정복과 공동 생활환경의 변화로 사유기관과 발음기관이 개선되면서 언어의 생산을 가능하게 했다. 다른 한편으로는 바로 이러한 자연을 정복하는 과정에서 유인원은 서로 무엇인가 말해야 한다는 것을 느꼈고, 그들은 공동생활 속에서 더욱 효과적으로 자연을 정복하였다. 언어는 이러한 강한 교제도구의 필요에 따라 생산되었다. 인류가 성공적으로 자연을 정복함에 따라서 사회는 나날이 복잡해졌으며, 새로운 사물이 끊임없이 출현하여 인간과 인간의 관계는 더욱 복잡해졌다. 이러한 복잡한 교제의 발전은 언어의 발전을 더욱 촉진시켰다.

요컨대 언어는 인류봉사를 위한 교제도구가 되었다. 교제의 필요성을 통해 생겼으며 발전하였다. 만일 언어가 인간의 교제활동에 필요성이 없었다면 곧 언어는 소멸했을 것이다.

언어는 인류의 가장 중요한 교제수단이다. 인류 교제수단은 언어뿐만 아니라, 고대에 새끼를 매듭지어 기록하거나 조개껍질, 봉화, 병부, 현대 사회의 전화, 광고 등도 어느 일정 분야에서 교제의 작용을 하였다. 따라서 인류의 교제수단이라고 할 수 있다. 그러나 이러한 것들은 언어만큼 간편하지 않고 폭 넓게 쓰이지 않았다. 동시에 언어의 기초 위에 형성되어 언어의 해석을 빌려야만 교제도구로 쓰일 수 있다. 언어는 인류의 추상적인 사유의 수단이다. 사유는 인간 뇌의 활동과정에서 문제를 깊이 생각하고 직관적인 형상이 직접 사유 활동의 근거로 활용할 수 있다. 마치 영화처럼 생각이 갑자기 떠오르는 것인데 이러한 사유를 형상사유라고 한다. 대개 꿈을 꿀 때 형성되는 사고활동은 형상사유에서 비롯된다. 인간의 또 다른 사유형식은 구체적인 형상을 벗어나 언어를 빌려 문제를 생각하고 언어는 인간이 객관적인 사물을 추상적으로 인식하는 것을 반영한다. 그래서 언어를 가지고 사고하는 것을 추상사유라 한다. 추상사유는 언어로 행해지기 때문에 언어를 수단으로 하지 않는 사유는 추상사유라 할 수 없다. 이는 두 가지 측면의 관찰을 통해 증명할 수 있다.

첫째는 묵상할 때 언어 체계를 이용해 사고를 하는 것이다. 이때의 언어형식은 실제 말을 하는 것보다 체계적이지 않고 직관적인 형상의 화면이 끼어들지만 언어를 떠난 묵상은 있을 수 없다.

둘째 인간의 사고는 모두 언어를 이용해서 표현된 것이다. 추상사유는 언어를 떠날 수 없으며, 언어는 추상사유의 수단이라 할 수 있다.

언어의 내적기능, 즉 언어체계의 구조에서 언어를 이해한다면, 언어는 음과 뜻이 결합된 하나의 기호체계라고 할 수 있다. 기호는 사물이나 현상을 대표하는 것으로 전보코드라고 할 수 있다. 코드는 일종의 부호이며 일정한 숫자를 이용하여 언어의 단어를 대표한다. 기호와 그것이 대표하는 사물은 어떠한 연계성도 없다. 만일 연계성이 있다면 그것은 어떠한 징후이다. 예를 들면 체온이 37도가 넘었다는 것은 병이 났다는 의미이며 병의 징후이다. 그러나 언어와 언어를 대표하는 사물사이에는 연계성이 없으며 사회의 약속을 통해 만들어진 것이다. 중국어의 '人'(사람)이라는 소리는 두 다리를 세워 걸어갈 수 있으며, 말을 할 수 있고 일을 할 수 있는 고등동물을 대표한다. 이 소리가 사람을 의미하는 것은 사회의 약속에 의한 것이다. 그래서 언어체계의 성질에서 보면 언어는 제한된 소리의 조합이나 규칙을 이용하여 각종 사물의 기호체계를 대표한다.

요컨대 언어는 일류의 가장 중요한 교제 수단이며, 추상적인 사유도구이며, 사회에서 약속된 기호체계이다.

## 2. 중국어의 의미와 명칭

### 1) 중국어의 의미

중국은 56개 민족으로 구성된 다민족 국가이다. 한족 이외에 55개 소수민족이 있으며 각 민족은 대부분 자기들의 언어를 가지고 있다. 일반적으로 '중국어'라는 말은 중국인이 사용하는 말이다. 이 명칭에는 많은 소수민족의 언어가 포함된다. 소수민족 언어와 혼란을 피하기 위해 전 인구의 90%이상을 차지하는 한족(汉族)이 사용하는 언어를 한어(汉语)라 한다.

현대 한어는 한족이 사용하는 공통어이다. 공통어는 북경어음을 표준음, 북방화를 기초방언, 현대 백화문 작품을 문법규범으로 삼고 있는 보통화를 말한다. 보통화는 일반 사람들 사이에서 통용되는 모든 민족들이 교제도구로 사용하는 언어이다. 북경어음은 중국 정부에서 제정한 표준어음으로 정치·경제·사회·문화 등 정책적인 차원에서 지정한 언어집단의 공통 언어이다.

방언은 표준어와 구별되는 개념으로 고대한어가 발전하여 현재까지 사용되고 있는 각 지역에 분포되어 있는 언어이다. 방언 가운데 북방방언은 사용인구가 가장 많고 범위가 넓다. 현대중국어는 이 북방화를 기초방언으로 하고 있다. 북방화의 어휘는 13세기 관화(官话)와 백화문학이 전파되면서 서면어와 백화문의 기초가 되었으며, 문법은 모범적인 현대 백화문을 기초로 하여 제정하였다. 그러나 넓은 의미의 현대 중국어는 보통화와 각 지방에서 사용되는 방언을 포함한다. 현대 중국어의 표준어는 보통화이지만, 방언은 북방방언, 오방언, 상방언, 공방언, 객가방언, 월방언, 민방언(민북방언, 민남방언)의 7대 방언이 있다.

현대 중국어는 오랜 역사적 발전과정을 거쳐 근대 중국어의 바탕 위에서 형성되었다. 송원 이후 북방 구어를 반영하여 서면어로 쓴 백화문학이 현대 중국어 서면어의 근원이다. 원명 이후 출현한 관화는 전국 각 지방에 보급되면서 현대 중국어의 구어인 보통화를 형성하는데 중요한 영향을 주었다.

중국어는 역사적으로 상고중국어, 중고중국어, 근대중국어, 중국어로 세분할 수 있고, 지리적으로도 많은 방언으로 나누어질 수 있지만, 일반적으로 다음과 같이 나누고 있다.

- 상고중국어(3세기 이전) : 殷·商 - 秦·汉
- 중고중국어(4세기 - 12세기) : 위진남북조 - 唐·宋
- 근대중국어(13세기 - 19세기) : 元·明·清 - 아편전쟁(1840년)
- 현대중국어(20세기이후) : 五四운동(1919년) - 현재

## 2) 중국어 명칭의 다양성

보통화라는 명칭 이외에도 중국어의 별칭은 다양하다. 중국어는 해외의 화교(华侨) 사이에서도 쓰이고, 한족의 문화에 동화된 이민족들도 모어(母语)로 삼고 있어서, 세계 인구의 약 1/5이 사용하고 있는 대언어이다. 언어학상으로는 중국티베트어족(汉藏语族)에 속하여, 티베트어 ·버마어 ·타이어 등과 친족관계에 있다고 하지만, 그 공통점은 음조(音调)의 체계에서만 찾아볼 수 있을 뿐, 기타 유사성은 거의 인정하기 어렵다.

㉠ **관화** : 명대(明代)이래로 최근까지 통행되어온 "관화(官话)"는 원래 "관리들의 공식 용어·관용어·공용어"라는 뜻으로 관청에서 통용된 언어가 점차 표준어를 가리키게 된 것이다. 관화(官话)는 당시 수도였던 북경에서 사용하던 구어에 기초했다. 많은 방언들을 사용하는 대륙을 효과적으로 다스리기 위한 수단으로서 각 지역에서 소통될 수 있었던 공용 언어체계로 청대(清代)에 상당히 통용되었다. 현재 중국에서는 관화(官话)라는 명칭은 표준어라는 의미로는 쓰지 않는다. 단지 명·청시기 관청언어가 북방이고 한족(汉族)전체인구의 70%정도가 사용하고 있기 때문에 보통화(普通话)가 기초가 된 북방방언을 관화방언(官话方言)이라고도 부른다. 이 방언지역을 다시 하위방언으로 세분하여 북방관화(北方官话)·서남관화(西南官话)·서북관화(西北官话)·남방관화(南方官话)방언이라 하

여 관화의 의미를 부분적으로 계승하고 있다. 서구에서는 일찍부터 당시 중국표준어를 만다린(Mandarin)이라고 하였다. 만다란은 "중국에서 관리와 지식인들이 보편적으로 사용하는 말"이라는 뜻이다.

ⓛ **백화** : 백화와 문언은 서로 다른 서면언어를 가리키지만, 백화(白话)는 문언(文言)과 반대되는 토속적인 서면언어이다. 백화는 본래 송원을 거쳐 명청시기에 민간문학의 일부 특정 장르에만 국한되었으며 당시 구어를 반영하고 있는 서면어이다. 20세기 초, 특히 5·4운동 시기 중국은 민족, 민주, 신문화운동이 거세지면서 백화문이 문언문을 대체하여 서면어가 되었다. 또한 백화문운동은 문언문의 기반을 흔들면서 국어의 명칭이 관화를 대체하게 되었다. 현재의 백화는 글말 중국어라는 의미로 사용되고 있다.

ⓒ **국어** : 국어(国语)는 20세기 초부터 공동 국가언어를 지칭하는 말로 민국이후 정부에서 제정하여 관화(官话)라는 명칭 대신에 사용된 것이다. 민국시기에 국어운동은 북경어를 기초로 한 것으로 1918년 중국 교육부 주음자모(注音字母)를 반포하여 북경어음을 통일하는 기준으로 삼았다. 그후 1950년대 중반 중국정부는 국어를 보통화로 명칭을 바꾸어 표준어의 공식 명칭으로 채택하였다. 지금은 대만에서 국어(国语)를 표준어로 부르고 있다.

ⓡ **보통화** : 보통화(普通话)는 중화인민공화국에서 자기들의 표준말을 일컫는 공식 명칭이다. 이전에 사용되었던 국어와 마찬가지로 북경방언에 기초를 두고 있는 표준언어로서 중국 대륙 각 학교와 정부기관에서 공식적으로 사용되고 있다.

ⓜ **한어** : 한어(汉语)는 글자 그대로 한족(汉族)이 구사하는 모든 언어를 포함한다. 즉 민족학적 의미의 중국어를 가리키는 말이다. 현재 이 언어가 보통화라는 용어를 대신하고 통용되고 있는 표준어의 개념이다. 학술적인 문장에서는 통상 이 용어를 사용하고 있다.

ⓑ **중문** : 중문(中文)은 중국어의 서면어 형식과 구어 형식 모두를 지칭하는 것이다. 엄격하게 말하자면 서면 언어를 뜻하는 것이다. 그러나 일상적인 용례에 있어서는 이 용어가 서면어 뿐만 아니라 구어도 지칭할 수 있다. 이 용어가 중국 언어에 대한 명칭으로서의 공식적인 지위를 지니고 있지는 못하고 있지만, 현실적으로는 널리 통용되고 있다. 예를 들면 중국어로 쓰여진 각종 형식의 인쇄물-서적, 신문, 잡지 등-을 지칭하는 명사를 수식하는 경우에 있어서 이 용어만이 사용 가능하다.

## 3. 중국어의 형성과정

현대중국어는 장기간 지속되어온 발전과정을 거쳐 근대중국어를 기초로 형성되었다. 현대중국어의 형성은 송원(宋元)이후 북방구어를 반영한 서면어로 쓰인 백화문학의 출현과 원명이후 북방구어인 관화가 점차 각 지방에 보급된 보통화에서 실마리를 찾을 수 있다.

역사적으로 중국어의 표준어 개념은 여러 지역의 방언들이 병존하고 있었던 고대로부터 존재하고 있었다고 볼 수 있다. 문헌의 기록을 보면 先秦시기《论语》의 "雅言"이라든지 汉代《方言》속에 나오는 "通语"는 모두 표준어, 공통어를 의미한다. 명청대(明清代)에 나온 운서(韵书)나 운도(韵图)에 자주 보이는 "雅音" 또는 "正音"은 황하유역 중원(中原)지방의 표준어음을 가리키는 명칭이다. 특히 화중(华中)·화북(华北) 지방에 직업·계층과는 관계없이 두루 통용되는 공통어가 되었다. 원명대(元明代)에 걸쳐 현재의 중국 남서부가 식민지로 급속히 개발되면서 이 공통어는 운남(云南)·귀주(贵州)·광서(广西) 등 각 지방에도 보급되었기 때문에 청말(清末)에는 전 국토의 약 2/3에 달하는 지역에 의사소통 정도는 가능한 공통어가 통용되었으며, 이를 '관화(官话)'라고 일컬었다. 중화민국이 세워진 뒤 정부가 독음통일주비회(读音统一筹备会)를 발족시켜 표준발음의 보급에 나서자 공통어의 통용범위는 더욱 넓어졌다.

1949년 중국 정권이 본토를 차지한 뒤 그들은 55년부터 종래의 '국어(国语)'라는 명칭 대신 공통어를 '보통화(普通话)'로 개칭하였으며, ① 현대 북경어의 발음을 표준으로 삼고, ② 북방어를 그 기초방언으로 정하며, ③ 전형적인 현대의 구어로 쓰여진 작품을 그 문법적 규범으로 한다고 결정하였다. 이와 같은 방침에 따라 '한어규범화(汉语规范化)' 운동이 강력히 추진되었으며, 그 결과 중년 이하의 연령층과 특히 모든 공무원은 지방의 사투리를 남기면서도 보통화로 대화할 수 있는 상태에까지 이르고 있다.

## 4. 현대 중국어의 발전

사람들이 말을 사용하는 표현형식에는 구어와 서면어가 있다. 통상적으로 이야기하는 말을 구어, 쓰는 것을 서면어라고 한다. 먼저 구어가 존재하면서 말을 기록할 문자가 출현하고 서면어가 생겼을 것이다. 언어학적 관점에서 구어와 서면어의 차이는 풍격이다. 구어는 서면어의 기초가 된다. 서면어는 구어를 가공하여 기록한 형식이다. 문언이 처음 만들어졌을 때, 당시 구어와 여전히 가까웠으며 문언은 발전하는 과정에 구어와 멀어졌다. 한·위시대에는 문언과 구어의 차이가 상당히 벌어졌다. 이 시기에 당시 구어와 가까운 새로운 서면어가 출현했는데 이것을 고대 백화(근대한어)라 한다. 문언과 고백화는 모두 서면언어이며 현·당대 백화는 구어와 서면어를 포함하여 현대중국어라고 한다. 현대 중국어는 고대 중국어와 근대 중국어를 기초로 구어와 서면어 두 방면으로 발전하게 되었다. 하나는 송원 이후 북방 구어를 반영한 서면어 '백화 문학'의 생성과 발전으로 현대중국어 서면 형식의 중요한 근원이고, 다른 하나는 원명 이후 북경 구어인 '관화'가 각 방언 지역으로 확산되면서 현대중국어 구어 형식인 '보통화'이다.

### 1) 구어의 발전

#### (1) 官话

원명 이후 북경에 도읍을 정하자, 북경은 정치 문화 경제의 중심지로 북경어를 공통의 구어로 하는 사회적 형상이 되었다. 당시 북경화가 각급 관청의 교류언어였기 때문에 관화라는 명칭도 연이어 출현하였다. 명나라 초기에는 조선인들이 한어를 학습하기 위한 《박통사》(朴通事), 《노걸대》(老乞大)라는 회화책이 편찬되었다. 이 책은 당시의 북경 구어로 쓰여 이미 표준 국어의 지위를 외국인도 인정한 것이다. 명대에는 수공업과 상업의 발달로 공통의 구어가 필요하여 당시 관화인 북경어는 관리, 상인, 선교사를 통하여 전국 각지에 전파 되었다. 또한 백화 문학작품이 광범위하게 유포되면서 북경화로 대표되는 북방화는 각 방언지역 사이의 의사교류도구로서의 지위를 갖게 되었다. 당시의 북경화를 관화라고 불렀다.

### (2) 国语

20세기 초 5·4 시기에는 민족·민주 혁명운동이 고조되면서 언문일치(言文一致)를 제기하자 백화 문학과 관화라는 두 가지 조류를 통합하여 한민족 공동어의 발전을 가속화시켰다. 당시 백화문 운동은 문언 복고파의 반대를 물리치고 문언문의 위치를 위협하면서, 통속문학에서만 사용되어 오던 백화에 문학 언어로서의 지위와 북경화 중심의 북방화에 민족공동어의 지위를 부여하였다. 노신(鲁迅)의 《광인일기》(狂人日记)·《공을기》(孔乙己)·《약》(药)과 곽말약(郭末若)의 《여신》(女神) 등 백화문 작품은 그 전형이 되었다. 당시 관화에서 발전된 국어 운동은 빠른 속도로 발전하여 신문 방송에서 국어를 채택하게 되자, 국어는 전국 각지로 보급되었다. 서면형식과 구어형식이 합치되는 규범적 문학 언어를 형성시켰다.

### (3) 보통화

국어의 명칭은 점차 보통화라는 함축된 의미가 더욱 명확한 명칭으로 대체되면서 북경어는 더욱 한민족 공통어의 지위를 확보하게 되었다. 해방 이후, 정치적 통일과 경제의 발전에 따라, 당과 정부는 중국어의 규범화 사업을 더욱 중요시하게 되었다. 이처럼 북경어음을 표준음으로 삼고, 북경어를 기초 방언으로 하며 전형적인 백화문 작품을 문법 규범으로 삼는 현대한어는 한민족의 공동어로 5·4시기에 최종적으로 형성되어 보통화의 발전이 더욱 가속화되었으며 사회적 교류의 기능도 크게 향상되었다.

## 2) 서면어의 발전

### (1) 당대의 변문(变文)

당오대에 문언은 구어와의 차이가 있어 사용할 수 있는 사람도 적어 졌다. 반면에 경제가 번영하고 시민계층이 형성되면서 당대 민간에서는 북방어를 기초로 한 서면언어인 변문이라고 하는 일종의 강창문학이 출현하였다. 변문에 사용한 언어는 당시 구어와 근접한 백화였다. 이러한 새로운 서면어를 백화라고 불렀다. 그러나 변문은 비록 불교를 전달하기 위한 수단으로 민간에게 이야기를 전하는 강창체의 문학형식으로 듣는 사람이 많았으나, 예술 수준이 높지 않았고 점차 불교적인 내용을 벗어나 역사적, 전설적 이야기를 썼다. 결국 전형적인 언어도 아니었으며 서면어에 크게 영향을 미치지 못하고 단지 사람들은 백화라고 불렀다.

### (2) 송대의 화본(话本)

화본은 송대 야담가(讲唱人)가 청중에게 이야기 해줄 때 쓰던 원고이다. 이야기는 일종의 구두문학으로, 언어는 간명하고 이해하기 쉬운 것이어야 했는데, 역사고사는 문언문, 소설은 대부분 백화로 썼다. 송대에 민간 예술인이 발전시킨 화본소설(《大唐三藏取经诗话》《宣和遺事》)은 사회생활을 광범위하게 반영하고 등장인물을 생동적으로 묘사하면서 백화 문체의 운용이 뛰어났다.

### (3) 원대의 잡극(杂剧)

잡극은 대도를 중심으로 북방지역에서 흥기한 새로운 문학형식이다. 잡극의 내용도 이전의 백화 작품보다 충실하고 표현능력이 뛰어나 백화 언어도 더욱 형상적이고 생동적이었다. 《두아원》(窦娥冤)·《고조환향》(高祖还乡)·《살구권부》(杀狗劝夫)·《서상기》(西厢记) 등과 같은 위대한 작품이 출현하였다.

### (4) 명청의 백화소설

명청시기는 백화 문학이 성숙단계에 이르렀다. 백화 문체는 문예 창작에서의 지위를 확보하였다. 그러나 사대부들의 편견으로 백화문은 사용 범위가 좁아 자리를 잡지 못하고 공문, 편지, 과거 시험 문장 심지어는 소설과 희곡도 문언문으로 쓰였다. 이러한 사회분위기 속에서 명대(明代)에 백화를 사용한 소설《수호지》(水浒誌)·《금병매》(金瓶梅),《삼국연의》(三国演义) 등과 청대(清代)에《유림외사》(儒林外史)·《홍루몽》(红楼梦) 등 불후의 문학작품이 나왔다. 언어는 어느 정도 지방적 색채를 가지고 있으나 기본적으로 북방화에 속한다. 이러한 작품이 비북방화지역에 전파되면서 사람들이 백화를 사용하게 되었고 백화 문체는 문예 창작 방면에서 지위를 굳히게 되었다. 白话는'알기 쉬운 말'이나 '연극의 대사(台词)'라는 뜻이다. 당대(唐代)까지 흔히 쓰이던 문어(文语)는 일종의 지식인용 직업어로서, 입으로 말하는 일상어와 동떨어진 것이었는데, 송대(宋代)에서 원대(元代)에 이를 무렵에는 언어에도 변화가 생기고, 공통어의 성격을 띤 새로운 말이 형성되었다.

### (5) 백화문

청말(清末)에 구사회(旧社会)가 흔들리자 구어문을 중시하는 움직임도 두드러져 이를 사용한 잡지와 신문이 출판되었으나 그래도 여전히 2차적인 존재에 머물 수밖에 없었다. 이러한 사태를 전환시킨 것은 신해혁명(辛亥革命, 1911)에 따른 문학혁명이었다. 이 혁명으로 구어문의 제창이 유교비판·전통사상비판과 결합하여 문화의 양상을 크게 뒤흔들었으며, 구어문을 문장 본래의 모습으로 하는 견해를 정착시켰다. 또한 창작면에서도 노신(鲁迅)의《광인일기(狂人日记)》를 비롯한 여러 작품이 나옴으로써 구어에 의한 근대문학이 확립되었다.

## 5. 중국어의 방언

언어의 변화 및 발전과정에는 언어의 분화와 언어의 통일이 생긴다. 언어의 분화란 한 개 언어가 몇 개 언어 또는 방언으로 분화되는 것을 말한다. 다시 말하여 한 언어가 그 역사적 진행과정에 몇 개 친족어 또는 방언으로 분화하는 것을 말한다.

한 사회의 서로 다른 지방들이 지리적, 정치적, 경제적 원인에 의하여 서로 거래가 적어지게 되면 몇 개 지역에서 언어의 변화가 생기게 된다. 이러한 상태가 지속되면 그 언어의 사용집단의 언어는 분화가 생기어 방언 또는 친족어로 된다.

현재 중국의 학자들은 중국어의 방언을 북방방언, 오방언, 상방언, 공방언, 객가방언, 월방언, 민방언(민북방언, 민남방언)의 7대방언으로 나누고 있으며, 그 분포상황은 다음과 같다.

### 1) 북방방언

북방방언은 북경어가 대표방언이다. 분포지역은 양자강 이북의 전체지역, 양자강 남쪽과 진강(镇江)의 북쪽, 호북(湖北), 사천(四川), 운남(云南), 귀주(贵州), 호남성(湖南省)의 서북부 일대이다. 사용인구는 한족 인구 전체의 70% 이상을 차지한다. 관화방언(官话方言)이라고도 하며 보통화(普通话)의 기초가 된 방언이다.

이 관화방언은 다시 다음 4개의 하위방언 지역으로 나눌 수 있다.

(1) **북방관화(北方官话)방언** : 북경을 중심으로 천진(天津)과 하북(河北)성, 하남(河南)성, 산동(山东)성 및 동북삼성(东北三省)과 내몽고(内梦古) 지역을 포괄한다.

(2) **서북관화(西北官话)방언** : 산서(山西)성. 섬서(陕西)성, 감숙(甘肃)성 및 청해(青海), 영하(宁夏), 신강(新疆), 내몽고(内梦古)일부지역

(3) **남방관화방언** : 안휘성, 강소성의 장강(长江)이북지역과 진강시(镇江市)이서지

역, 구강시(九江市) 이동의 장강(长江) 하류남쪽 연안일대, 즉 남경(南京), 진강(镇江) 등 지역

(4) **서남관화(西南官话)방언** : 장강(长江) 중상류지역 및 그 이남지역으로 사천(四川), 운남(云南), 귀주(贵州)성과 호북(湖北)성의 대부분 지역 그리고 광서(广西) 서북부 및 호남(湖南) 서북 일부를 포괄한다.

관화방언들은 사용 인구수가 많고 지역적으로 널리 분포되어 있다. 뿐만 아니라 북경어를 포함하는 북방 관화의 모태가 된다는 점 때문에 중요하다. 그것의 표준 형식은 중국 전역에 걸쳐 분포되어 있는 한족은 물론이고 소수 민족들에 학습하고 있다. 관화 방언은 사회적 지위가 높고 사용하는 지역이 광대하다는 점 때문에 중국어의 모든 방언 뿐만 아니라 중국의 비한족언어, 즉 소수민족의 언어들에게까지도 강한 영향력을 행사하고 있다.

특징
① 파열음, 파찰음, 마찰음 성모가 청음으로 읽는다.(d > t)
② 고대 /m/운미가 /n/으로 읽고. /ŋ/과 /n/의 소리가 같이 난다.
③ 입성운미 /p, t, k/가 소실되었다.

## 2) 吴방언

강소성과 절강성 지역에서 사용되는 방언으로 강남화(江南话) 또는 강절화(江浙话)라고 부르기도 한다. 오방언은 소주(苏州)어, 상해어로 대표되며, 사용인구는 8천여만 명으로 한족 인구의 8.4%를 차지하는 북방방언 다음으로 많다. 분포지역은 강소성에서 양자강 남쪽과 진강(镇江)의 동쪽지역(镇江지역은 포함되지 않음) 그리고 절강성의 대부분이 오방언 지역이다.

특징

① 파열음, 파찰음, 마찰음에 유성음(탁음) 성모를 보유하고 있다.

② 권설음(zh, ch, sh)과 치음(z, c, s)이 합류되었다.

③ 복모음이 단모음으로 난다.

④ /n/과 /ŋ/이 분별되지 않고, 입성운이 후색음 /ʔ/으로 난다.

### 3) 湘방언

상방언은 호남성 대부분 지역에서 사용되는 방언으로 호남화(湖南话)라고도 부르며 장사어(长沙语)가 대표 방언이다. 사용인구는 4천6백여만 명으로 한족 인구의 5%를 차지한다. 주변의 赣방언, 서남방언, 객가방언이 있으며, 湖南省의 대부분지역이 상방언이다.

특징

① 파열음, 파찰음, 마찰음에 유성음(탁음) 성모를 보유하고 있다.

② /n/과 /l/, /f/와 /x/이 구별되지 않고 6개의 성조가 있다.

③ 권설음(zh, ch, sh)과 치음(z, c, s)이 합류되었다.

### 4) 赣방언

공방언은 남창화(南昌话)로 대표된다. 사용인구는 2천여만으로 한족 인구의 2.4%를 차지한다. 중요 분포지역은 강서성(江西省)의 대부분지역이다. 양자강(扬子江) 남안에 자리한 호북(湖北)성 동남쪽 일부지역도 이 방언지역에 속한다. 공방언은 북중국과 남중국을 가장 편리하게 연결하는 통로의 하나인 지역에 위치해 있다. 강서(江西)성을 가로지르는 공강(赣江)은 역사적으로 양자강 유역과 운남(雲南)지역을 연결하는 주요 통로 가운데 하나로 활용되었다. 이 지역은 대부분의 오방언 지역들보다 북방의 영향을 더 많이 받아왔으며, 그 때문에 이들 지역의 일부 방언들은 오히려 북방적인 색채를 강하게 풍기고 있다.

특징
① 전탁음(파열음, 파찰음, 마찰음)이 무성음 성모로 변하였다.
② /n/과 /l/이 구별되지 않고, 권설음과 치음(z, c, s)으로 난다.
③ 입성을 보유하고 있고, 6개의 성조가 있다.

### 5) 客家방언

광동성 동남부에 위치한 매현화(梅县话)가 대표방언이다. 사용인구는 3천 7백여만으로 한족 인구의 4%를 차지한다. 주요 분포지역은 광동, 광서, 복건, 강서성이다.

객가(客家)방언의 객가(客家)라는 명칭은 손님 또는 이방인이라는 뜻을 지니고 있는데 일찍이 월(粵)말을 사용하는 사람들이 살고 있던 지역에 근래 새로 이주해온 객가(客家)사람들을 지칭하는 이름이 되었다. 본래 황하(黃河)중하류유역에 거주하던 객가(客家)인의 선조들이 서진(西晋)말에 흉노족, 선비족 등 여러 외족들이 일으켜 서진(西晋)을 멸망시키니 "영가(永嘉)의 난(乱)"을 피해 남쪽으로 피난한 것을 시작으로 당(唐)말의 "황소(黃巢)의 난"이라든가 송(宋)말의 몽고족의 침략 등을 계기로 더욱 남으로 이주하였고 청(清)대에 인구증가와 경작지의 부족으로 더 남쪽으로 또는 멀리 이주했고 또 그후에 토착민들과의 갈등으로 관(官)에서 개입하여 한차례 대이주가 있었다. 이렇게 서진(西晋)말, 동진(东晋)에서 청대(清代)까지 크게 다섯 차례에 걸쳐 중원(中原)지방에서 대거 남쪽으로 이주하여 강서(江西)성·광동(广东)성·광서(广西)성·복건(福建)성·해남(海南)성·대만(台湾)등지에 정착하여 살며 정착지에 동화되지 않고 중원지방과의 연계도 끊어진 채로 지금까지 자신의 말을 그대로 보존하여 내려오며 형성된 독특한 방언이 바로 객가방언이다.

특징
① 탁색음의 다수가 유기음, 청색음으로 난다.
② 권설음(zh, ch, sh) 치음(z, c, s)의 구분이 없다.

③ /h/가 /f/로 변했고, 일부 /f/를 /b, p/로 발음한다.
④ /j, q, x/를 /g, k, h/로 발음한다.
⑤ 입성이 없고 6개의 성조가 있다.

### 6) 粤방언

광동화라고 불리우는 월방언은 광주화(广州话)가 대표방언이다. 사용인구는 5천만 이상으로 한족 인구의 5%를 차지한다. 분포지역은 광동, 광서의 대부분지역과 화교 대부분이 이 방언을 사용한다.

월(粤)은 본래 월(越)과 음과 의미가 같은 자로 춘추(春秋)시대에 존재하였던 월(越)나라와 밀접한 관련이 있는 명칭이다. 양자강(扬子江) 하류 남쪽 절강(浙江)성과 복건(福建)성 북부에 자리잡았던 월(越)나라가 전국(战国)말에 초(楚)나라에 패망하자 월인(越人)들이 남쪽으로 흩어져 광동(广东) 등지에 소국들을 이루어 살았기 때문에 이들 소국을 총칭하여 백월(百越)이라고 하였고, 이 옛 이름을 따서 월(粤)방언이라고 한다. 월방언은 해외에도 대규모의 사용 인구를 보유하고 있다고 한다. 그들은 주로 태국, 말레이시아, 싱가폴 및 인도네시아 지역에 집중되어 있다고 한다. 북미지역에도 월방언 사용자가 수십만 명에 이를 것으로 추산되며, 최근에 급속히 증가되는 이민과 더불어 그 수가 계속 증가하고 있다.

특징
① /f/와 /x/이 구별되지 않고, /tɕ/와 /tɕ'/를 일부 /k/와 /k'/로 읽는다.
② /m, n, ŋ/과 /p, t, k/를 보유하고 있으며, 8, 9개의 성조가 있다.

### 7) 闽방언

민방언은 복건성이 주요지역이며 광동성의 조주(潮州), 산두(汕头)지역, 해남도(海南岛)의 대부분지역과 절강성의 남쪽 일부지역에서 사용한다. 이 방언은 민북, 민남으로 나누기도 한다. 사용인구는 4천만 이상으로 한족 인구의 4.2%를 차지한다.

이 지역은 전통적인 용어로 말하자면 변방 지역이었다. 큰 강이 없고 산악지대가 많은 관계로 교통이 어려웠던 곳이다. 때문에 그 곳에서 사용되는 방언들이 중국어의 발달에 있어서 주류와는 상당한 거리가 있는 것임은 결코 놀랄만한 것이 아니다. 한편, 그곳의 말에서 발견되는 고어(古语)들이 다른 지역에는 보존되어 있지 않는 경우도 있으며, 특유하게 민방언에만 나타나는 일련의 창신어휘들도 상당수 발견되고 있다. 오랜 세월동안 상대적인 고립성과 교통수단의 결핍으로 말미암아 그 지역 내부에서도 심한 차이가 있다. 그러나 민방언에 속하는 소방언들간에서 발견되는 상당한 차이에도 불구하고 이 방언 집단이 다른 중국어 방언 집단 중에서 관화방언 다음으로 특징적이며, 그 특성이 쉽사리 간파되는 것으로 손꼽힌다. 이 방언은 중국의 방언 가운데서 가장 복잡하게 여러갈래로 갈라지며 음도 가장 복잡한 방언이다. 민(闽)북과 민(闽)남의 두 개로 나누기도하고 또는 민남·민동·민북의 세 개로 또는 5개로 나누기도 한다. 동남아와 남양군도의 화교중에도 민방언을 사용하는 인구가 많으며 타이완은 전체가 민방언 지역으로 우리가 보통 "대만말"이라고 부르는 것이 바로 민방언 중에서도 민남(闽南)방언이다.

특징

① 탁색음이 청색음으로 난다.

② /f/ 성모가 없고 일부 설면음 /tɕ/와 /tɕ'/를 /k/와 /k'/로 읽는다.

③ 권설음(zh, ch, sh) 치음(z, c, s)의 구분이 없다.

④ /m, n, ŋ/과 /p, t, k/를 보유하고 있다.

⑤ 입성이 있고, 성조가 6-8개이다.

## 6. 중국어의 규범화

우리가 말하는 현대중국어를 중국인들은 현대한어라고 말한다. 현대한어에는 여러 방언뿐만 아니라, 각 민족마다 공통어가 있다. 현재 중국에서 사용하는 현대 한민족 공통어를 현대한어라고 한다. 1949년 중국 정권이 본토를 차지한 뒤 그들은 1955년부터 종래의 '국어(国语)'라는 명칭 대신 공통어를 '보통화(普通话)'로 개칭하였다. 즉 구체적으로 북경어음을 표준음, 북방화를 기초방언, 현대 백화문 작품을 문법규범으로 삼고 있는 보통화를 말한다. 이 보통화는「보통 사람들 사이에서 통용되는 말」이라는 뜻으로 중국 각 방언지역의 민족들이 교제도구로 사용하는 언어이다. 북경어음은 중국 정부에서 제정한 표준어음으로 정치, 경제, 사회, 문화 등 정책적인 차원에서 지정한 언어집단의 공통의 언어이다. 방언은 표준어와 구별되는 개념으로 고대한어가 발전하여 현재까지 사용되고 있는 각 지역에 분포되어 있는 언어이다. 방언 가운데 북방방언은 사용인구가 가장 많고 범위가 넓다. 현대중국어는 이 북방화를 기초방언으로 하고 있다. 북방화의 어휘는 13세기부터 관화와 백화문학이 전파되면서 서면어 백화문의 기초가 되었다. 문법은 모범적인 현대 백화문 작품을 기초로 문법적 규범으로 하여 제정하였다.

규범이란 표준, 법칙의 의미로 성문화된 규정이며, 또한 어떤 집단 안에서 공동으로 준수해야하는 습관이다. 규범화는 사람의 생각, 행위 등을 규범에 맞도록 표준을 세워 지키고 수용하도록 만드는 것을 말한다. 언어의 규범화는 규범을 만들고 준수해야하는 두 가지의 의미를 가지고 있다. 중국어의 규범화는 중국어의 발전규칙에 따라 어음, 어휘, 어법의 기준을 규정하고 이를 보급하여 표준어의 사회적 교류기능을 높이고 발전시키는 것이다. 이러한 규범의 원칙은 현대 한민족 공통어로서 보통화의 형성과 보급에 중요한 역할을 한다. 오늘날처럼 정보화, 인터넷의 보급, 정보기술의 다양화, 세계경제화, 문화교류가 빈번한 접촉 등으로 사회발전이 가속화되어가고 있는 시기에 중국어의 규범화는 철저하게 실행되고 있다. 이와 같은 방침에 따라 '한어규범화(汉语规范化)' 운동이 강력히 추진되었으며, 그 결과 중년 이하의 연령층과 특히 모든 공무원은 지방의 사투리를 남기면서도 보통화로 대화할 수 있다.

## 7. 중국어의 특징

현대중국어의 특징은 어음, 어휘, 어법 등의 방면에서 찾아볼 수 있다.

### 1) 음성의 특징

(1) 복자음이 없다. 복자음은 두 개 이상의 자음으로 구성된 성모이다. 영어의 space에서 sp-처럼 두 개음 자음이 겹쳐 있는 것을 말한다. 현대중국어에는 이러한 복자음 현상이 존재하지 않는다. 중국어는 하나의 자음으로 되어 있지만, 많은 학자들이 해성 편방을 근거로 상고음에 복자음이 존재한다고 주장한다. 예를 들면 "bl-(峦), pl-(笔), gl-(乐), kl-(落) 등은 상고시기 복자음으로 읽었을 가능성을 있다는 주장이다.

(2) 현대중국어의 음절은 모음 위주로 구성되어 모음이 우세하다. 하나의 음절에 최대한 2개의 자음이 있으나, 이 2개의 자음이 연속하여 나올 수는 없다. 예를 들면 '蛋'(dan)이 dna처럼 d, n 2개의 자음이 모음의 앞에 올 수 없으며, and와 같이 모음의 뒤에 올 수도 없다.

(3) 중국어는 u(乌), i(衣)의 경우처럼 하나의 모음이 하나의 음절을 구성할 수 있다. 그러나 일반적으로 자음은 단독으로 음절을 구성할 수 없다. 보통화의 음절에 자음은 없을 수 있으나 모음은 반드시 필요하다.

(4) 성조는 중국어 음절구조의 필수적인 요소이다. 중국어는 각 음절마다 일정한 성조가 있다. 성모와 운모가 동일한 두 개의 단어는 대개 성조에 의하여 의미가 구별된다. 이 때문에 중국어는 성조언어라고 한다. 또한 풍부한 성조의 변화로 음악성이 강한 풍격을 띠고 있다.

### 2) 어휘의 특징

(1) 현대중국어의 어휘는 이음절단어가 절대다수를 차지한다. 원래 단음절 형태소가 많았으며, 어휘의 발전과정에서 고대중국어의 단음절어들이 이음절어로 변해갔다. 또한 많은 3음절 이상의 단어 혹은 구들이 거의 이음절어로 줄어들어 단어의 형태가 짧다.

(2) 현대중국어의 어휘가 풍부하다. 복합 방법을 운용하여 새로운 단어를 구성한다. 단어의 구성방식이 다양하여 두 개 이상의 단어가 결합하여 합성어를 구성하는 단어가 많다. 단어구조의 신축성과 성어(成语), 방언, 외래어의 흡수력이 뛰어나기 때문이다.

(3) 성어가 풍부하여 말은 간단하지만 그 속에는 깊은 의미가 내포되어 있는 경우가 많다. 성어를 적당히 사용하면 언어가 세련되고 형상의 생동적인 표현이 가능하다

### 3) 문법의 특징

(1) 중국어의 어순은 문법적 구조와 문법적 의미에 중요한 영향을 준다.

영어나 불어 등의 인구어와 달리 중국어에는 형태변화가 없다. 중국어의 문장은 낱말과 낱말이 결합하는 방식으로 구성되며, 문장성분을 배열하는데 있어 일정한 순서에 따라 문법적 관계가 결정된다. '주어 + 술어'구조를 '술어 + 주어'로 할 수 없고, '수식어 + 중심어'구조를 '중심어 + 수식어'구조로 바꿀 수 없다. 이처럼 어순은 문장의 의미를 나타내는데 중요한 역할을 한다. 예를 들면.

我们理解(주어+술어)　　　理解我们(술어+목적어)

快走(부사어+술어)　　　走快(술어+보어)

어순은 문법과 수사상의 필요에 의해 변화시킬 수 있지만, 어순이 변화하면 문장의 의미가 달라진다. 예를 들면

走不出去　　不走出去 (서로 다른 의미를 가진다)

你们过来!　过来! 你们(의미상 강조, 감정의 차이가 다르다)

(2) 형태변화가 없으나 풍부한 허사가 여러 가지 관계를 표현한다.

중국어는 같은 결합성분이라도, 허사의 사용으로 다른 의미를 만들어 낼 수 있다. 풍부하고 다채로운 허사의 운용으로 구조를 결정할 수도 있다. 허사(唉, 哈, 和, 或, 的, 被, 把)에 따라 그 문장의 강조성과 의미가 달라진다.

예) 你回去吗?　你回去吧!　你回去嘛。
买杂志　买的杂志　买杂志的

(3) 단어, 구, 문장의 문법 구조가 일치한다

중국어의 어법구조는 비록 간단하지만 복잡한 표현을 명확히 나타낼 수 있다. 형태소가 단어를 구성하고, 단어가 구를 구성하며, 구가 문장을 구성하는 문법구조 관계가 대체로 일치한다. 예를 들면 地震과 身体健康. 火车开动了는 모두 주술구조이다.

Ⓐ 주술구조 (진술 + 피진술)
Ⓑ 동목구조 (지배 + 피지배)
Ⓒ 편정 구조 (보정 + 보정)
Ⓓ 보충 구조 (보충 + 보완)
Ⓔ 연합 구조 (2개 이상의 성분 / 병렬 or 선택)

5가지 문법 구조 외 : 연동, 겸어, 긴축 등의 구조 존재

Ⓐ **동위 구조** : 서로 다른 각도에서 같은 사람이나 사물 지칭
Ⓑ **연동 구조** : 같은 두 개 이상의 동사 성분을 연속 사용, 쉼표 등의 분리 없이 선후, 방식, 목적 등의 관계를 나타냄
Ⓒ **겸어 구조** : 동목 구조와 주술 구조가 결합 형성
(동목 구조의 목적어 = 주술 구조의 주어)
Ⓓ **긴축 구조** : 성분 사이에 항상 연관된 단어가 연결, 병렬, 가설, 조건 등의 복구가 갖는 의미의 관계가 존재

# 8. 중국어학의 연구

## 1) 언어학과 중국어학

언어학은 인간 언어를 과학적으로 연구하는 학문이다. 언어학은 어떤 구체적인 언어 및 그 친족관계를 밝히고, 언어의 본질과 기능 그리고 그 변화, 언어의 유형과 분류 등에 대하여 연구한다. 언어학은 모든 언어를 연구 대상으로 삼는데 반하여 중국어학은 개별언어로서의 중국어를 연구 대상으로 한다. 따라서 중국어학은 중국어의 일반적인 특성과 개별적이고 특수한 현상들을 연구한다.

언어학은 연구하는 관점과 방법에 따라 일반언어학(general linguistics)과 개별언어학(descriptive linguistics)으로 구분한다. 일반 언어학은 모든 언어를 연구 대상으로 언어 기능이 무엇인가, 언어가 어떤 작용을 하며, 이 작용은 어떻게 형성되는가, 언어의 공통적 특징 등 언어 전반의 문제를 다룬다. 개별언어학은 개별 언어의 모든 현상을 분석하고 기술한다. 중국어라고 하는 특정 언어를 연구하는 중국어학은 개별언어학에 해당한다. 일반언어학과 관련하여, 구체적인 중국어의 특성이나 문장구조를 연구하는 것은 개별언어학에 속한다.

## 2) 중국어학의 연구방법

언어는 현재의 상태로 존재하는 것이 아니라, 시간의 흐름 속에서 변화 과정을 겪게 된다. 따라서 언어에 대한 연구는 특정한 한 시기의 언어를 연구할 수도 있고, 어떤 한 시기부터 다음의 어떤 시기에 이르기까지의 언어를 연구할 수도 있다. 전자를 공시적 연구, 후자를 통시적 연구라 한다.

공시적 연구의 예를 들면, 상고중국어, 중고중국어, 근대중국어, 현대중국어 등으로 나누어 어느 한 시기의 언어 특성을 연구 대상으로 삼아 연구한다. 만약 宋代(12세기)의 성조체계가 元代(13세기)에 이르러서는 어떻게 변천했는가에 대하여 연구하는 것은 통시적인 연구의 예가 된다. 이런 연구는 두 시기의 언어를 연구 대상으로 하고 있다. 그런데 공시적 연구는 그 이전의 언어가 어떤 모습을 가지고 있었는가에 대해서는 전혀 관심을 기울이지 않고, 다만 한 시기의 언어만을 연구 대상으로 삼는다.

이와 같은 관점에서 언어학을 구분할 때, 일정 시기의 횡단면을 취하여 언어 상태를 기술하는 공시적 언어연구를 공시언어학(synchronic linguistics)이라 하고, 시간의 흐름에 따라 변화하는 언어의 역사적 발전 단계를 기술하는 통시적 언어 연구를 통시언어학(diachronic linguistics)이라 한다. 그리고 통시언어학은 언어에 대한 역사적 연구라고 할 수 있기 때문에 역사언어학(historical linguistics)이라고도 한다.

### 3) 중국어학의 연구분야

언어를 어떠한 목적으로 연구하느냐에 따라 언어학은 이론언어학과 응용언어학으로 나눌 수 있다. 이론언어학은 언어 구조에 대한 일반적인 원리·규칙을 밝히려는 것을 목적으로 그 연구의 타당한 방법 및 합리적인 이론을 세우는 것을 목표로 한다. 응용 언어학은 이론언어학의 성과를 실제적으로 이용하고 응용하는데 목적을 두는 언어학이다. 즉 외국어 교육, 언어장애의 치료, 사전학, 기계번역, 통신 공학, 전산학 등의 영역에 이론언어학의 성과를 이용할 수 있다.

이러한 관점에서 중국어를 어떠한 목적으로 연구하느냐에 따라서 중국어학은 이론중국어학과 응용중국어학으로 나누어진다. 그러나 중국어학을 연구할 때에는 일차적으로 이론중국어학 연구에 중심을 두어야 한다. 그렇기 때문에 중국어학 전반에 대하여 쓰여진 책들을 보면 대부분 이론중국어학 중심으로 기술되어 있다.

이론중국어학을 중심으로 언어체계 또는 언어 구조를 연구하는 하위분야에는 음성학, 문자학, 어휘학, 어의학, 문법학, 수사학 등이 있다. 언어는 음성과 의미가 결합하여 형성된 어휘와 문법 체계라고 할 때, 먼저 음성과 의미에 관심을 가지면서 음성과 음운, 언어의 내부구조 및 질서, 언어의 기록인 문자, 재료인 어휘에 대한 연구로 다시 언어의 각 분야의 독립적인 학문분야를 구성하였다.

음성학은 중국에 이전부터 한자의 음을 연구하는 성운학이 있었지만, 20세기에 들어서면서 서구 언어학에 대한 지식이 풍부한 서구인들이 중국어를 연구하기 시작하였다. 음성학은 언어적 의사소통의 기능을 갖는 말소리, 곧 음운을 분석하고 연구하는 분야이다. 주로 중국어의 음운체계와 구조, 그 규칙을 연구한다.

문자학은 언어학에서 문자를 연구대상으로 하는 학문 분야이다. 문자학은 특히 중국에서 발달하였는데, 한자를 전문적으로 연구하는 한자학이 있다. 한자학을 고대에는 소학이라 불렀으며, 한자의 기원, 발전, 성질 및 체계, 한자의 세 가지 요소인 자형·자음·자의의 관계와 그 변천을 과학적으로 연구하는 학문이다. 세계의 모든 문자는 形, 音, 意의 세 요소를 가지고 있지만, 크게 表意的 문자와 表音的 문자로 구별된다. 일반적으로 중국 한자학은 표의적인 문자의 字形과 字意의 관계를 연구한다. 그래서 文字学·声韵学(音韵学)·训诂学(字意学) 등의 명칭이 있다.

어휘학은 언어의 어휘를 연구대상으로 삼는다. 어휘의 기원과 발전의 역사를 연구하는 것을 '역사어휘학'이라 하고, 어느 시기의 어휘 계통을 연구하는 것을 '묘사어휘학'이라 하며, 언어 어휘의 일반적인 이론을 연구하는 것을 '보통어휘학'이라 한다. 협의의 어휘학은 단지 낱말의 구조와 어휘의 발전, 구성, 그 규범을 연구하는 것이고, 광의의 어휘학은 '어원학, 어의학, 辞典学' 등을 포괄하는 것이다.

문법학은 19세기 마건충(马建忠)의 《마씨문통》(马氏文通)이 출현하기 전까지 중국에서는 여전히 훈고학적인 설명 방식으로 모든 것을 설명하였다. 물론 이전에도 문법에 주의를 기울여 허사와 실사의 개념을 설정하여 어기(语气)를 설명하고자 노력하였지만, 본격적인 문법연구는 《마씨문통》에서 비롯된다. 이 책은 처음으로 서구 문법(grammar)의 개념에 영향을 받아 저술되었다.

문법은 단어의 내적 구조를 지배하는 원리와 단어들이 결합한 구, 절, 문장의 구성원리 및 결합규칙을 연구하는 학문 분야이다.

문법론은 다시 형태론과 통사론으로 나눌 수 있다. 형태론은 형태소와 형태소의 결합체인 단어를 중심으로 그 변화·구조 및 단어의 분류 등을 연구한다. 통사론은 형태소와 단어를 기반으로 하여 더 큰 결합체인 구와 문장을 중심으로 연구하는데, 주로 문장의 구성 원리와 내적 구조 등을 연구한다.

수사학은 언어학의 한 학과이다. 이것은 주제의 상황에 의거하여, 어떻게 각종 어문의 재료, 각종 표현 수법을 운용하여, 합당하게 사상과 내용을 표현할 것인가를 연구한다. 이것은 수사 현상의 질서와 수사 관념의 계통을 나타낸다.

## 연 습 문 제

### 1 선택형

1. 用笔写下来的是书面语, 说出来的话是 ( )

① 语言 ② 言语 ③ 口语 ④ 白话

2. ( )的特点是用词精审, 结构严谨, 逻辑性强. ( )

① 口语 ② 古汉语 ③ 书面语 ④ 标准语

3. 书面语是以( )为基础的.

① 口语 ② 方言 ③ 文言 ④ 白话

4. 古汉语包括古代文言和( )

① 口语 ② 古白话 ③ 书面语 ④ 语体文

5. 现代汉语指( ), 包括口语和书面语.

① 古代白话 ② 近代白话 ③ 现代白话 ④ 当代白话

6. 普通话的基础方言是( ).

① 湘语 ② 赣语 ③ 闽语 ④ 北方话

7. 汉语属( )语言, 不同类别的声调能区别词的意义.

① 声调 ② 無声调 ③ 变调 ④ 音调

8. 现代汉语有两种含意, 一是指普通话和方言, 一是指( ).

① 现代汉族共同语 ② 民族共同语 ③ 现代标准语 ④ 现代的汉语

9. 官话又称( )

① 北方方言 ② 下江官话 ③ 西南官话 ④ 江淮官话

10. 属于官话区的方言是( ).

① 吴语 ② 湘语 ③ 北方话 ④ 客家语

11. 汉语缺少严格意义的( )

① 形式 ② 词形变化 ③ 变化 ④ 词形

12. 现代汉语比古代汉语有更多的( ).

① 双音词 ② 单音词 ③ 连绵词 ④ 双声词

13. 汉语语句的修饰语用在中心语的( ).

① 前边 ② 后边 ③ 右边 ④ 中间

14. 文学语言是指( )

① 经过加工, 规范的书面语 ② 文艺作品的语言 ③ 文学作品的语言
④ 著名作家的语言

15. 普通话以规范的( )白话文著作为语法规范.

① 当代 ② 现代 ③ 现当代 ④ 近代

16. 从语言学的角度看口语和书面语的差别, 主要在( )

① 词汇方面 ② 语法方面 ③ 风格方面 ④ 表现形式方面

17. 南京话属于汉语方言的( )

① 闽语 ② 胶辽官话 ③ 江淮官话 ④ 吴语

2 다항 선택형

1. 书面语的特点是( )

① 用词精审 ② 句子简短 ③ 结构严谨 ④ 常有省略 ⑤ 逻辑性强

2. 口语的特点是( )

① 亲切自然 ② 结构严谨 ③ 用词精审 ④ 句子简短 ⑤ 常有省略

3 汉魏以後, 出现了一种跟口语比较接近的书面语, 如( ).

① 唐宋时代的语录 ② 孔子的语录 ③ 唐宋的诗词 ④ 宋代的平话
⑤ 元明清戏曲小说

4. 用古白话写成的小说有( ).

① 三国演义 ② 水浒传 ③ 红楼梦 ④ 儒林外史 ⑤ 聊斋志异

5. 构成语言的不可缺少的要素是( )

① 词汇 ② 文字 ③ 语法 ④ 语音 ⑤ 修辞

3 빈칸 넣기

1. 现代汉语通常有两种解释, 狭义的解释指的是现代汉民族共同语( ), 广义的解释还兼指现代汉民族使用的( )和( ).

2. 汉语作为一种语言, 具有一切语言共有的性质, 即从结构上说, 它是一种(　　): 从功能上说, 它是(　　).

3. 现代汉语有(　　)和两(　　)种不同的形式. (　　)是民族共同语的高级形式.

4. 现代汉民族共同语又叫(　　), 它是以(　　)为(　　), 以(　　)为(　　), 以(　　)为(　　)的.

5. 民族共同语是在一种(　　)的基础上形成的. 汉族早在先秦时代就存在着古代民族共同语, 在春秋时代, 这种共同语被称为(　　), 从汉代起被称为(　　), 明代改称为(　　), 到了现代, 即辛亥革命后又称为(　　), 新中国设立以後则称为(　　).

6. 现代汉语的地域分支是(　　).

7. 共同语是(　　)的语言, 方言是(　　)的语言.

8. 现代汉民族共同语是在(　　)的基础上形成的. 在形成过程中, (　　)有着特殊的地位.

9. 汉语方言可以分为七大方言区, 即(　　), (　　), (　　), (　　), (　　), (　　), (　　).

10. 我们了解和研究汉语方言, 其目的之一就是要找出方言与普通话的(　　), 有效地(　　).

11. 现代汉语的特点在语音方面有 1)　　2)　　3)　　.

## 4 ○× 문형

1. 官话就是专为官吏阶层使用的官场雅语或阶层习惯语.( )
2. 文学语言是经过加工, 规范的书面语.( )
3. 口语和书面语在表达形式上是完全一样的.( )
4. 北方方言区指长江以北的汉民族居住地区.( )
5. 粤方言并不等于广东话.( )
6. 民族共同语既然是在一种方言的基础上形成的, 它就应该排斥其他方言中的成分.( )
7.《水浒传》,《西遊记》,《红楼梦》等都是现代汉语语法规范的典型著作.( )
8. 汉语语法的最大特点是缺乏形态变化, 词类和句子成分不一一简单应对.( )

# 제2장 음성

## 1. 음성개요

### 1) 음성학

인간은 의사소통의 주요한 수단으로서 음성과 문자를 이용한다. 음성과 문자 이외에도 눈짓이나 손짓으로 생각이나 감정을 표현할 수 있지만, 전달되는 양과 질은 음성과 문자에 미치지 못한다. 음성과 문자 중에서도 음성을 수단으로 한 의사전달이 더욱 중요하다. 문자를 몰라도 의사소통에 불편함이 없기 때문이다. 언어는 인간의 발음기관에서 나온 음성을 통해 정보(일정한 의미)를 전달하는 중요한 교제도구이다. 음성은 사회적으로 약속된 일정한 의미를 갖고 있어 사회에서 의사소통을 할 수 있는 언어의 매개체이다. 이 음성을 매개체로 한 의사소통 수단이 언어이고, 음성은 인간이 의사소통을 위해 음성기관을 이용해 내는 소리이다. 언어의 음성과 이 음성이 나타내는 의미는 서로 의존하는 통일체이다. 의미가 없으면 음성이라 할 수 없고, 의미는 음성을 빌려야 나타날 수 있다. 인간의 음성기관을 통해 나는 소리 이외에 하품, 재채기, 기침소리, 휘파람 소리, 웃음소리, 혀 차는 소리가 있지만 분절할 수 없는 비언어로 음성이라고 할 수 없다. 인간의 음성이 여러 가지 자연계의 소리와 다른 점은 인간의 발음기관에서 나온 서로 다른 소리들이 서로 다른 의미를 나타내며 사회적 교류기능을 한다는 것이다. 이 가운데 중요한 것은 음성은 일정한 의미를 나타내고 사회성을 가지고 있다는 점이다.

요컨대, 음성학(Phonetics)은 말소리가 여러 가지 소리와 어떻게 다르게 발음되는지, 그리고 소리가 발음기관의 어떤 작용을 통해 만들어지고, 어떤 특성을 가지고 우리

귀에 전달되어 소리를 인지하게 되는지를 연구한다, 즉 언어의 음성체계를 과학적으로 분석하고 기술하는 학문이다. 그리고 음성학의 임무는 음성의 성질, 분류와 조합, 음성의 변화 및 구체적 언어 속에서 음성단위의 작용 등을 연구하고 설명하는 것이다.

### 2) 음의 구성

언어를 들으면 변화가 끊이지 않고 계속 소리로 듣게 된다. 모국어나 학습을 통해 습득한 언어를 들으면 소리의 흐름이 빠르고 짧은 음성단락으로 나누어 그 말의 의미를 이해할 수 있다. 음의 흐름은 어조나 의미적으로 단락으로 나눌 수 있는데 그것이 바로 문장이다. 문장 사이에는 휴지(休止)가 있을 수 있고, 또한 문장은 더 작은 리듬단위로 나눌 수 있다. 리듬단위는 몇 개의 구로 구성되어 있으며 구는 다시 더 작은 단위인 음절로 나눌 수 있다. 음절은 청각적으로 가장 작은 음의 기본 단위이다. 예를 들면 '红'은 'h'와 'ong' 두 부분으로 나뉘어 앞 부분은 성모, 뒷 부분은 운모라고 한다. 중국어 음절성분은 성조가 포함되어 hōng(轰)과 hóng(红)은 서로 다른 의미가 된다. 음절의 성모는 더 작은 단위로 나눌 수 없지만, 운모는 더 분석할 수 있다. 예를 들면 '好'의 운모는 a와 o로 나눌 수 있다. 이것을 음의 흐름에서 가장 작은 음성단위인 음소(音素)라고 한다. 음소는 각 성질에 따라 모음과 자음으로 나뉜다.

### 3) 음성의 연구대상

인간의 대화는 화자의 발음기관에서 나오는 소리가 공기를 통해 전달되어 청자의 귀에 음성이 지각되고 두뇌에 인지된다. 음성은 대화의 과정을 세 분야로 나눌 수 있다.

(화자)발화 → 전달 → 청취(청자)
(조음) (음향) (청취)

첫째, 화자가 소리를 낸다. 화자는 머리 속에서 전달할 내용(의미)을 기호로 바꾸어 상대방에게 전달하려고 음성을 발화한다. 이 소리의 발생을 연구하는 분야가 조음음성학이다. 조음음성학은 심리현상이 생리현상으로 전환되는 과정에서 생리기관들이 어떤 방식으로 작용하여 음성을 발화하는가를 연구한다.

둘째, 발화된 음성이 공기를 통해 전달된다. 발화된 음성은 공기 중에서 음파의 형태로 청자의 귀에 전달된다. 이 과정을 연구하는 분야가 음향음성학이다. 음향음성학은 실험기계를 사용하여 음성의 물리적 특성을 연구한다.

셋째, 공기의 파장을 통해서 청자의 귀에 음성이 지각되고 두뇌에까지 전달되어 인지되는 과정을 연구하는 분야가 청각음성학이다. 청각음성학은 귀에 전달된 음성이 어떻게 신경 계통을 통해서 지각되고 인지되는가하는 심리학적, 해부학적인 방식에 의존하여 연구한다. 19세기 이후 음성연구는 조음음성학이 역사가 가장 오래되고 접근하기 쉬워 연구의 중심이 되어 왔다.

음향 음성학은 물리학적 지식을 이용하여 음성의 객관적 성질을 분석한다. 청각음성학은 가장 활발하게 연구되고 있는 새로운 학문분야로서 신경 생리학과 심리학의 지식을 상당히 필요로 하고 있다. 그런데 후자의 두 분야는 너무 전문적인 분야이기 때문에 일반 개론서에서는 다루지 않는다.

### 4) 음성의 생성

음성의 생성은 호흡활동과 밀접한 관련이 있다. 인간이 신진대사에 필요한 산소를 섭취하기 위해 코와 입을 통해 공기를 들이마시는데 이것이 흡기이다. 몸 안에서 생성된 이산화탄소 등을 코나 입으로 배출하는 것이 호기이다. 음성의 생성은 몸에 불필요해 버리는 이산화탄소 등을 재활용하는 것이다.

호기는 폐 → 기관 → 후두 → 인두 → 구강이나 비강의 순으로 몸밖으로 배출된다. 음성의 생성과 관련된 부분은 후두(喉头)에서부터 윗부분으로 성도(声道)라고 한다. 공기의 흐름에서 중요한 역할을 하는 곳이 후두이다. 후두에서 공기가 통하는 곳이 성문이다. 호기가 성문을 통과할 때 공기로만 통과하던가 음성을 생성하는 기본이 되는 '성(voice)'이 만들어지는가가 결정된다.

## 2. 음성의 성질

소리는 물체의 진동으로 음파가 만들어진다. 이 음파가 우리 귀로 들어와 고막을 진동하여 소리를 들을 수 있다. 인간이 발음기관에서 나온 소리는 공기를 통해 전파되어 다른 사람은 이 소리를 듣고 의미를 이해한다. 이 과정은 "발음 - 전달 - 인지"세 단계로 이루어진다. 첫 번째 단계는 화자의 대뇌에서 발음기관에 음성을 낼 것을 명령한다. 두 번째 단계는 음성이 공기를 매체로 청자의 귀로 전달된다. 이는 물리적 현상이다. 세 번째 단계는 음성이 청각기관을 통해 청자의 대뇌에 인지되는 것이다. 음성은 생리적, 물리적, 사회적 속성으로 나눌 수 있다.

### 1) 음성의 생리적 성질

음성은 인간의 발음기관에서 활동하는 부위와 방법에 의해 의미를 전달할 수 있는 서로 다른 소리가 만들어진다. 생리적 특성은 발음기관에서 형성된 동작과 이 동작에 의해 만들어진 결과이다. 생리적 특성을 이해하려면, 발음기관의 구조와 음성이 만들어지는 기능을 알아야 한다. 호흡기관은 발음할 수 있도록 기류를 제공하고, 후두(喉头) 속의 성대(声带)는 발음기관이며, 구강(口腔)과 비강(鼻腔)은 공명기관이다. 인간의 발음기관은 다음과 같이 분류할 수 있다.

#### (1) 호흡기관(肺部)

호흡기관은 기류를 만들어 내는 폐와 기류의 통로 역할을 하는 기관, 기관지가 포함되며 폐의 작용이 가장 중요하다. 발음할 때 폐부는 수축하며 폐부의 공기가 압력을 받아 기관, 후두, 인강을 지나 구강 또는 비강으로 진입하여 폐안의 공기가 빠져나가는데, 이것이 날숨(呼气)이다. 확장할 때 공기가 외부로부터 유입되어 폐부로 진입하게 되는데, 이것이 들숨(吸气)이다. 인류의 어음은 대부분 날숨을 이용하여 소리를 낸다.

### (2) 발음기관(喉头와 声带)

후두는 인간의 목부분에서 앞으로 불룩 나온 부분으로 인두 아래에 있는 기관이다. 후두는 아래 부분의 환상연골과 위 부분의 갑상연골 두 개의 후두연골로 구성되어 있다. 이 네 개의 연골로 이루어진 원통의 중간에 있는 성대는 발음기관의 진동체로 두 개의 탄력성이 풍부한 입술형태의 근육막으로 구성되어 있다. 인간의 음성 가운데 뚜렷한 乐音成分은 성대가 진동하여 형성된 것이다. 두 개의 성대 사이의 공간을 성문이라고 한다.

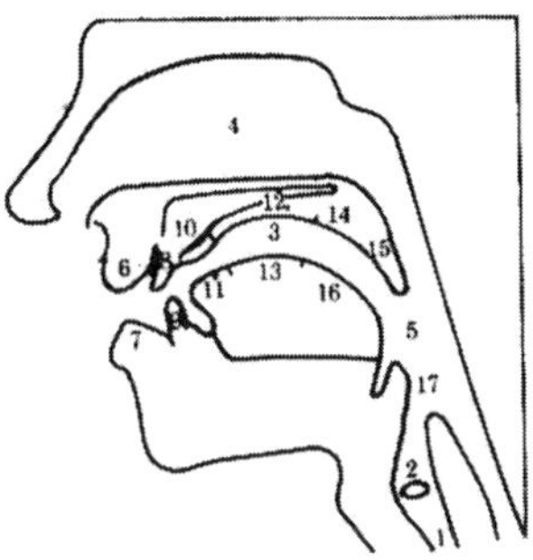


1. 기관 2. 성대 3. 구강 4. 비강 5. 인두 6. 위 입술 7. 아래 입술 8. 윗니 9. 아랫니
10. 치은 11. 설첨 12. 경구개 13. 설면 14. 연구개 15. 목젖 16. 설근 17. 회염

### (3) 조음기관(口腔과 鼻腔·咽腔)

구강, 비강, 인강은 기류를 통제하여 음성을 만들어 서로 다른 음색을 만들어 내는 기관이다.

구강은 상 하 두 부분으로 구성되며 윗부분은 윗입술, 윗니, 잇몸, 구개, 혀, 목젖(小舌)등을 포괄한다. 구개(上颚)는 경구개와 연구개로 나눈다. 아랫부분은 아랫입술, 아랫니, 혀를 포괄한다. 혀는 구강에서 가장 중요한 자유로운 기관으로 혀끝(舌尖), 설엽(舌叶), 혀바닥(舌面), 혀뿌리(舌根) 등으로 나뉜다.

비강은 구강의 윗부분에 위치하며 중간에 구개(상악)를 두고 있다. 연구개와 목젖이 아래로 처지고 구강의 발음기관에 장애를 받지 않으면 기류가 비강과 구강을 통과하여 비음화 모음이 된다. 구강의 장애를 받아 비강을 통해 기류가 나가면 비음이 된다.

인강은 후두 위에 위치하며 세 갈래로 갈려 있는 관모양으로 위로는 비강으로 통하고, 앞으로는 구강으로 통하며, 구강 아래로는 후두와 식도로 통한다.

## 2) 음성의 물리적 성질

소리는 물체의 진동으로 만들어진 음파가 형성되어 고막을 진동하여 귀로 전달되어 듣게 된다. 음성은 소리이며 모든 소리는 다음 네 가지 기본요소에 의해 분석할 수 있다.

### (1) 음고(音高)

음고는 소리의 높낮이로 발음체가 진동하는 주파수에 의해 결정되는 것이다. 주파수는 단위시간당 진동하는 횟수를 가리킨다. 주파수의 단위는 헤르쯔(Hz)이다. 주파수와 음고는 정비례한다. 주파수가 높으면 소리가 높으며, 반대로 주파수가 낮으면 소리도 낮다. 발음체에서 나온 소리의 높낮이가 다른 것은 발음체의 크기, 길이, 두터움과 얇음, 완급과 밀접한 관계가 있다. 일반적으로 여성과 어린이의 소리는 성대가 짧고 얇아서 높다. 그러나 남성의 소리는 성대가 길고 두꺼워 낮다. 중국어에서 4성의 차이는 음고에 의해 결정되며, 고저를 악센트로 이용할 경우 단어의 뜻을 분화시킬 수도 있는데, 이것이 성조이다. 중국어는 음고에 따라 소리가 달라지고 의미가 구별된다.

### (2) 음강(音强)

음강은 소리의 강약이다. 음향적으로 소리의 진폭 크기에 의해 결정된다. 진폭은 발음체의 진동폭의 크고 작음을 가리킨다. 진폭의 크기는 음강과 정비례 한다. 진폭이 큰 소리가 강한 소리이고, 진폭이 작은 소리가 약한 소리이다. 풍금 건반을 세게 누르면 진폭의 크기 때문에 소리가 높지만, 가볍게 누르면 진폭이 작아 소리가 낮다. 중국어 '哥哥, 看看'에서 앞 음절를 강하게 뒤 음절은 약하게 읽는 것은 경성(轻声)과 비경성(非轻声) 음절의 발음은 음강이 서로 다른 것이다.

### (3) 음장(音长)

음장은 소리의 길고 짧음을 나타내며, 발음의 진동시간이 길고 짧음에 의해 결정된다. 진동의 지속시간이 길면 소리가 길고 짧으면 소리가 짧아진다. 음장은 중국어 보통화에서 단독으로 의미를 구별할 수 있는 작용을 못하지만, 개별 방언에서는 의미를 구별하는 작용을 한다. 예를 들면 광주화(广州话)에서 '三(sa:m)'과 '心(sam)'은 같다.

### (4) 음색(音色)

음색은 남성, 여성, 나이에 따라 개성과 특색이 있다. 이를 음색이라고도 한다. 음색은 발음체(소리굽쇠)의 주파수 진동 형식에 의해 결정된다. 발음체가 진동하여 나오는 음파는 주파수가 고정적이고 규칙적이다.

음색은 절대음색과 상대음색으로 나눌 수 있다. 절대음색은 발음체의 차이에 의해 결정되는 것이다. 바이올린과 오르간의 음색이 서로 다른 것은 발음체가 다르기 때문이다. 우리가 다른 사람의 소리를 분명하게 구별할 수 있는 것은 각 개인의 음색이 다르기 때문이다. 이러한 것이 모두 절대음색이다.

그러나 상대음색은 의미를 구별할 수 있는 중요한 요소로 다음 두 가지 원인에 의해 결정된다. 첫째, 발음방법이 다르다. 예를 들면 같은 바이올린이라도 활을 사용하는 것과 손가락을 사용해 타는 것은 나오는 소리가 달라 음색이 서로 다르다. 보통화의 g(k), h(x)의 음색이 다른 것은 발음방법이 다르기 때문이다.

둘째, 공명기의 모양이 다르다. 예를 들면 첼로와 바이올린은 현을 켜서 소리를 내는 악기이지만, 공명기의 형상이 다르기 때문에 음색의 차이는 매우 크다. 음성의 공명기는 주로 사람의 구강, 비강, 인강, 후강이다. 그 모양과 크기의 변화에 의해 다른 음색을 만들 수 있다. 보통화의 a(A), i(i)음의 차이는 공명기의 모양이 다르기 때문이다.

### 3) 음성의 사회적 성질

언어는 사회적 의사소통의 도구이다. 음성은 단어와 결합되어야만 의미를 나타낼 수 있다.

음성의 사회적 속성은 다른 소리와 본질적인 속성이 다르다. 음성의 사회적 속성은 다음 세 가지 방면에서 나타난다.

#### (1) 음성의 형식과 의미의 결합

언어부호의 음성형식과 의미의 결합 사이에는 임의적이지 필연적인 관계는 없다. 그러나 언어는 사회적 의사소통의 도구로 단순한 소리는 의미가 없으며, 의미와 결합되어야 음성이 될 수 있다. 즉 어떤 소리를 사용해서 무슨 의미를 내는지는 사회 구성원들의 약속에 의해 결정된다. 동일한 음성형식도 다른 의미를 나타낼 수 있다. 예를 들어 "shishi" 두 음절은 중국어에서 "施事, 失事, 失势" 등 여러 의미를 나타낸다. 또한  서로 다른 민족 사이에는 동일한 의미도 서로 다른 음성형식을 가지고 있다. 예를 들면 중국어에서 정장본으로 만들어진 저서를 '书'(shu)라고 하지만, 한국어는 '책' 영어는 'book'이라고 나타낸다.

#### (2) 음성의 계통성

각종 언어의 음성 성분에는 모두 자신의 음성계통을 가지고 있다. 예를 들면 영어는 청음과 탁음으로 단어의 의미를 구별하고, 중국어는 송기 불송기로 단어의 의미를 구별할 수 있다.

또한, 음성의 계통성은 음성 성분의 조합방식에서도 나타난다. 예를 들면 보통화의 [l]은 단지 음절의 첫머리에만 출현하지만, 영어에서는 음절의 첫머리와 끝에도 올 수 있다. 한어 보통화에서 n. l은 두 개의 서로 다른 음위에 속하지만, 일부 방언은 동일한 음위이다. 예를 들면 사천(四川)과 남경(南京) 사람들은 '男子'와 '篮子'를 구분하지 않는다.

### (3) 음성의 지방적 특징과 민족적 특징

다른 방언과 민족언어를 분석할 때는 음성 성분의 지방적 특징과 민족적 특징을 고려해야 한다. 예를 들면 보통화에 zh, ch, sh 등의 권설음이 있으나, 다른 방언에는 이러한 음이 없다. 또한 중국어 보통화의 색음(塞音)에는 송기(送气)와 불송기(不送气)로 나누지만, 영어, 일어, 독어, 불어 등에는 이러한 구별이 없다. 중국어 보통화에서 duzi를 tuzi로 읽으면, 청자는 肚子(배)를 兔子(토끼)로 이해할 수 있다.

## 3. 음성체계

### 1) 음절(音节)

음절은 청각적으로 가장 쉽게 분별할 수 있는 음운 단위이다. 예를 들면 '人不学, 不知义.'의 문장은 발음기관의 근육이 수축과 이완과정을 6차례 일으키면서 6개의 음절로 구성되어 있다. 발음기관에서 형성된 6차례의 긴장과정은 음운학상 6개의 음절을 나타내며 6개의 한자로 기록할 수 있다. 그래서 음절이란 사람들이 말을 듣고서 가장 쉽게 분별해내는 음운 단위이며, 발음할 때 근육의 수축과 이완 과정을 통해 한 개의 가장 자연스러운 음절이 완성되는 것이다. 음절은 음소가 일정한 방식에 따라 구성된 것이다. 어떤 음절은 음소 하나로 구성되고 어떤 음절은 자음과 모음이 결합하여 구성된다.

일반적으로는 한자 한 개의 독음은 중국어의 음절 한 개를 나타낸다. 그러나 한자는 문자이므로 음성의 음절을 구분하는데 근거로 삼을 수 없다. 한자 한 개가 항상 음절 한 개를 의미하지 않기 때문이다. 예를 들면 보통화에서 儿化音의 음절수는 한자의 숫자와 같지 않다. '花儿, 盆儿' 등은 한자가 두 개씩이지만, "huar", "penr" 등 각각 한 개의 음절로 발음된다.

### 2) 음소(音素)

음운은 가장 작은 단위는 음절이 아니다. 음절의 구성성분은 다시 음소로 분석할 수 있다. 음소는 음색의 측면에서 구별해 내는 최소의 음성단위이다.

후두(성문)을 지난 공기의 흐름에는 유성과 무성의 구별이 있을 뿐, 대부분 음의 구별은 아직 만들어지지 않는다. 여러 음 사이의 구별이 만들어지는 것은 후두에서부터 성도에서 이루어진다. 이 과정이 조음(调音)이다. 발음할 때 발음기관의 미세한 변화 - 구강의 개폐, 혀와 입술의 음직임, 성대의 진동 - 등이 서로 다른 음소로 소리 나게 한다. 예를 들면 '规'음절을 분석하면 g-ū-e-i 의 4개 음소로 분석이 가능하며, '律'음절은 l-ǜ 두 개의 음소로 분석된다. 보통화에서 啊(ā), 鹅(é)는 하나의 음절에 하나의 음소이며, 古(gǔ) 开(kāi), 封(fēng)은 두 개, 세 개의 음소로 구성되어 있다. 그러나 窗(chuāng) 처럼 가장 많은 음소는 단지 4개가 가능하다. 표준어의 어음을 표시하는 400여개의 음절에는 모두 32개의 음소가 있다. 음소를 최소단위로 하는 것은 음소를 더 이상 나눌 수 없다는 것이다.

음소는 가장 작은 음운단위로 모음(元音)과 자음(辅音)으로 나눌 수 있다. 이 두 음운단위의 차이는 성문을 통과한 공기의 흐름이 어느 정도 자유롭게 빠져나가게 하는데 있다. 공기의 흐름이 자유로우면 모음이 만들어지고, 입이 좁아져 공기의 흐름에 장애 요인이 있으면 자음이 만들어 진다.

#### (1) 자음

자음은 발음할 때 인두 등을 통해 나온 기류가 구강의 통로에서 발음기관의 장애를 받고 만들어지는 음성이다. 인강, 구강, 비강을 통과하기 때문에 기류가 비교적 강하다. 모음과 달리 자음을 발음할 때는 구강에서 기류가 장애를 받는 부분이 긴장하게 되며, 탁음과 몇 개의 비음 외에는 성대가 진동하지 않는다. 자음을 분류하는 기준에는 ① 발음위치, ② 발음방법으로 구분할 수 있다.

b p m f z c s d t n l zh ch sh r g k h j q x

자음의 특징

① 기류가 장애를 받는다.(受阻碍)

② 성대가 진동하지 않는다.(声带不振动)

③ 인강, 구강, 비강을 통과하기 때문에 기류가 강하다.(气流较强)

④ 구강에서 기류가 장애를 받는 부분만 긴장하고, 다른 부분은 긴장하지 않는다.

⑤ 자음은 噪音이다.

<발음부위>

기류가 발음기관의 어떠한 위치에서 조음되어 나오는 자음들을 위치별로 분류한 것이다.

가. 쌍순음 (b, p, m) : 양입술이 접촉하여 기류가 장애를 받고 나오는 음.

나. 순치음 (f) : 윗니가 아랫입술과 접속하여 기류가 장애를 받고 나오는 음.

다. 설첨전음 (z, c, s) : 혀끝이 아랫니의 뒤에 접촉하여 기류가 장애를 받고 나오는 음

라. 설첨중음 (d, t, n, l) : 혀끝이 위 잇몸과 접촉하여 기류가 장애를 받고 나오는 음

마. 설첨후음 (zh, ch, sh, r) : 혀끝이 말려서 잇몸 뒤 경구개 앞에서 기류가 장애를 받고 나오는 음

바. 설근음 (g, k, h) : 혀뿌리와 연구개가 접촉하여 기류가 장애를 받고 나오는 음

사. 설면음 (j, q, x) : 설면과 경구개가 접촉하여 기류가 장애를 받고 나오는 음

<발음방법>

가. 파열음(塞音)

아랫입술이나 혀가 더 위로 올라가 윗입술, 윗니, 입천장 등에 닿아 일시적으로 구강(口腔)과 비강(鼻腔)사이 공기의 흐름이 막혔다가 터뜨리면서 파열음이 발생한다. 파열음(塞音)의 발음 과정은 장애형성(패쇄), 장애지속, 장애제거(파열)의 세 단계를 거치게 된다.

나. 마찰음(擦音)

아랫입술이나 혀가 더 위로 올라가 윗입술, 윗니, 입천장 등에 근접하여 공기 흐름의

통로가 아주 좁아지면 좁혀진 부분으로 공기가 빠져나가면서 마찰을 일으키며 소리가 발생한다. 이것이 마찰음이다.

다. 파찰음(塞擦音)

패쇄 후의 파열음처럼 한꺼번에 터지지 않고 지속 뒤에 파열이 되지 않을 정도로 성도가 좁게 벌어지면 마찰이 일어나게 된다. 공기의 흐름을 막았다가 공기가 폐쇄된 부분의 작은 틈 사이를 스쳐 지나면서 내는 소리이다. 파열과 마찰이 동시에 일어나면서 조음되는 음을 파찰음(색찰음)이라 한다.

라. 비음(鼻音)

발음할 때 구강의 발음부위가 완전히 막히고, 연구개(软颚)가 아래로 처져 기류가 비강(鼻腔)으로 흐르면서 내는 소리이다.

마. 설측음(边音)

공기의 흐름을 폐쇄시키지만 혀의 양 옆으로 열려 있어 공기가 자유롭게 흘러나가면서 내는 소리이다. 변음은 혀끝을 윗니의 잇몸에 붙이고 공기가 혀의 양옆으로 흘러 나아가면서 내는 소리이다. 중국어 변음에는 l[l]하나만 있다.

## (2) 모음

모음은 자음과 달리 구강이 비교적 넓게 열린 상태에서 나오는 소리이다. 모음의 발음은 구강의 모양, 특히 구강 모양(开口度)에서 혀의 위치(혀의 고저)와 입술의 위치(원순과 비원순)에 의해 결정된다. 모음은 기류가 성문을 지나면서 성대를 진동시켜 울림도가 큰 소리를 낸다. 다음 구강의 통로에서 발음기관의 어떠한 부위의 장애도 받지 않고 조음되어 계속해서 낼 수 있는 음성이다. 표준어의 어음에는 10개의 모음이 있다. 그 가운데 설면모음이 7개이고 설첨모음이 3개이다.

설면모음 : ɑ[A] o[o] e[ɤ] i[i] u[u] ü[y] ê[ɛ]

설첨모음 : -i[ɿ] -i[ʅ] er[ɚ]

> 모음의 특징
> ① 기류가 구강에서 어떤 장애를 받지 않는다.(不受阻碍)
> ② 성대가 진동하며 소리가 맑다.(声带振动)
> ③ 발음할 때 기류가 약하다.(气流较弱)
> ④ 발음기관의 각 부분이 긴장을 유지한다.
> ⑤ 모두 乐音이다.

### ① 설면모음

모음을 발음할 때, 혀 위치의 고저는 조금씩 차이가 있는데, 혀의 위치가 설면의 위에서 작용을 일으켜 나타낼 때, 이때 나는 음을 "설면모음"이라 부른다. 설면모음은 혀의 위치(고저, 전후)와 입술의 모양 등에 따라 다르게 조음된다. 모음은 다음 세 가지 기준으로 나눌 수 있다.

#### ⓐ 혀의 전후 위치

혀의 전후 위치는 모음의 성질에 영향을 미친다. 혀의 정전의 위치에 따라서, 설면모음은 다음 세 부분으로 나눌 수 있다. 고모음 [i]는 발음할 때 혀의 앞 부분을 치경 가까이에 접근시키는 전설모음이고, [u]는 발음할 때 혀의 뒷 부분을 연구개에 접근시키는 후설모음이다.

전설모음 : i[i], ü[y], ê[ɛ]
중설모음 : i[ɨ], e[ə], ɑ[A]
후설모음 : u[u], o[o], e[ɤ]

#### ⓑ 혀의 높낮이

혀의 높이와 입의 개합은 연관되어 있다. 입을 작게 벌리면 혀 위치가 높고, 크게 벌리면 혀의 위치는 낮아진다. 입이 열린 정도를 개구도라고 한다. 혀 위치의 높낮이, 입이 벌어지는 정도(개구도)에 따라 고모음(폐모음)과 저모음(개모음) 등 네 부분으로 나눌 수 있다. 입을 크게 벌리면 개구도는 커지고, 혀의 위치는 낮아진다(저모음). 반대로 입을 좁게 벌리면 개구도는 작아지고, 혀의 위치는 높아진다(고모음).

고모음 : i[i], u[u], ü[y]
반고모음 : o[o], e[ɤ]

반저모음 : ê[ε], [ɔ]

저모음 : ɑ[a], ɑ[A], ɑ[ɑ]

### © 입술의 모양

입술의 위치·모양에 따라 두 부분으로 나눌 수 있다. 입술을 o, u와 같이 둥글게 하고 발음하는 모음을 원순모음이라하고, ɑ, e, i와 같이 입술을 펴고 발음하는 모음을 평순모임이라 한다.

원순모음 : ü[y], u[u], o[o]

평순모음 : i[i], ê[ε], e[ɤ], ɑ[A]

이상 세 가지 기준으로 만들어진 모음 기술의 척도로서 사용되는 것이 모음사각도(舌面元音舌位图)이다.

현대중국어보통화는 7개의 설면모음을 묘사할 수 있다.

ɑ[A] : 중, 저, 평순설면모음

o[o] : 후, 반고, 원순설면모음

e[ɤ] : 후, 반고, 평순설면모음

I[i] : 전, 고, 평순설면모음

u[u] : 후, 고, 원순설면모음

ü[y] : 전, 고, 원순설면모음

ê[ε] : 전, 반저, 평순설면모음

### ② 설첨모음

모음을 발음할 때, 혀 위치가 혀끝 위에서 작용을 일으켜 나타날 때, 나는 음을 "설첨모음"이라 부른다. 설첨모음을 발음할 때 주요한 것은 혀끝에서 작용을 하는 것이고, 그것에 따라 혀끝의 활동의 전후와 입술의 원순과 평순이 결정이 되는 것이다.

보통화에선 3개의 설첨모음이 있는데, 즉 설첨전모음 -i[ɿ], 설첨후모음 -i[ʅ], 그리고 권설모음 er[ɚ] 이다.

-i[ɿ] : 전, 고, 평순설첨모음

-i[ʅ] : 후, 고, 평순설첨모음

er[ɚ] : 앙, 중, 평순권설모음

주의해야 할 것은 다음과 같다.

ⓐ -i[ɿ] 앞에 하나의 작은 가로줄을 더하여서, 설면모음의 i와 구별하여서, z, c, s 뒤의 설첨모음을 가리킨다.

ⓑ -i[ʅ] 앞에 하나의 작은 가로줄을 더하여서, 역시 설면모음 i와의 구별을 하고, zh, ch, sh, r의 뒤의 설첨모음을 가리킨다.

ⓒ 설면모음을 내면서 혀끝을 경구개 쪽으로 쳐들면 권설모음이 된다. 권설모음은 [ər], [ɒr]로 쓰는데, [r]은 그 앞에 위치한 모음의 권설작용을 표시한다. 권설모음은 주로 "儿化韵"에 나타나며, 얼화운 이외에 "而. 二, 耳" 등이 있다.

舌尖전모음(ɿ)

舌尖후모음(ʅ)

권설모음(ər, ɒr, ɔr)

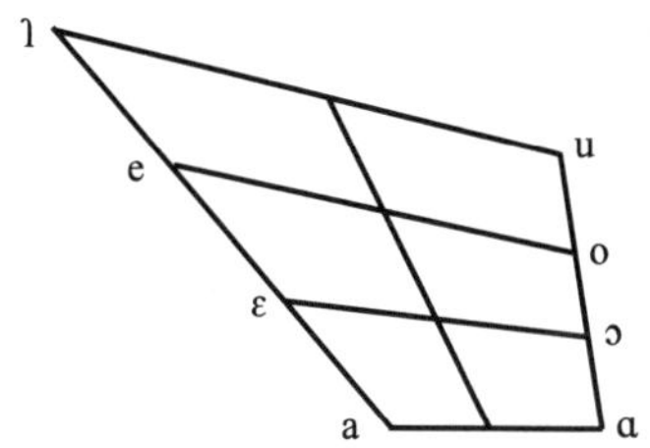


元音舌位

## 3) 음위

음소의 분류는 어음을 물리적 성질과 생리적 성질에 따라 구분한 가장 작은 어음 단위이다. 즉 어음의 물리적 속성에서 소리 특징을 고찰하고, 어음의 생리적 속성에서 발음부위와 발음방법을 분석한 것이다. 그러나 어음은 자연적(물리적, 생리적) 속성보다 사회적 속성이 더 중요하다. 음위는 사회적 속성에 따라 구분한 것이다. 음소가 여러 구체적인 언어속에서 차지하는 지위와 작용, 음소와 음소 사이의 관계를 분별하는 것이 음위이다. 음위는 언어(말) 가운데 의미를 분별하는 가장 작은 소리단위이다. 가장 작은 소리단위가 음소이지만, 음소로 반드시 의미를 구별할 수 있는 것은 아니다. 예를 들면 b[p]o(拨)와 p[p′]o(泼)는 의미가 완전히 다르다. 이 [p], [p′] 음소는 중국어에서 의미를 구별하는 작용을 하기 때문에 서로 다른 두 개의 음위가 된다. 그러나 영어에서 [p], [p′] 는 의미를 구별하지 않기 때문에 동일한 하나의 음위이다. 한 가지 더 중국어의 a음위를 보면, a(阿), ya(呀), wa(哇) 세 개의 음절에서 a의 발음은 차이가 있다. 이 세 개의 발음은 각각 [A], [a], [ɑ] 세 개의 음위로 나누어진다. 그러나 이러한 차이가 의미를 구분할 수는 없다. 이 세 가지 a는 a음위로 귀납하여 /a/라고 표기한다. 이처럼 동일한 음위의 서로 다른 음소를 '음위변체'라고 부른다.

<보통화 원음음위>

① /a/의 음위변체

| 음위 | 음위변체 | 출현조건 | 예자 |
|---|---|---|---|
| /a/ | [a] | 운미 [-i], [-n]의 앞 | [ai] [an] |
| | [A] | 운미 없음 | [iA] [uA] |
| | [ɑ] | 운미 [-u], [-ŋ]의 앞 | [ɑu][ɑŋ] |
| | [ɛ] | 운두 [i-]와 운미 [-n]의 사이 | [iɛn] |

② /o/의 음위변체

| 음위 | 음위변체 | 출현조건 | 예자 |
|---|---|---|---|
| /o/ | [o] | 순음 성모의 뒤 | 泼[po] 破[p'o] |
| | [o$^{\text{ʕ}}$] | 복운모의 운복 | 说[suo$^{\text{ʕ}}$] 候[xo$^{\text{ʕ}}$] |

③ /ə/의 음위변체

| 음위 | 음위변체 | 출현조건 | 예자 |
|---|---|---|---|
| /ə/ | [ɤ] | 단운모중에서 | 歌[kɤ] 特[t'ɤ] |
| | [ə] | 비모음이 운미일 때 | 文[uən] 横[xəŋ] |

④ /e/의 음위변체

| 음위 | 음위변체 | 출현조건 | 예자 |
| --- | --- | --- | --- |
| /e/ | [e] | 운미 -i앞에서 | 被[pei] 危[uei] |
| | [ɛ] | 운복이거나 운미가 없을 때 | 街[tɕiɛ] 绝[tɕyɛ] |

⑤ /i/의 음위변체

| 음위 | 음위변체 | 출현조건 | 예자 |
| --- | --- | --- | --- |
| /i/ | [i] | 운복일 때 | 基[tɕi] 今[tɕin] |
| | [ɪ] | 운미일 때 | 开[k'aɪ] 黑[xeɪ] |
| | [j] | 운두일 때(영성모) | 叶[jɛ] 要[jau] |

⑥ /u/의 음위변체

| 음위 | 음위변체 | 출현조건 | 예자 |
| --- | --- | --- | --- |
| /u/ | [u] | 운복일 때 | 古[ku] 棍[kun] |
| | [ɷ] | 운미일 때 | 好[xaɷ] 后[xoɷ] |
| | [w] | 운두일 때(영성모) | 完[wan] 为[wei] |
| | [ʋ] | f-성모의 뒤 | 夫[fʋ] 父[fʋ] |

⑦ /y/의 음위변체

| 음위 | 음위변체 | 출현조건 | 예자 |
| --- | --- | --- | --- |
| /y/ | [y] | 운복일 때 | 去[tɕ'y] 裙[tɕ'yn] |
| | [ɥ] | 운두일 때(영성모) | 月[ɥɛ] 圆[ɥɛn] |

⑧ /ʅ/의 음위변체

| 음위 | 음위변체 | 출현조건 | 예자 |
| --- | --- | --- | --- |
| /ʅ/ | [ʅ] | tʂ, tʂ', ʂ, ʐ 뒤에서 운모일 때 | 知[tʂʅ] 日[ʐʅ] |

⑨ /ɿ/의 음위변체

| 음위 | 음위변체 | 출현조건 | 예자 |
| --- | --- | --- | --- |
| /ɿ/ | [ɿ] | ts, ts', s 뒤에서 운모일 때 | 资[ts'ɿ] 私[sɿ] |

⑩ /ɚ/의 음위변체

| 음위 | 음위변체 | 출현조건 | 예자 |
|---|---|---|---|
| /ɚ/ | [ɚ] | 2성과 3성 음절에서 | 儿[ɚ$^{35}$] 尔[ɚ$^{214}$] |
| | [ɐr] | 4성 음절에서 | 二[ɐr$^{51}$] 贰[ɐr$^{51}$] |

<보통화 보음음위>

① 불송기, 청색음, 청색찰음이 경성음절에 출현할 때, 발음이 약해져 앞, 뒤 모음의 영향을 받아 어떤 때는 상응하는 탁음으로 변한다.

| 음위 | 음위변체 | 예 |
|---|---|---|
| /p/ | [b] | 尾巴[bᴀ] |
| /t/ | [d] | 我的[də] |
| /k/ | [g] | 五个[gə] |
| /tʂ/ | [dʐ] | 看着[dʐə] |
| /ts/ | [dz] | 椅子[dzə] |
| /tɕ/ | [dʑ] | 姐姐[dʑiɛ] |

② 대다수의 보음음위는 원순모음과 연접할 때, 양입술을 둥글게 모아 원순음의 음위변체가 나온다. 예를 들면 '都[tu], 努[nu], 苏[su]' 등의 보음은 양 입술을 둥글게 모아 발음한다.

③ 설첨중음 /t/, /t'/, /n/, /l/이 제치호 운모와 병합할 때, 구개음화 음색의 음위변체가 출현한다. 예를 들면 '低[ti], 你[ni], 李[li]' 중의 보음이 각각/tj/, /nj/, /lj/로 구개음화 되어 다르게 변한다.

④ 설근음 /k/, /k'/, /x/이 /ei/와 병합할 때, /ei/ 운모 가운데 혀의 위치가 높은 前元音 [e]의 영향을 받아 발음부위가 전이된다. 예를 들면 '给, 克, 黑'의 실제음가는 /k/, /k'/, /x/와 같다.

⑤ 비음 /n/은 두 개의 음위변체가 있다. 하나는 성모/n-/이다. 비음 발음할 때의 成

阻, 持阻, 除阻의 3단계가 있는데, 持阻, 除阻때는 모두 발음된다. 다른 하나는 운미 /-n/으로 持阻때는 발음되나, 除阻때는 발음되지 않는다. 어떤 사람은 이를 唯闭音이라 부르기도 한다.

⑥ 비음 /ŋ/은 두 개의 음위변체가 있다. 하나는 운미/-ŋ/으로 唯闭音이다. 예를 들면 '当/taŋ/, 江/tɕiaŋ/'은 唯闭音이다. 다른 하나는 성모/ŋ/이다. 비음발음의 3단계를 갖는데 단지 후속 어기사 '啊' 앞에서만 출현하고 '啊' [A] 앞에 운미/-ŋ/의 음절이 연속될 때에 동화작용으로 唱啊[ts'aŋ ŋA]처럼 음위가 변한다.

### 4) 음절분석

음절은 청각적으로 가장 쉽게 분별할 수 있는 음운 단위이다. 예를 들어 '人不学, 不知义.'를 낭독해 보면 발음기관의 근육이 수축과 이완과정을 6차례 일으키면서 6개의 음절로 구성되어 있음을 알 수 있다.

발음기관에서 형성된 6차례의 긴장과정은 음운학상 6개의 음절을 나타내며 6개의 한자로 기록할 수 있다. 그래서 음절이란 사람들이 청각적으로 가장 쉽게 분별해 내는 음운 단위이며, 발음할 때 근육의 수축과 이완 과정을 통해 한 개의 가장 자연스러운 음절이 완성되는 것이다.

일반적으로는 한자 한 개의 독음은 중국어의 음절 한 개를 나타낸다. 그러나 한자는 문자이므로 음성의 음절을 구분하는데 근거로 삼을 수 없다. 언제나 한자 한 개가 음절 한 개를 의미하지 않기 때문이다. 예를 들면 보통화에서 儿化音의 음절수는 한자의 숫자와 같지 않다. '花儿, 盆儿' 등은 한자가 두 개씩이지만, "huar", "penr" 등 각각 한 개의 음절로 발음된다.

#### <음절분석 방법 >

한자는 수천년에 걸쳐 만들어졌지만 음절의 수는 한정적이다. 현대 중국어의 음절은 지금까지 400개정도 된다. 이 가운데 de, shi, yi, bu, you, zhi, le, ji, zhe, wo, ren, li, ta, dao. zhong, zi, guo, shang, ge, men, he, wei, ye, da, gong, jiu, jian, xiang, zhu, lai, sheng, di, zai, ni, xiao, ke, yao, wa, yu, jie, jin, chan, zuo, jia, xian, quan, shuo 등이 음절에 사용되는 비율의 50%정도를 차지한다. 이 음절은 다음 두 가지 방법으로 분석할 수 있다. 하나는 음절을 구성하는 가장 작은 소리단위인 음소의 성질을 분석하는 음소 분석방법이고, 다른 하나는 음절을 구성하고 있는 성분인 성모와 운모, 성조를 분석하는 성운조 분석방법이다.

### (1) 음소분석법

음소분석법은 서양 현대 언어학의 음성 분석방법이다. 한 언어에서 사용되는 수많은 음성들로부터 음소가 될 수 있는 음성들을 구별해 내는 방법이다. 즉 하나의 음절을 음색의 측면에서 분석하여 하나 하나의 가장 작은 구별된 특징을 가지고 있는 음소를 분석해 내는 것이다. 음소는 음색의 측면에서 구별해 내는 최소의 음성단위이다. 예를 들면 规 음절을 분석하면 g-u-e-i 의 4개 음소로 분석이 가능하며, 律 음절은 l-ü 두 개의 음소로 분석된다. 보통화에서 하나의 음절은 하나의 음소이며(예 啊(ā), 鹅(é)), 두 개의 음소 혹은 세 개의 음소가 가능하다.(예 古(gǔ), 开(kāi), 封(fēng)). 가장 많은 음소는 단지 4개가 가능하다. (예 窗 (chuāng) 帘(lián))

음소 분석법은 발음방법과 발음부위에 착안한 것으로 비교적 자세하고 정확하게 분석할 수 있는 장점이 있다.

### (2) 성운분석법

성운분석법은 중국 전통음운학의 음성분석 방법이다. 음절을 성모, 운모, 성조 세 부분으로 나누는 방법이다. 음절의 첫머리에 오는 자음을 성모라 하고, 음절구조 가운데 성모를 제외한 나머지 부분을 운모라고 한다. 운모는 다시 운두, 운복, 운미로 나눌 수 있다.

성운분석법은 음성 구조성분의 결합에서 착안한 방법이다. 초기의 성운분석법은 상세하고 과학적이지는 못하였다. 근래에 음소분석법의 장점을 흡수하고, 성운분석법을 중심으로 음절구조를 분석하여, 음소분석법을 중심으로 음절성분을 분석하면서 두 가지 방법을 유기적으로 결합해 왔다. 예를 들면 见을 성모 j와 운모 ian으로 분석하고 다시 성모인 자음 j와 운두인 모음 i, 운복인 모음 a, 운미인 자음 n으로 분석한 것이다.

이러한 분석방법은 단계적으로 분석하면 중국어 음성구조의 특징을 연구하는데 효과가 있다.

### (3) 자음과 성모, 모음과 운모의 관계

자음과 모음은 음소의 발음 특징을 분석하여 분류한 것이고, 성모와 운모는 중국어 음절의 내부구조와 위치에서 분석된 단위이다. 따라서 분석하는 방법이나 범위에 차이가 있어 서로 다르다. 먼저 현대 중국어 보통화의 자음과 성모의 차이는 다음과 같다.

첫째, 자음은 모두 22개이지만, 성모로 쓰이는 것은 21개이다. 그 중 자음 ng는 성모가 될 수 없으며 운미로만 쓸 수 있다.

둘째, 음절에 나타나는 위치가 다르다. 성모는 반드시 음절의 첫머리에 위치하며, n은 자음으로도 쓰이고 ng와 같이 운미가 될 수 있다.(예를 들면 gāng(刚). nán(男))

따라서 자음의 범위는 성모보다 크고, 운모는 모음보다 범위가 넓다.

현대 중국어 보통화의 모음과 운모의 차이는 다음과 같다.

첫째, 모음은 단지 10개이지만, 운모는 39개이다.

둘째, 운모는 단운모 10개, 복운모 13개, 비운모 16개로 나눌 수 있다.

셋째, 구조성분이 같지 않다. 운모는 모음을 포함할 뿐만 아니라, 자음을 포함할 때도 있다.

## 4) 표준어의 음성체계

### (1) 성모체계

성모는 음절 첫머리의 자음을 가리킨다. 보통화의 22개의 자음이 있는데 성모를 만들 수 있는 자음은 모두 b, p, m, f, d, t, n, l, g, k, h, j, q, x, zh, ch, sh, r, z, c, s. 등 21개가 있다. 그 가운데 n은 또한 운미가 될 수 있다. 22번째 자음 ng는 오직 운미만 될 수 있고 성모는 될 수 없다.

성모의 발음은 "본음"과 "호독음" 두 종류가 있다. 모두 자음의 발음 원리에 따라 성모의 음을 "본음"이라 부른다. 성모의 대다수가 성대가 진동하지 않는 무성음이기 때문에 소리가 높고 크지 않아 발음하기 불편하다. 그래서 분별의 어려움을 해결하기 위해 성모 뒤에 하나의 모음을 덧붙인 후 한 개의 음절을 만들어 성모의 발음을 설명할 때 사용한다. 이것이 바로 "호독음"이다.

성모의 호독음의 발음 규칙은 다음과 같다.

- b, p, m, f + o　　bo(玻), po(坡), mo(摸), fo(佛)
- d, t, n, l, g, k +e　　dé(得), tè(特), nè(讷), lè(勒), gē(哥), kē(科), hē(喝)
- j, q, x + i　　jī(基), qī(欺), xī(希)
- zh, ch, sh, r + -i[ʅ]　　zhī(知), chī(吃), shī(诗), rì(日)
- z, c, s + -i[ɿ]　　zī(资), cí(雌), sī(思)

#### 가. 발음부위에 따른 분류

성모는 발음할 때 폐에서 나오는 기류가 여러 가지 장애를 받으면서 만들어진다. 발음할 때 폐로부터 나오는 기류가 장애를 받는 위치를 발음부위라 한다.

##### ① 쌍순음(双唇音)

위 아래 입술이 다물었다가 열리면서 나오는 소리이다.

㉠ b[p]: 쌍순음, 무기음, 무성음, 파열음

발음할 때 아래 위 입술을 꼭 다물었다가 입을 열면서 내는 소리이다.

biāobīng(标兵) biànbié(辨别) bānbù(颁布) bìbào(壁报) běibiān(北边) bāobiǎn(褒贬)

㉡ p[p'] : 쌍순음, 유기음, 무성음, 파열음

발음방법이 b음과 같다. b와 p의 구별은 공기의 흐름이 바깥으로 나갈 때의 기류의 강약이 다르다.

pīpàn(批判) piānpáng(偏旁) pīngpāng(乒乓) péngpài(澎湃) pǐnpíng(品评) pīnpán(拼盘)

㉢ m[m] : 쌍순음, 유성음, 비음

발음할 때 두 입술이 꼭 다물고 동시에 목젖이 밑으로 처지면서 기류가 비강을 통하여 밖으로 나가면서 나오는 소리이다.

měimiào(美妙) míngmèi(明媚) mùmín(牧民) mǎimài(买卖) miànmào(面貌)

② 순치음(唇齿音)

경순음(轻唇音)이라고도 한다. 아래 입술과 윗니가 서로 가볍게 닿으면서 기류의 장애를 조성하여 만들어내는 소리이다.
발음할 때 윗니를 아래 입술에 접근시켜 기류가 그 틈새로 스쳐 나온다. 성대가 진동하지 않으며, 아랫입술을 안쪽으로 말거나 시간을 길게 끌지 않아야 한다.

[f] : 순치음, 무성음, 마찰음

fènfā(奋发) fēngfù(丰富) fēnfāng(芬芳) fēifán(非凡) fèifǔ(肺腑) fǎnfù(反复)

③ 설첨전음(舌尖前音)

설치음(舌齿音)·평설음(平舌音), 혹은 치두음(齿头音)이라고도 한다. 혀끝이 윗니 뒷면에 닿았다가 장애를 받으며 약간 늦추어지면서 그 틈새로 나오는 소리이다.

㉠ z[ts] : 설첨전음, 무기음, 무성음, 파찰음

발음할 때 혀 끝을 윗니 뒤에 붙였다가 좀 늦추어 기류가 그 틈새로 흘러나온다.

zìzūn(自尊) zǒngzé(总则) zǔzōng(祖宗) zuìzé(罪责) zàozuò(造作) zǒuzú(走卒)

ⓛ c[ts'] : 설첨전음, 유기음, 무성음, 파찰음

발음방법이 'z'와 같으며, 기류가 더 강하다.

céngcì(层次) cāngcuì(苍翠) cāicè(猜测) cuīcù(催促) cǎocóng(草丛) cūcāo(粗糙)

ⓒ s[s] : 설첨전음, 무성음, 마찰음

발음할 때 혀끝을 세우고 윗니 뒤에 접근 한 후에 소리를 길게 내지 않는다. 기류가 그 틈새로 스쳐 나온다.

sīsuǒ(思索) sùsòng(诉讼) sèsù(色素) sōngsǎn(松散) suǒsuì(锁碎) sēngsú(僧俗)

④ 설첨중음(舌尖中音)

설첨음(舌尖音) 혹은 설두음(舌头音)이라고 한다. 혀는 앞을 향하여 평평하게 펴고 혀끝을 윗니 몸에 대었다가 떼면서 장애를 일으키며 내는 소리이다.

ⓖ d [t] : 설첨중음, 무기음, 무성음, 파열음

발음할 때 혀 끝을 윗니 몸에 붙였다가 열면서 기류가 터져나오는 소리이다. 성대는 진동하지 않는다.

diàndēng(电灯) dàndòng(彈洞) dàdì(大地) dàodé(道德) dǎdǎo(打倒) dāndiào(单调)

ⓛ t[t'] : 설첨중음, 유기음, 무성음, 파열음

발음방법이 'd'와 같으며, 기류가 더욱 강하게 터져 나온다.

tàntǎo(探讨) tiáotíng(调停) tuántǐ(团体) tāntú(贪图) táotài(淘汰) tiětǎ(铁塔)

ⓒ n[n] : 설첨중음, 유성음, 비음

발음할 때 혀 끝을 윗니 뒤 잇몸에 붙이고 연구개가 드리워지고 기류가 비강으로 통하여 나오는 소리이다. 성대가 진동하며 운모와 결합할 때는 길게 소리내지 않는다.

nínìng(泥泞) nǎonù(恼怒) néngnài(能耐) niúnǎi(牛奶) nánnǚ (男女) niǔniē(扭捏)

ⓔ l[l] : 설첨중음, 유성음, 설측음

발음할 때 혀 끝을 윗니 뒤 잇몸에 붙이고 혀의 양옆으로 기류가 나오면서 성대를 진동시키며 내는 소리이다.

lǐlùn(理论) lěiluò(磊落) línglì(伶俐) liáoliàng(嘹亮) liúlǎn(浏览) lǎoliàn(老练)

⑤ 설첨후음(舌尖后音)

권설음(卷舌音)이라고도 한다. 혀끝을 위로 말아 경구개에 대었다가 약간 떼면서 기류를 그 사이로 통과시켜 내는 소리이다.

㉠ zh[tʂ] : 설면후음, 무기음, 무성음, 파찰음

zhuózhuàng(茁壮) zhǔzhāng(主张) zhèngzhì(政治)

zhēnzhèng(真正) zhuāngzhòng(庄重) zhànzhēng(战争)

㉡ ch[tʂ'] : 설면후음, 유기음, 무성음, 파찰음

chángchéng(长城) chūchǎn(出产) chēchuáng(车床)

chíchěng(驰骋) chūncháo(春潮) chāichuān(拆穿)

㉢ sh[ʂ] : 설첨후음, 무성음, 마찰음

shénshèng(神圣) shānshuǐ(山水) shǎoshù(少数)

shìshí(事实) shuāngshǒu(双手) shǎnshuò(闪烁)

㉣ r[ʐ] : 설첨후음, 유성음, 마찰음

réngrán(仍然) róngrěn(容忍) róuruǎn(柔软)

róngrǔ(荣辱) ruǎnruò(软弱) rúruò(如若)

zh, ch, sh, r는 발음할 때 혀가 뒤쪽으로 수축하고 혀끝을 뒤로 들어올린다. 경구개에 바짝 접근시키고, 혓바닥 중간부분에 공간이 생긴다. 입술을 옆쪽으로 당기면 미소짓는 형태가 된다. 혀끝을 뒤로 말지 않고 입술은 바깥을 향하게 하지 않는다. zh와 ch의 차이는 숨을 내쉴 때 강약의 세기에 있다.

⑥ 설면음(舌面音)

설면전음(舌面前音)이라고도 하는데 설면전이란 혀의 자연스러운 상태에서 경구개 밑부분을 가리킨다. 혓바닥을 경구개 앞부분에 대었다가 떼면서 그 사이로 기류가 마찰되어 내는 소리이다.

㉠ j[tɕ] : 설면음, 무기음, 무성음, 파찰음

jiānjué(坚决) jīngjì(经济) jiāojí(焦急) jìnjì(禁忌) jiějué(解决) jiānjù(艰巨)

㉡ q[tɕ'] : 설면음, 유기음, 무성음, 파찰음

qǐngqiú(请求) qīnqiē(亲切) qiàqiǎo(恰巧) qìquán(弃权) qīngquán(清泉) qíqū(崎岖)

j, q는 발음할 때 전설면의 중간부분에만 힘을 주고, 혀의 전체에 힘을 줄 필요가 없다. j와 q의 차이는 숨을 내쉴 때 강약의 차이에 있다.

㉢ x[ɕ] : 설면음, 무성음, 마찰음

xíngxiàng(形象) xūxīn(虚心) xǐxùn(喜讯) xiànxiàng(现象) xuéxí(学习) xiángxì(详细)

혓바닥 앞쪽 상하 중간부분이 경구개 앞쪽에 바짝 접근한다. 단, 힘을 내서 밀지 않는다. 너무 길게 소리내지 않는다.

⑦ 설근음(舌根音)

설면후음(舌面后音)이라고도 하는데 설면후란 혀의 연구개 밑부분 즉 후설(后舌)을 가리킨다. 이 부분의 동작은 종종 혀뿌리(舌根)와 구별이 되지 않아 후설이 만들어 내는 소리를 설근음(舌根音)이라 한다.
혀바닥의 뒷부분(설근)을 연구개에 대었다가 떼면서 기류에 장애를 일으켜 내는 소리이다.

㉠ g[k] : 설근음, 무기음, 무성음, 파열음

gǎigé(改革) gōnggù(工固) gāngē(干戈) gāoguì(高贵) guàngài(灌溉) guīgé(规格)

㉡ k[k'] : 설근음, 유기음, 무성음, 파열음

kèkǔ(刻苦) kāikěn(开垦) kǎnkě(坎坷) kuānkuò(宽阔) kōngkuàng(空旷) kùnkǔ(困苦)

g, k는 발음할 때 장애가 조성되는 부분이 너무 뒤로 가는 것은 좋지 않다. 연구개와 교차되는 부분을 밑으로 바짝 붙이고, 공기를 인두에 충분히 저장해 둔다. g와 k의 차이는 숨을 쉴 때의 강약에 있다.

ⓒ h[x] : 설근음, 무성음, 마찰음

huānhū(欢呼) haǐhé(海河) hǎohàn(好汉) huīhuáng(辉煌) huāhuì(花卉) hánghaǐ(航海)

장애가 조성되는 부분이 뒤로 가는 것은 좋지 않다. 연구개와 교차되는 부분을 밑으로 바짝 붙이고 힘껏 들어 올리지 않는다. 소리는 길게 내지 않는다.

### 나. 발음방법에 따른 분류

발음부위에서 어떤 방식으로 자음을 조음하느냐에 따라 자음을 분류한 것이다. 자음은 기류가 발음기관의 장애 형성 방식과 기류의 강약, 성대의 진동여부에 따라 결정된다.

#### ① 공기의 통로

공기의 통로에서 받는 장애의 형성방식에 따라 다섯 가지로 분류할 수 있다.

㉠ 파열음(塞音)

아랫입술이나 혀가 더 위로 올라가 윗입술, 윗이, 입천장 등에 닿아 일시적으로 구강(口腔)과 비강(鼻腔)사이 공기의 흐름이 막혔다가 터뜨리면서 파열음이 발생한다. 파열음(塞音)의 발음 과정은 장애형성(패쇄). 장애지속 . 장애제거(파열)의 세 단계를 거치게 된다. 현대 중국어 구강의 폐쇄가 일어나는 위치에 따라 세 가지로 분류된다.

쌍순 파열음 b[p], p[p']
설첨 파열음 d[t], t[t']
설근 파열음 g[k], k[k']

㉡ 마찰음(擦音)

아랫입술이나 혀가 더 위로 올라가 윗입술, 윗니, 입천장 등에 근접하여 공기 흐름의 통로가 아주 좁아지면 좁혀진 부분으로 공기가 빠져나가면서 마찰을 일으키며 소리가 발생한다. 이것이 마찰음이다.

순치 마찰음 f[f]

설첨전 마찰음 s[s]

설근 마찰음 h[x]

설첨후 마찰음 sh[ʂ] r[ʐ]

설면전 마찰음 x[ɕ]

### ⓒ 파찰음(塞擦音)

패쇄 후의 파열음처럼 한꺼번에 터지지 않고 지속 뒤에 파열이 되지 않을 정도로 성도가 좁게 벌어지면 마찰이 일어나게 된다. 공기의 흐름을 막았다가 공기가 폐쇄된 부분의 작은 틈 사이를 스쳐 지나면서 내는 소리이다. 파열과 마찰이 동시에 일어나면서 조음되는 음을 파찰음(색찰음)이라 한다.

설첨전 파찰음 z[ts] c[ts']

설첨후 파찰음 zh[tʂ] ch[tʂ]

설면 파찰음 j[tɕ] q[tɕ']

### ⓡ 비음(鼻音)

발음할 때 구강의 발음부위가 완전히 막히고, 연악(软颚)이 아래로 처져 기류가 비강(鼻腔으로 흐르면서 내는 소리이다.

쌍순비음 m[m]

설첨비음 n[n]

설근비음 ng[ŋ]

### ⓜ 설측음(边音)

공기의 흐름을 폐쇄시키지만 혀의 양 옆으로 열려 있어 공기가 자유롭게 흘러나가면서 내는 소리이다. 변음은 혀끝을 윗니의 잇몸에 붙이고 공기가 혀의 양옆으로 흘러 나아가면서 내는 소리이다. 중국어 변음에는 l[l]하나만 있다.

### ② 기류의 강약

유기음과 무기음은 조음 시 내뿜는 공기의 양에 따라 달라진다.

기류의 강약에 따라 불송기음(不送气音 : 無气音)과 송기음(送气音 : 有气音) 두 가지로 분류할 수 있다.

#### ㉠ 무기음(不送气音)

발음할 때 흘러나오는 기류가 약한 음으로 모두 여섯 개가 있다.

b[p], d[t], g[k], j[tɕ], zh[tʂ], z[ts]

#### ㉡ 유기음(送气音)

발음할 때 폐에서 나오는 기류가 강한 음으로 모두 여섯 개가 있다.

p[p'], t[t'], k[k'], q[tɕ'], ch[tʂ'], c[ts']

### ③ 성대 진동 유무

성대 진동 여부에 따라 무성음(清音)과 유성음(浊音)으로 나눌 수 있다.

#### ㉠ 무성음(清音)

성대가 이완되어 성문이 열려 있으면 통과하는 기류는 성대에 진동을 일으키지 못한다. 이렇게 성대를 진동시키지 않고 나오는 소리가 바로 청음이다. 발음할 때 성대가 떨리지 않는 현상을 不带音이라 하며, 달리 청음이라 한다.

b[p], p[p'], f[f], d[t], t[t'], g[k], k[k'], h[x], j[tɕ], q[tɕ'], x[ɕ], zh[tʂ], ch[tʂ'], sh[ʂ], z[ts], c[ts'], s[s]

#### ㉡ 유성음(浊音)

폐에서 나온 기류가 처음 만나는 곳은 기관지 상단에 있는 후음(喉头)이다. 이 후두는 연골로 된 조직으로서 그 속에 엷은 막으로 된 성대(声带)가 있다. 성대의 두 엷은 막 사이의 간격을 성문(声门)이라 한다. 이 엷은 두 개의 성대를 가까이 접근시켜 기류의 진동으로 바꿔어 인두를 거쳐 구강, 비강을 통과할 때 혀 등의 움직임으로 구강에서의 공간의 크기나 모양이 달라진다. 이렇게 나오는 소리가 바로 탁음이다. 발음할 때 성대를 떨게 하는 현상을 带音이라 하며, 달리 탁음이라 한다.

m[m], n[n], ng[ŋ], l[l], r[ʐ]

### 다. 영성모 음절

21개 자음 성모를 제외하고 보통화에는 자음으로 시작하지 않고"安"ān,"恩"ēn,"鸥"ōu,"哀"āi,"澳"ào 등과 같이 모음으로 시작하는 것이 있다. 이처럼 자음이 없이 시작하는 음절을 영성모 음절이라고 한다. 중국어 병음 가운데 y, w 두 개의 자모가 영성모 음절의 첫머리에 나타나는데, 이는 성모가 아니고 격음표기를 하는 자모이다. 예를 들어 "羊"yáng, "温"wēn, "圆"yuán, 음절은 실제로는 iang, uen, üan인 영성모 음절이다. 엄격히 말하면, 이 모음으로 시작하는 음절이 발음될 때 여전히 미세한 마찰 성분을 가져오는데, 음성학상에서는 반모음이라 한다. i, u, ü 로 시작하는 운모를 국제음표로 표시할 때는 [ji], [wu], [ɥy] 로 쓸 수 있다.

| 발음방법 \ 발음부위 | 색음 | | 색찰음 | | 찰음 | | 비음 | 변음 |
|---|---|---|---|---|---|---|---|---|
| | 청음 | | 청음 | | 청음 | 탁음 | 탁음 | 탁음 |
| | 불송기 | 송기 | 불송기 | 송기 | | | | |
| 쌍순음 | b | p | | | | | m | |
| 순치음 | | | | | f | | | |
| 설첨전음 | | | z | c | s | | | |
| 설첨중음 | d | t | | | | | n | l |
| 설첨후음 | | | zh | ch | sh | r | | |
| 설면음 | | | j | q | x | | | |
| 설근음 | g | k | | | h | | ng | |

## (2) 운모체계

중국어의 전통적인 음절분석법은 중국어의 음절 가운데 성모의 뒷부분을 운모라고 하는데, 모두 39개의 운모가 있다. 운모의 주요성분은 모음이며 경우에 따라 수미

부분에 자음이 포함되기도 한다. 운모는 일반적으로 운두(韵头), 운복(韵腹), 운미(韵尾)로 다시 나눌 수 있다. 운복은 운모의 주요모음으로 구강의 열림 정도가 크고 소리의 울림이 큰 모음이다. 운두는 성모와 운복 사이의 고모음으로서 비교적 짧게 발음되며, 운미는 운복 뒤의 끝 부분으로 모음운미와 자음운미의 두 가지가 있다. 운미로 쓰이는 음운은 [i, u, n, ŋ] 네 가지이다.

운모를 구성하는 내부성분의 특징에 따라 세 가지로 나눌 수 있으며, 운두의 상황에 따라 개구호(开口呼)·제치호(齐齿呼)·합구호(合口呼)·촬구호(撮口呼)의 4호(四呼)로 나누어 분류할 수 있다.

### 가. 운모의 분류

운모는 음절 가운데 성모의 뒷부분을 가리킨다. 운모는 주로 모음으로 구성되어 있고, 일부 모음에 자음이 붙어 구성되어 있다. 표준어는 39개 운모가 있는데 운모는 내부구조의 특징과 첫머리 모음을 발음할 때의 두 입술 모양에 따라 분류할 수 있다.

#### <1> 내부구조의 특징에 따라 운모를 3종류로 나눌 수 있다.

**① 단운모**(单韵母 10개)

단음으로 구성된 운모이며 단모음 운모라고도 한다. 설면운모, 설첨운모, 권설운모로 나눌 수 있다. 이 모음을 발음할 때 시간의 长短을 막론하고 그 혀의 위치, 입술의 모양 등이 시종 변하지 않는 음이다.

설면운모 : ɑ[A], o[o], e[ɣ], i[i], u[u], ü[y], ê[ɛ]
설첨운모 : -i[ɿ], -i[ʅ]
권설운모 : er[ɚ]

**② 복운모**(复韵母 13개)

두 개 또는 세 개의 모음이 결합한 것으로 복원음운모라고도 한다. 이 모음을 발음할 때 시간의 장단에 따라 그 혀의 위치, 입술의 모양 등이 변하여, 발음되는 모음의 음가(音价) 변화가 생기는 음이다.

이중운모(9개)

전향복운모 ɑi[ai], ei[ei], ɑo[ɑu], ou[ou],

후향복운모 iɑ[iA], ie[iɛ], uɑ[uA], uo[uo], üe[yɛ]

삼중운모(4개)

중향복운모 iɑo[iɑu] ,iou[iou], uɑi[uai], uei[uei]

③ 비운모(韵母 16개) : 한 개 또는 두 개의 모음 뒤에 비음이 연결된 것이다.

설첨비음 운모(8개) : 혀 끝을 위 치은에 대고 연구개를 내려 기류를 막고 비강에서 소리를 내며 흘러나온다.

ɑn[an], en[ən], iɑn[iɛn], in[in], uan[uan], uen[uən], üɑn[yɛn], ün[yn]

설근비음 운모(8개) : 설근을 위로 올리고 연구개를 내려 기류를 막고 비강으로 흘러나온다.

ɑng[ɑŋ], eng[əŋ], ong[uŋ], iɑng[iɑŋ], ing[iŋ], iong[yŋ], uɑng[uɑŋ], ueng[uəŋ]

<2> 운두의 발음과 입 모양에 따라 운모를 사호(四呼)로 나눌 수 있다.

4호(四呼)는 중국의 전통음운학 용어이다. 운모는 운모 첫머리의 음을 발음할 때 입술의 모양에 따라 개구, 제치, 합구, 촬구의 4호로 나누어 분류할 수 있다. 호(呼)란 글자 음의 운두가 서로 다름에 따라 음의 종류를 분별하는 일종의 분류방법으로 아래와 같다.

① 개구호(开口呼) : 운두가 없고 운복이 i, u, ü가 아닌 운모(16개)

ɑ, o, e, ê, er, ɑi, ɑo, ei, ou, ɑn, en, ɑng, eng, ong, er

② 제치호(齐齿呼) : 운두 혹은 운복이 i인 운모(10개)

i, iɑ, ie, iɑo, iou, in, iɑn, ing, iɑng, iong

③ 합구호(合口呼) : 운두 혹은 운복이 u인 운모(9개)

u, uɑ, uo, uɑi, uei, uɑn, uen, uɑng, ueng

④ 촬구호(撮口呼) : 운두 혹은 운복이 ü인 운모(4개)

ü, üe, üɑn, ün

위의 분류 방법은 보통화 성모와 운모의 결합규칙을 명시하는 데 유용하다. 성모와 운모가 결합하여 음절을 만들 때는 일정한 선택성이 있다. 즉 어떤 것은 결합할 수 있고 어떤 것은 결합할 수 없는데 이러한 선택성은 성모의 발음부위 및 운모의 "四呼" 특징에 의해 결정된다.

### 나. 운모구조

#### ① 운복(韵腹)

운모의 중심으로서 모음의 가운데 부분이라는 뜻으로 주요모음(主要母音), 또는 운복이라고도 한다. 발음할 때 운두와 운미보다 소리가 크고 뚜렷하다. 만약 운모에 운두와 운미가 있으면 운복은 이 두 사이에 위치한다. ɑ, o, e, ê 혹은 i, u, ü(운모 가운데 ɑ, o, e, ê가 없을 경우) -i[ɿ], -i[ʅ], er 등이 있다. 단모음 음절은 그 모음이 운복이 된다. 따라서 'i, u'가 단독으로 나오는 경우에도 당연히 이를 운복이라고 한다.

#### ② 운두(韵头)

운두는 모음의 머리라는 뜻이고 성모와 운복 사이의 고모음으로서 비교적 짧게 발음될 뿐 아니라, 성모와 운복 사이에 끼어 다른 운모가 나오도록 중개 역할을 하는 음이라는 뜻으로 개음(介音) 혹은 개모(介母)라고도 불린다. 운두에는 i, u, ü 세 가지가 있다. 'i, u, ü'가 다른 모음의 앞에 나오는 경우에는 언제나 운두가 되며, 'i, u'가 없이 나오는 운모는 운두가 없는 운모이다.

#### ③ 운미(韵尾)

이중모음이나 삼중모음 혹은 대비음모음에서 운두와 운복을 제외한 마지막 운모를 운미라고 한다. 단모음 음절에는 당연히 운미가 없으며, 이중모음 음절에서는 운미가 있는 경우와 없는 경우가 모두 가능하고, 삼중모음이나 대비음모음에는 반드시 운미가 있다.

운복 뒤의 끝 부분으로 모음운미와 자음운미 두 가지가 있다. 운미로 쓰이는 음운은 주요모음 뒤의 i, u와 비자음 n, ng 네 가지가 있다.

| 字 | 声母 | 韵母 | | | 声调 |
|---|---|---|---|---|---|
| | | 韵头 | 韵腹 | 韵尾 | |
| 天 | t | i | a | n | 1 |
| 下 | x | i | a | | 4 |
| 滂 | p | | a | ng | 1 |
| 国 | g | | u | o | 2 |
| 努 | n | | u | | 3 |
| 外 | | w | a | i | 4 |
| 牙 | | j | a | | 2 |
| 歐 | | | o | u | 1 |
| 一 | | | i | | |

韵母表

| 韵母別 / 呼別 | 单韵母 | | | | | 复韵母 | | | | 附声韵母 | | | | 卷舌韵母 |
|---|---|---|---|---|---|---|---|---|---|---|---|---|---|---|
| | | | | | | +i | | +u | | +n | | +ŋ | | |
| 开口呼 | (ï) | a | o | ə | e | ai | ei | au<br>(ao) | ou | an | ən | aŋ | əŋ | ɚ |
| 齐齿呼 | i | 结合韵母 | | | | | | | | | | | | |
| | | ia | io | | ie | iai | | iau<br>(iao) | iou | ian | in | iang | iŋ<br>ioŋ | |
| 合口呼 | u | ua | uo | | | uai | uei | | | uan | un<br>(uən) | uang | uŋ<br>(uəŋ) | |
| 撮口呼 | y | | | | ye | | | | | yan | yn | | | |

### (3) 중국어의 성모·운모 배합의 규칙

중국어 음절 구조의 체계성은 성모와 운모의 결합관계에서 나타난다. 중국어에는 성모 21개, 운모 39개가 있으며 결합하여 만들 수 있는 실제 음절은 405개 정도이다. 이는 다음과 같은 제한된 결합관계 때문이다. 중국어는 39개의 운모가 첫머리 모음의 성질에 근거하여 운모를 개구호, 제치호, 합구호, 촬구호 등 4개로 나뉘어 진다. 만약 쌍순음, 순치음, 설첨전음, 설첨중음, 설첨후음, 설면음, 설근음 등이 성모의 발음부위가 서로 같을 경우 그것과 결합된 운모 4호의 분류도 서로 같다. 운모의 4호의 분류가 서로 같으면 그것들과 결합된 성모의 발음 부위도 서로 같다. 보통화의 성모와 운모의 배합관계는 다음 아래와 같이 열거할 수 있다.

### 가. 성모와의 결합

① b, p, m는 개구호, 제치호, 합구호(u) 운모와 결합한다.

② d, t는 개구호, 제치호, 합구호 운모와 결합한다.

③ f는 결합능력이 제일 약하여 개구호, 합구호(u) 운모와만 결합한다.

④ n, l는 조합 능력이 제일 강해서 4호 운모와 결합할 수 있다.

⑤ g, k, h, zh, ch, sh, r, z, c, s는 개구호와 합구호 운모와 결합할 수 있다. 제치호, 촬구호 운모와 결합은 불가능하다

⑥ j, q, x는 제치호, 촬구호와 결합할 수 있다. 개구호, 합구호 운모와는 결합이 불가능하다.

⑦ 영성모는 모든 사호 운모와 결합할 수 있다.

<table>
<tr><th colspan="2">韵母(四呼)<br>声母</th><th>开口呼</th><th>齐齿呼</th><th>合口呼</th><th>撮口呼</th></tr>
<tr><td>쌍순음</td><td>b p m</td><td>+</td><td>+</td><td>u</td><td></td></tr>
<tr><td>순치음</td><td>f</td><td>+</td><td>+</td><td>u</td><td></td></tr>
<tr><td rowspan="2">설첨중음</td><td>d t</td><td rowspan="2">+</td><td rowspan="2">+</td><td rowspan="2">+</td><td></td></tr>
<tr><td>n l</td><td>+</td></tr>
<tr><td>설면음</td><td>j q x</td><td></td><td>+</td><td></td><td>+</td></tr>
<tr><td>설근음</td><td>g k h</td><td rowspan="3">+</td><td rowspan="3"></td><td rowspan="3">+</td><td rowspan="3"></td></tr>
<tr><td>설첨후음</td><td>zh ch sh r</td></tr>
<tr><td>설첨전음</td><td>z c s</td></tr>
<tr><td>영성모</td><td></td><td>+</td><td>+</td><td>+</td><td>+</td></tr>
</table>

표 안의 빈 공간은 声, 韵母의 결합이 불가능함을 나타낸다.

### 나. 운모와의 결합

① 촬구호 운모와 결합 할 수 있는 성모가 제일 적다. j, q, x, n, l를 제외한 기타 성모는 촬구호 운모와 결합할 수 없다.

② 개구호와 합구호 운모와 결합 할 수 있는 성모가 제일 많다. j, q, x를 제외한 기타 성모는 개구호와 합구호 운모와 결합할 수 있다

③ 제치호 운모와 결합할 수 있는 성모는 단지 b, p, m, d, t, n, l, j, q, x이다. 기타는 제치호와 결합할 수 없다.

④ er은 비록 개구호 운모이지만 어떠한 성모와도 결합할 수 없다.

⑤ -i[ɿ]와 -i[ʅ]는 개구호 운모에 속하지만 같은 발음 부위의 塞擦音, 擦音 성모 zh, ch, sh, r, z, c, s와만 결합이 가능하다.

⑥ 설첨중음 d, t, n, l은 개구호 운모와 결합이 가능할지라도 운모 en의 결합할 수 있는 것은 den(扽)과 nen(嫩)만이 있다. 이 4개의 성모는 제치호 운모와 결합할 수 있지만, 운모 ia와 결합할 수 있는 것은 단지 lia(俩) 한 개만이 있다.

위에서 보통화 성모와 운모 결합의 자세한 상황은 서술하지 않고 개략적인 상황에 대해서만 서술하였다.

보통화 21개 성모(영성모를 포함)는 39개 운모와 결합하여 405개의 기본 음절을 만들 수 있다. 만약 성조로써 조합을 하면 이론상으로 말하면 1620의 음절을 만들 수 있으나, 阴, 阳, 上, 去 4성이 모두 대표 한자를 가지고 있지 않기 때문에 실제로 한자가 있는 음절은 단지 1200정도이다.

## (4) 성조체계

현대 중국어에는 400여 개의 음절이 있는데, 의미를 구별하는 가장 중요한 역할을 하는 것이 성조이다. 따라서 말하고 듣기에 있어 성조에 주의해야 한다.

| | |
|---|---|
| 事实(shìshí) 일, 실제 | 卖买(mǎimài) 사다, 팔다 |
| 积极(jījí) 축적하다, 정점 | 授首(shòushǒu) 주다, 머리 |

检举(jiǎnjǔ) 고발하다　　艰巨(jiānjù) 어렵고 힘들다
联系(liánxì) 연관하다　　练习(liànxí) 연습하다
举行(jǔxíng) 거행하다　　句型(jùxíng) 문형
才华(cáihuá) 빛나는 재주　　菜花(caihuā) 양배추의 꽃

또한 성조는 사성(词性)을 구별할 수도 있다.

背 bèi(명사) 등 — bēi(동사) 업다　　好 hǎo(형용사) 좋다— hào(동사) 좋아하다
钉 dīng(명사) 못 — dìng(동사) 못을 박다　　磨 mó (동사) 마찰하다 — mò(명사) 맷돌

중국어의 한 음절은 하나의 한자로 구성되어 있으며 성조가 서로 달라 자조(字调)라고도 부른다. 자조는 음조나 문장 변화에 뛰어나 아름다운 운율을 만들 수 있고 언어의 표현력을 높일 수 있다. 그래서 중국의 시가나 운문은 곱고 낭랑한 소리나 음조가 잘 어울리게 읽기 위해 평측의 규율에 주의하여 배치한다. 다음 사자성어는 성조가 잘 배치되어 있다.

千锤百炼　qiānchuí-bǎiliàn　많은 투쟁과 시련을 겪다.
心明眼亮　xīnmíng-yǎnliàng　마음이 환하고 눈이 맑다.
山河锦绣　shānhé-jǐnxiù　금수강산
雨过天晴　yǔguò-tiānqǐng　비가 멎고 날이 개다
热火朝天　rèhuǒ-cháotiān　대단한 열의가 있다.

위의 예문에서처럼 성조는 의미와 사성을 구별할 수 있고, 동시에 운율미를 만들기 때문에 중국어에서 성조는 매우 중요하다.

성조는 뜻과 단어의 품사를 구별하며, 운율미를 나타내는 기능을 한다. 때문에 중국어의 성조가 매우 중요하다.

### 가. 성조의 성질

성조는 하나의 음절 고유의 의미를 변별할 수 있는 소리(声音)의 高低와 升降의 변화이다. 이 조치에 의해 현대 중국어는 음평(阴平)·양평(阳平)·상성(上声)·거성(去声) 네

개의 성조로 나눈다.

예를 들어 '北京'이라는 두 글자에는 성모와 운모 이외에 고저승강(高低升降)의 성조가 있다. '京'의 성조는 처음부터 일정하게 높기 때문에 승강(升降)의 변화가 없다. 성조는 성모나 운모와 같이 중국어의 음절구조상 없어서는 안 되는 의미를 변별하는 기능이 있다. 예를 들어 妈(阴声), 麻(阳声), 马(上声), 骂(去声)는 음이 완전히 같아 성조가 없으면 의미 구별이 어렵게 된다.

### 나. 성조의 조치(调值)

성조는 음절의 의미를 구별하는 고저승강의 변화로 '조치(调值)'와 '조류(调类)'가 포함된다. 조치는 성조의 고저승강의 변화이며, 성조의 실제적 독법(读法)이다. 현대 중국어에서 조치의 가장 기본적인 유형은 일정한 높이를 유지하는 것(1성), 올라가는 것(2성), 내려가는 것(4성), 내려가다가 올라가는 것(3성)의 네 종류가 있다. 이러한 조치를 자세하고 정확하게 도표화한 것이 5度를 이용한 Y. R. Chao의 성조표시법(声调表示法)이다. 보통화의 4개의 성조의 조치는 아래와 같이 표시 할 수 있다.

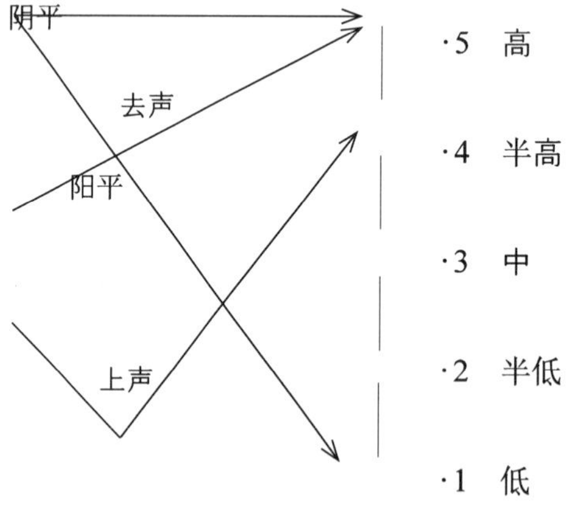


이 4개의 성조를 나누어 설명하면 다음과 같다.

| 例字 | 调值 | 调号 |
| --- | --- | --- |
| 诗, 丁, 边, 开, 初, 商, 飞 | 55高平 | ˥ |
| 时, 陈 ,床 ,才 ,平 ,人, 龙 | 35中升 | ˊ |
| 使, 古, 比, 好, 手, 你, 五 | 214降升 | ˇ |
| 是, 近, 座, 试, 盖, 事, 共 | 51全降 | ˋ |

## 다. 한어병음의 순서

한어병음방안(汉语拼音方案)에서는 위 표의 조호(调号)에서 세로줄을 제거한 '—, ╱, ∨, ╲ '를 한어부호(汉语符号)로 삼는다. 한어부호는 주요모음(운복) 위에 표시하도록 규정되어 있다. 주요모음이 생략된 운모 iu, ui, un에서 iu은 u 위에 ui는 i위에 un은 u위에 표기해야 한다.

## 라. 경성의 표시

보통화에는 가볍고 짧은 성조가 있는데 이를 경성(轻声)이라고 한다. 4성은 음의 높이에 의해 결정되지만, 경성은 음강, 음장에 의해 결정된다. 한어병음방안에서는 경성은 표시하지 않기로 규정되어 있다. 예를 들면 다음과 같다.

我们(wǒmen)　　　看看(kànkan)

## 마. 성조의 조류(调类)

조류는 성조의 종류로서 성조의 실제 독법(调值)에 따라 귀납해 낸 것이다. 조치(调值)가 같은 것이 모여 하나의 조류(调类)를 이룬다. 보통화에는 4종의 기본적인 조치, 곧 4개의 조류가 있다. 중국어는 방언에 따라 조류의 수도 다르다. 조류가 가장 적은 경우가 3종류, 가장 많은 경우는 10종류이다. 일반적인 조류는 4종류에서 6종류이다.

성조의 종류는 조치에 의해 결정되지만, 성조의 명칭은 조치에 의해 결정되는 것이 아니다. 1성, 2성, 3성, 4성은 단지 순서일 뿐 특별한 의미는 없다. 현대 중국어의 '阴平, 阳平, 上声, 去声'의 명칭은 중고시기의 '평, 상, 거, 입'사성의 명칭에서 변해 온 것이다. 현재 고금의 성조 변화와 각 방언의 분합상황을 이해하기 편리하도록 이 명칭을 사용하고 있다.

조류(调类)란 의미를 변별하는 성조의 종류를 말한다. 어느 방언에서 같은 조치로 읽히는 글자는  동일한 조류에 속한다. 이 방언에서 중국어의 모든 글자의 음을 몇 종류의 조치로 읽는가 하는 것은 바로  그 방언에 몇 개의 조류가 있는가를 결정한다. 예를 들면 북경어에서는 "衣", "多", "东" 등의 글자는 동일한 조치로 읽히고, 이들은 모두 같은 조류에 속한다. 또 북경어에서는 중국어의 모든 글자의 음을 "高平", "高升", "降升 ", "全降"의 네 조치로 밖에 읽을 수 없다. 이것은 북경어에 네 개의 조류가 있음을 말해준다. 이 조류도 각 방언에 따라 다르다.

조류에는 일정한 명칭이 있다. 북경어의 네 개 성조는 阴平, 阳平, 上声, 去声이라 부르며, 이들을 통칭하여 "四声"이라 한다.

"四声"이라는 명칭은 六朝(4세기)부터 사용되어 왔으나, 전통음운학에서의 四声은 "平上去入"의 네 개 성조를 말하며, 현대 북경어의 四声과는 다르다. 문헌상의 기록에 의하면 南北朝 때에 沈约 등이 중국어의 성조를 발견하였다고 한다.

중국어에 성조의 구별이 있다는 사실을 최초로 제시하고 있고, 四声说을 제창한 사람은 沈约이다. 沈约은 중국어의 성조를 네 종류로 나누어 平上去入의 명칭을 부여하였다. 이전의 중국어에는 성조의 구별이 없었다는 것은 아니며, 또한 당시의 중국어에 平上去入 네 개의 성조만이 있었다고 확언할 수도 없다.

### 바. 중국어의 사성(四声)

보통화의 성조는 4개의 성조에 대한 기술에 있어서는 다음과 같은 두 가지 형태가 보이고 있다. 표준 중국어의 4개의 성조는 고전 중국어의 4개의 성조(平·上·去·入)와 동일한 것이 아니다. 고전중국어의 성조 부류들이 많이 분화되거나 합병되었기 때문에 현대 방언들의 성조 체계 가운데 절음(切音)의 성조 체계가 완벽하게 1대 1로 대응

되는 것은 거의 없다.

① **음평**(제1성)

제1성조는 높고 평평한 것이다. 이것은 높낮이(높은 소리)에 있어서 비교적 변함이 없고, 제2성조와 제4성조에 비하여는 다소 길지만, 제3성에 비해서는 짧다, 성조 조치는 [55]이다.

② **양평**(제2성)

제2성조는 높이 오름세의 것이다. 이것은 화자의 평균적인 음의 대략 중간 정도에서 시작하여 가장 높은 데까지 급격히 올라가는 성조이다. 이것은 높은 정도가 끝까지 올라가는 경향을 지니고 있으며, 지속 시간은 짧다. 성조 조치는 [35]이다.

③ **상성**(제3성)

제3성조는 두 종류의 기본 변체를 지니고 있다. 이것은 독립적으로 발음될 때에는 낮은 데에서 시작하여 목소리의 밑바닥까지 내려갔다가 다시 반고(半高) 높이까지 올라간다. 이것은 발단 이후 부분에서는 강도를 상실하지만 끝 부분으로 갈수록 약간 올라가는 것으로서 지속 시간이 다른 어떤 성조보다도 가장 긴 것이다. 성조 조치는 [214]이다.

④ **거성**(제4성)

제4성조는 높은 데서 아래로 뚝 떨어지는 것이다. 이것은 화자의 음조 영역 가운데 가장 높은 곳에서 시작하여 목소리의 밑바닥까지 급격히 떨어지는 성조이다. 제4성조는 끝부분에 이를수록 강도가 떨어지며, 4가지 성조 중에서 지속 시간이 가장 짧은 것이다. 성조 조치는 [51]이다.

이처럼 보통화에서 4개 성조의 음의 길이가 완전히 같은 것은 아니다. 上声이 가장 길고 阳平이 그 다음이며 阴平이 그 다음이고, 去声이 가장 짧다. 그러나 이러한 长短의 구별은 뚜렷하지도 않으며 변별기능도 없는 것이다.

## 사. 현대 중국어 4성과 방언의 성조

현대 중국어 표준어와 현대 중국어방언의 성조는 모두 고대중국어의 성조로부터 변화, 발전되어 온 것으로 그 발전상황은 서로 다르다. 보통화 성조와 현대 중국어 각 방언의 성조에는 대응규칙이 존재하고 있다.

조류는 중국어 음운학의 전통적인 개념으로는 역사적 분류를 가리키는데, 비교적 중고시기 성조계통과 모든 현대중국어 방언의 조류 계통으로, 고대중국어 조류와 모든 방언 조류의 분합관계를 관찰할 수 있고, 따라서 조류 변화의 시간, 조건 및 방식을 판단할 수 있다.

조류는 공시적인 개념으로 특정한 언어나 방언의 성조의 종류를 가리키는데, 중국어 각 방언의 조류는 중국어 각 방언간의 대응규칙을 가지고 있다.

조치는 특정한 언어 혹은 방언 중 성조가 실제 발음된 청감기록으로, 중국어방언의 조치에서는 중국어방언의 동일한 조류의 글자라 하더라도 다른 방언에서는 실제 읽는 법이 다르다.

### ① 보통화와 방언의 성조상의 차이

보통화와 방언은 성조상의 차이가 있는데, 주로 조류와 조치 두 방면에서 표현된다.

㉠ 조류의 수는 같지 않다. 모든 중국어방언의 성조 상태에 따라, 중국어방언의 성조는 대체적으로 북방방언의 성조와 남방방언의 성조로 나눌 수 있다. 이 두 방언 성조의 조류는 뚜렷한 대응규칙과 차이가 존재하는데, 각 방언의 내부는 조류상에서 대체로 일치하지만 조치는 서로 다르다. 북방방언 성조의 수는 비교적 적은데, 가장 적게는 3개에서 가장 많게는 5개이고, 일반적으로는 4개가 존재한다. 대다수의 방언지역에서는 입성이 없고, 조치는 서로 차이가 매우 크다. 남방방언 성조의 수는 비교적 많은데, 가장 적게는 5개에서 가장 맣게는 10개, 일반적으로는 6~8개가 존재한다. 대다수의 남방방언에는 입성이 있다.

㉡ 조류는 같지만 조치는 다르다. 예를 들어:

| | 阳平 | 上声 |
|---|---|---|
| 普通话 | 35 | 214 |
| 上海话 | 34 | 14 |
| 杭州话 | 213 | 53 |
| 广州话 | 11 | 35 13 |
| 列 字 | 时, 平 | 古, 老 |

### ② 북방방언 성조의 분포와 특징

북방방언의 분포지역은 매우 넓지만, 내부의 일치성이 매우 높아 각 지역 사람들의 교제가 가능하다. 하지만 어조는 다르다. 이 어조상의 차이와 성조의 조류, 조치의 차이는 매우 큰 관계가 있다. 일부 북방방언지역 성조의 조치와 조류의 주요 연계와 차이를 대조해 보면 다음과 같다.

㉠ 북방방언 각 지역 성조의 수는 일반적으로 4개가 있는데, 부분지역은 5개의 성조가 있고, 극소수 지역은 단지 3개의 성조가 존재한다.
㉡ 북방방언 대다수는 단촉한 입성이 없고, 단 소수방언에는 입성이 있다.
㉢ 고대입성 분화는 대체로 서로 같은 추세에 있다.
㉣ 각 지역 성조의 조류는 대체로 서로 같고, 동일한 조류의 조치는 오히려 서로 차이가 매우 크다.

### ③ 남방방언의 성조특징

남방방언의 성조계통은 비교적 복잡하다. 성조의 수는 많고 조형, 조치는 다양화 되어 있다.

㉠ 남방방언의 성조는 많다. 대다수는 7개 정도인데, 가장 많게는 10개에 이른다.
㉡ 대다수 남방방언 平, 上, 去, 入은 모두 음조와 양조로 나누어지는데, 극소수 지방의 상성은 음양이 나누어지지 않는다.
㉢ 남방방언 성조의 대응 특징은 다양하게 나타난다.
㉣ 거의 모든 남방방언은 입성이 있다. 예를 들어 상해방언의 입성운은 후색음[?]으로 끝맺는데 조류는 두 개로 나눈다. 광주방언의 입성운은 3개이다: [p], [t], [k] 조류 역시 3개이다.

## 4. 한어병음방안

한어병음방안은 라틴자모를 이용하여 보통화의 음을 나타내는 방안이다. 1958년 제1회 전국인민대표대회 제5차 회의에서 통과되어 시행된 것이다. 이 방안은 중국문자개혁위원회와 언어학자들이 과거에 제정된 각종 병음방안의 장점과 단점을 총괄하여 현대 언어학 이론을 기초로 제정한 것이다. 현재 국제사회에서 통용되는 라틴자모를 채용하여 현대 한어 음성체계의 특징을 근거로 만들었는데, 정확하게 현대 한어의 음성체계를 반영한 비교적 완정한 표음방안이다. 방안의 주요기능은 병음자모를 이용하여 현대중국어의 음위를 대표하고 한자에 주음하여 표준어를 널리 보급하는 것이다.

### 1) 내용

#### (1) 자모표

자모표에는 26개의 한어병음자모 서사체계, 배열순서와 명칭을 규정하였다.

| 字母 : | Aa | Bb | Cc | Dd | Ee | Ff | Gg |
|---|---|---|---|---|---|---|---|
| 명칭 : | ㄚ | ㄅㄝ | ㄘㄝ | ㄉㄝ | ㄜ | ㄝㄈ | ㄍㄝ |
| | Hh | Ii | Jj | Kk | Ll | Mm | Nn |
| | ㄏㄚ | ㄧ | ㄐㄧㄝ | ㄎㄝ | ㄝㄌ | ㄝㄇ | ㄋㄝ |
| | Oo | Pp | Qq | Rr | Ss | Tt | |
| | ㄛ | ㄆㄝ | ㄑㄧㄡ | ㄚㄦ | ㄝㄙ | ㄊㄝ | |
| | Uu | Vv | Ww | Xx | Yy | Zz | |
| | ㄨ | ㄪㄝ | ㄨㄚ | ㄒㄧ | ㄧㄚ | ㄗㄝ | |

* v는 단지 외래어이며, 소수민족언어와 방언을 표기할 때 사용된다. 자모의 쓰기는 라틴자모의 쓰기에 따른다.

## (2) 성모표

성모표에는 모두 21개의 자음성모를 배열하였으며, 零성모는 포함하지 않았다.

b p m f d t n l
ㄅ玻 ㄆ坡 ㄇ摸 ㄈ佛 ㄉ得 ㄊ特 ㄋ讷 ㄌ勒

g k h j q x
ㄍ哥 ㄎ科 ㄏ喝 ㄐ基 ㄑ斯 ㄒ希

zh ch sh r z c s
ㄓ知 ㄔ蚩 ㄕ诗 ㄖ日 ㄗ资 ㄘ雌 ㄙ思

## (3) 운모표

가로는 개구호, 제치호, 합구호, 촬구호, 세로는 주요모음의 개구도(开口度)에 따라 4열 13행으로 나열하여 모두 35개의 운모를 배열하였다.

| | I<br>ㄧ 衣 | u<br>ㄨ 烏 | ü<br>ㄩ 迂 |
|---|---|---|---|
| a<br>ㄚ 啊 | Ia<br>ㄧㄚ 呀 | ua<br>ㄨㄚ 蛙 | |
| o<br>ㄛ 喔 | | uo<br>ㄨㄛ 窩 | |
| e<br>ㄜ 鹅 | ie<br>ㄧㄝ 耶 | | ü<br>ㄩㄝ 約 |
| ai<br>ㄞ 哀 | | uai<br>ㄨㄞ 歪 | |
| ei<br>ㄟ 欸 | | uei<br>ㄨㄟ 威 | |
| ao<br>ㄠ 熬 | iao<br>ㄧㄠ 腰 | | |
| ou<br>ㄡ 歐 | iou<br>ㄧㄡ 憂 | | |
| an<br>ㄢ 安 | ian<br>ㄧㄢ 烟 | uan<br>ㄨㄢ 弯 | üan<br>ㄩㄢ 冤 |
| en<br>ㄣ 恩 | in<br>ㄧㄣ 因 | uen<br>ㄨㄣ 温 | ün<br>ㄩㄣ 暈 |

| ɑng<br>ㄤ 昂 | iɑng<br>ㄧㄤ 央 | uɑng<br>ㄨㄤ 汪 | |
|---|---|---|---|
| eng<br>ㄥ 亨 | ing<br>ㄧㄥ 英 | ueng<br>ㄨㄥ 翁 | |
| ong<br>ㄨㄥ 轟 | iong<br>ㄩㄥ 雍 | | |

(4) 성조부호

음평　양평　상성　거성

ˉ　ˊ　ˇ　ˋ

한어병음방안의 성조 표시방법은 주요모음 위에 표시하고 경성은 표시하지 않는다.

妈 mā　麻 má　马 mǎ　罵 mà　吗 ma

음평　양평　상성　거성　경성

(5) 격음부호

a, o, e로 시작되는 음절이 앞 음절의 뒤에 연결되어 음절의 경계에 혼란이 발생할 수 있다. 이러한 혼란을 피하기 위하여 그 사이에 격음부호(')를 표시한다.

예 : pi'ao(皮袄)

## 2) 용도

한어병음방안의 기본 용도는 한자의 발음을 표기하고 보통화를 맞춤법에 따라 쓰고 학습하는 것이다. 이 방안은 보통화교육과 문맹퇴치교육에 뿐만 아니라, 민족 공동어를 발전시키고 널리 보급하는데 적지 않은 효과를 거두었으며, 중국 내 소수민족이 문자를 창조하거나 개혁함에 기초가 되었다. 또한 소수민족과 외국인이 중국어를 학습하고, 국제문화교류에 있어서도 많은 성과를 거두었다.

이 방안은 현재 기타 영역에서도 광범위하게 사용되고 있다. 인명, 지명과 과학 기술의 전문용어 등을 음역하는데 사용되며, 전보, 수신기호, 공업생산품의 기호, 점자 및 농아의 '한어 수지자모(手指字母)', 글자 색인에도 사용되고 있다.

앞으로 정보화 시대에 라틴자모는 세계적으로 공용되는 국제음표로 확산될 것이다.

### 3) 중국어 음절 병사(拼写)규칙

중국어 음절의 철자 규칙은《한어병음방안》의 규정에 따라 정확하게 표기해야 한다. 그 규칙은 다음과 같다.

#### (1) 격음규칙

병사할 때는 반드시 격음자모를 사용하여 음절의 경계를 분명히 해야한다.

음절에 격음표기를 하지 않는다면, 음질의 경계에 혼란을 초래하어 다른 의미를 나타낼 수 있다. 예를 들어 jie는 '饥饿'와 '界' 두 가지를 의미할 수 있다. 앞에 성모가 없이 모음(a, o, e, i, u, ü)으로 음절이 시작될 때는 다음과 같이 그 표기법이 달라진다.

① 격음자모 y, w의 사용

i로 시작하는 영성모 음절은 i를 모두 y로 바꾸어 표기한다.
ya, ye, yao, you, yan, yang, yong

i가 운복일 경우 i의 앞에 y를 붙여 표기하는데, yi, yin, ying 세 가지의 음절만이 있다.

u로 시작하는 영성모 음절은 u를 모두 w로 바꾸어 표기한다.
wa, wo, wai, wei, wan, wen, wang, weng

u가 운복일 경우 u의 앞쪽에 w를 붙여 표기하는데, 오직 wu 한 가지의 음절이 있다.

ü로 시작하는 영성모 음절은 ü의 앞쪽에 y를 붙이고 ü자 위의 두 점을 삭제하는데, 오직 yu, yue, yuan, yun 네 가지의 음절이 있다.

### ② 격음부호사용

a, o, e 로 시작하는 영성모 음절이 다른 음절의 뒤쪽에 연결할 때, 음절의 경계에 혼란이 생기므로 격음부호를 사용한다. 실제 사용상 음절 경계에 혼란이 발생하든 안하든 관계없이 모두 일률적으로 격음부호를 사용한다.

ji'e(饥饿), pi'ao(皮袄), xi'an(西安), fan'an(翻案)

### ③ ü의 생략 규칙

ü 운모가 성모 j, q, x와 결합될 때 ü의 위에 있는 두 점을 생략한다. 그러나 ü 운모가 성모 n, l과 결합될 때는 ü의 위에 있는 두 점을 생략할 수 없다.

| | |
|---|---|
| j + ü → jü(居) | j +üan → juan(捐) |
| q +üe → que(缺) | q +ün → qun(群) |
| x +ü → xu(虚) | x +üe → xue(雪) |
| l + ü → lü(吕) | l +üe → lüe(略) |
| n +üe → nüe(虐) | n +ü → nü(女) |

성모 j, q, x가 합구호 운모와 결합하지 않고 촬구호 운모와 결합하므로 ü의 위에 있는 두 점을 생략해도 u는 ü로 읽는다.
성모 n, l은 ü 운모와 결합할 수 있을 뿐 아니라 또한 u 운모와도 결합할 수 있다
만약 ü 위에 있는 두 점을 생략하면 혼란이 생길 수 있으므로 생략할 수 없다. ü로 시작되는 영성모 음절은 y를 붙이고 두 점을 생략해도 y로 인해 u라고 오해하지 않는다

### ④ iou, uei, uen의 생략

iou, uei, uen 운모 앞에 성모가 오면 가운데 모음 o 혹은 e는 생략한다.

| | |
|---|---|
| l+iou→liu(留) | n+iou→niu(牛) |
| q+iou→qiu(球) | s+uei→sui(岁) |
| g+uen→gun(滚) | ch+uen→chun(春) |

### (2) 성조표시 규칙

성조부호 − (阴平) ╱(阳平) ∨(上声) ╲(去声)은 원칙상 음절의 주요모음 위에 표시한다.

만약 한 개의 음절이 한 개의 모음만 있다면 성조 부호는 이 모음 위에 표시한다. 그러나  한 개의 음절에 두 개 이상의 모음이 있다면 성조 부호는 개구도가 가장 크고, 혀의 위치가 가장 낮은 모음 위에 표시한다. 모음의 음량은 개구도의 크기에서 결정된다. 모음의 개구도는 3가지 등급으로 구분되는데 가장 큰 1등급은 a, 2등급은 o, e, 3등급은 i, u, ü이다

한 개의 음절에 1등급의 모음 a가 있으면 성조부호는 그 위에 표시한다. 예) mā(妈), jiā(家), biāo(标), fāng(方). 만일 1등급의 모음이 없고 2등급 모음이 있으면 2등급 모음 위에 표시한다. 예) hēi(黑), wō(과), yē(夜) , yōng(涌) ; 만일 1등급 모음과 2등급 모음이 모두 없고 3등급 모음만이 있으면 성조부호를 3등급 모음 위에 표시한다.

jī(鸡), yīng (英), hú (湖), nǚ(女), jūn (军)

운모가 한 개의 모음 이상일 때 a가 있으면 그 위에, a가 없으면 o, e, i, u를 찾아 표시한다. a, o, e가 모두 없는 ui나 iu는 뒤쪽의 모음 위에 표시한다.

guǐ(鬼), jiǔ(酒)

그리고 qún (群)은 모음 u위에 표시하고, 경성은 성조부호를 표시하지 않는다. i위에 성조부호를 나타낼 때는 i위에 작은 점은 삭제하고, ü 위에 성조부호를 표시할 때는 ü 위의 두 점은 생략할 수 없다.

### (3) 단어 철자규칙

중국에서는 1982년 '한어병음정사법위원회(汉语拼音正词法委员会)'를 구성하여 1984년 '한어병음정사법기본규칙(试用稿)'를 발표하였고, 1988년에서 중국국가어언문자공작위원회(中国国家语言文字工作委员会)와 국가교육위원회의 동의를 얻어 '汉语拼音正词法基本规则'을 정식으로 공포하여 한어병음자모의 표기법을 확정하였다.

① 표준중국어를 한어병음자모로 표기할 때, 단어를 기본 단위로 한다.

rén(人)　pǎo(跑)　hǎo(好)　hěn(很)　péngyou(朋友)
fēicháng(非常)　diànshìjī(电视机)　túshūguǎn(图书馆)
chī(吃)　gāo(高)　fàngsōng(放松)
měilì(美丽)　péngyou(朋友)　bówùguǎn(博物馆)

② 하나의 완전한 개념을 나타내는 쌍음절이나 3음절 구조는 그 단어의 각 구성성분이 독립적으로 쓰일 수 있는 단어라 할지라도 이어 쓴다.

hǎifēng(海风)　hóngqí(红旗)　quánguó(全国)
zhūròu(猪肉)　duìbuqǐ(对不起)　sǎnbīngyíng(伞兵营)
shuōyishuō(说一说)　shuōbuhǎo(说不好)　nádedòng(拿得动)
zànghónghuā(藏红花)　qiūhǎitáng(秋海棠)　léidázhàn(雷达站)
wúfèng gāngguǎn(无缝钢管)

③ 하나의 완전한 개념을 나타내는 4음절 이상의 명칭은 단어별로 띄어 쓰고, 단어를 구분할 수 없으면 전체를 이어 쓴다.

Zhōnghuá Rénmín Gōnghéguó(中华人民共和国)
Zhōnghuá Shèhuì Kēxuéyuàn (中国社会科学院)
bàndǎotǐ shōuyīnjī(半导体收音机)
yánjiūshēngyuàn(研究生院)
jīngtǐguǎn gōnglǜ fàngdàqì(晶体管功率放大器)

④ 단음절 단어의 중첩 형태는 이어 쓰고, 쌍음절 단어의 중첩 형태는 띄어 쓴다.

kànkan(看看) shuōshuo(说说)
gègè(个个) tiáotiáo(条条)
yánjiū yánjiū(研究研究) chángshì chángshì(尝识尝识)
xuěbái xuěbái(雪白雪白) tōnghóng tōnghóng(通红通红)

중첩 형태가 병렬된 경우, 즉 AABB식 결구는 그 사이에 횡선을 쓴다.

láilai-wǎngwǎng(来来往往) shuōshuo-xiàoxiào(说说笑笑)
qīngqīng-chǔchǔ(清清楚楚) wānwān-qūqū(弯弯曲曲)
jiājiā-hùhù(家家户户) gāngān-jìngjìng(干干净净)

⑤ 읽고 이해하기 쉽게 하기 위하여 횡선을 쓰는 경우도 있다.

huán-bǎo(环保-环境保护) bā-jiǔ tiān(八九天)
shíqī-bā suì(十七八岁) rén-jī duìhuà(人机对话)
zhōng-xiǎoxué(中小学) kē-yǎn(科研)

⑥ 중국인의 성명은 성과 이름을 나누어 쓰며, 성과 이름의 첫 자모는 대문자로 쓴다.

Dōngfāng Shuò(东方朔) Zhūgě Kǒngmíng(诸葛孔明)
Lǐ xīansheng(李先生) Shào xiǎojie( 邵小姐)

⑦ 중국어의 지명 가운데 고유한 명칭(专名)과 통용되는 명칭(通名)은 띄어 쓰며, 띄어 쓰는 부분의 첫 자모는 대문자로 쓴다.

Běijīng Shì(北京市) Héběi Shěng(河北省)
Huángpǔ Jīang(黄浦江) Rénmín Rìbào(人民日报)

⑧ 줄을 바꿀 경우에는 음절에 의거하여 분리하며, 끝줄은 짧은 줄을 그어 줌으로서 아직 단어가 끝나지 않았음을 표시 해준다. 상단에 표기된 발음의 끝에 횡선을 표기한다.

......................guāng-

míng(光明)

'gu-āngmíng'으로 표기해서는 안된다.

예를 들면

正确(0)............guāng-míng(光明)　　错误(×)................gu-āngmíng(光明)

중국어 병음의 부호와 한자의 부호는 약간 다른데, 한자는 마침표가 원이고, 중국어 병음의 마침표는 점이다: 한자는 모점이(,) 있고 중국어 병음에는 모점이 없으며, 모점을 사용할 경우는 빈 공간의 일부분을 표시 할 때 이며, 다른 부호는 대체적으로 한자와 서로 같다.

⑨ 성조는 일률적으로 원래 성조를 표기한다.

성조 표시 방법과 음절 표시 규칙은 서로 비슷하고, 다만 단어를 이어 쓸 때 단어의 흐름에 변화가 생기고, 표준어를 말할 때도 생기는데, 성조 표시는 원래의 것을 표시하고, 변화된 성조는 표시하지 않는다。

yī jià(一架)　yī tiān(一天)　yī tóu(一头)　yī wǎn(一碗)

## 5. 음성의 변화

### 1) 음의 변화

#### (1) 동화(同化) 현상

다른 언어와 마찬가지로 중국어에도 동화(同化; assimilation)현상이 있다. 동화 현상은 연이어 나오는 두 개의 음이 상호 영향을 주어 그 중의 한 음이 다른 음과 동일하거나 유사한 음으로 변하는 현상을 말한다.

##### 가. 자음의 동화

① 뒤에 나오는 설근음 'g, k, h'의 영향을 받아 앞 음절의 운미 'n'가 'ng'으로 변한다.

② 뒤에 나오는 쌍순음 'b, p, m'의 영향을 받아 앞 음절의 운미 'n'가 'm'로 변한다.

③ 모음 사이에 있는 무성음은 앞뒤 모음의 영향을 받아 유성음으로 변한다. 예를 들면 哥哥 'gēgē'의 두 번째 'g'는 앞뒤에 있는 'e'의 영향을 받아 유성음으로 변한다.

이러한 동화 현상은 모두 앞이나 뒤 음의 성질과 비슷한 발음으로 변화한다. 예를 들면 '难怪'(nánguài)가 'nángguài'로 발음이 나는 것은 '难'의 운미인 'n'이 '怪'의 성모인 설근음 'g'의 영향을 받아 설근음이 'ng'로 동화된 것이다. 모음의 동화도 동일하다.

##### 나. 모음의 동화

일부의 모음은 앞뒤 음의 영향을 받아 입을 덜 벌리거나 더 벌리게 되는데, 이에 따라 후설음이 중설음으로, 중설음이 전설음이나 후설음으로 변하는 경우가 발생한다. 이러한 현상이 생기는 것은 발음의 편리성 때문이다.

① 'a'가 앞 뒤음의 영향을 받아 [ɛ]로 변하는 경우

'ian' → 'iɛn'　　　'yan' → 'yɛn'　　(天. 见. 坚. 线. 烟)

② 'a'가 앞 뒤음의 영향을 받아 [æ]로 변하는 경우

'yuan' → 'yuæn'　(原. 元. 院. 远)

③ 'i'가 앞 음의 영향을 받아 [ɪ]로 변하는 경우

'ai' →[aɪ]　(改. 爱. 买. 卖)

이 경우에는 중설음 'a'도 전설음 [a]로 변한다.

④ 'o'가 앞 음의 영향을 받아 [u]로 변하는 경우

'ao' →[ɑu]　(高. 好. 要. 苗)

이 경우에는 중설음 'a'도 후설음 [ɑ]로 변한다.

⑤ 중설음 'a'가 후설음 [ɑ]로 변하는 경우

'ang' →[ɑŋ]　(帮. 忙. 央. 仰)

### (2) 이화(异化) 현상

동화현상과 반대되는 현상으로서, 서로 동일하거나 유사한 음이 두 개 혹은 그 이상 중복되어 나올 때 그 중의 하나가 다른 음으로 바뀌어 발음되는 현상을 말한다. 중국어 내부에서는 이러한 현상이 잘 나타나지 않으나 성조에서 3성과 3성이 연이어 나오는 경우 앞의 성조가 2성으로 변하는 것이 이 범주에 속한다.

### (3) 약화(弱化) 현상

강한 음이 비교적 약한 음으로 변하는 현상을 말한다. 일반적으로 유성음은 무성음보다 약하고, 중설모음은 전설모음이나 후설모음보다 약하며, 개모음이나 폐모음보다는 반폐·반개모음이 약하다고 말한다. 현대중국어에서는 경성인 음절에서 일부 모음이 'ə'로 발음되는 것이 여기에 해당한다.

妈妈 : 'māmā' → māmə

棉花 : 'miánhuā' → miɛnhuə

桌子 : 'zhuōzi' → zhuəzɪ

小说 : 'xiǎoshuō' → xiǎoshuə

(4) 멸음(灭音) 현상

음이 연속되는 과정에서 원래 존재했던 음소가 없어지는 현상을 말한다. 예를 들면, '意思'(yìsi)가 'yìs'로 발음되는 것처럼 'i, u'가 발음되지 않는 경우가 이에 속한다.

## 2) 성조변화

음절과 음절을 연속하여 발음할 때 어떤 음절의 성조에 변화가 일어나는데, 이를 성조의 변화라고 한다. 성조변화는 대다수가 뒤 음절 성조의 영향을 받아 일어난다.

### (1) 제3성의 변화

① 3성 + 3성 → 2성 + 3성

了解 liǎojiě → líojiě　　水果 shuǐguǒ → shuíguǒ

你好 nǐhǎo → níhǎo　　很好 hěnhǎo → hénhǎo

② 3성 + 非3성(1, 2, 4성) → 半3성 + 1성/2성/3성

(반3성은 3성을 하강조(214 → 21로 내려가는 부분)만 발음한다.)

- 3성 + 1성 → 반3성(21) + 1성

  简单 jiǎndān　　釜山 Fǔshān
- 3성 + 2성 → 반3성(21) + 2성

  有名 yǒumíng　　好人 hǎorén

• 3성 + 4성 → 반3성(21) + 4성

早饭 zǎofàn　比赛 bǐsài　考试 kǎoshì　感谢 gǎnxìe

③ 3성 + 경성

• 3성 + 경성 → 半 3성 + 경성

本子 běnzi　耳朵 ěrduo　老实 lǎoshi　你们 nǐmen

3성 뒤에 오는 경성은 다른 경우와는 달리 앞의 음절이 끝날 때의 음높이보다 높게 발음해야 한다.

• 3성 + 경성 → 2성 + 경성

老虎 lǎohu　可以 kěyi

④ 3성 + 3성 + 3성 → 2성 + 2성 + 3성

展览馆 zhǎlǎnguǎn　洗脸水 xǐlǐanshuǐ　跑马场 pǎomǎchǎng

※ 뒤에 있는 두 개의 3성 음절이 긴밀하게 결합되어 있는 경우 앞 3성은 반3성으로 두 번째 3성은 2성으로 읽는다.

很勇敢 hěnyǒnggǎn　买水果 mǎishuǐgǔo　小海岛 xǐaohǎidǎo

## (2) 4성의 변화

두 개의 4성이 연이어질 때 첫 번째 4성 음절은 52 调值(重音)으로 읽지 않고, 53 调值(반4성)로 약화된다.

• 4성 + 4성 → 반4성(53) + 4성

汉字 Hànzì　建筑 jiànzhù　饭店 fàndiàn　介绍 jieshào

• 4성 + 경성

爸爸 bàba 弟弟 dìdi

'bàba'에서 첫 번째 'b'는 된소리 'ㅃ'으로 발음해하지만, 경성인 두 번째 음절의 'b'는 두 개의 모음 'a' 사이에서 有声音化되어 'ㅂ'과 유사하게 발음된다.

### (3) '一' 및 '七'·'八'의 변화

본래 제1성인 '一'는 뒤에 1·2·3성이 오면 4성으로 변하고, 4성(본래 4성이었던 경성 포함)이 오면 제2성으로 변한다. 또한 본래 1성인 '七'·'八' 는 뒤에 4성이 오면 2성으로 변한다.

• 一 + 1성/2성/3성 → 4성 + 1성/2성/3성

一天 yītiān → yìtiān 一些 yīxiē → yìxiē

一年 yīnián → yìnián 一毛 yīmáo → yìmáo

一点儿 yīdiǎnr → yìdiǎnr 一起 yīqǐ → yìqǐ

• 一 + 4성/경성 → 2성 + 4성

一对 yīduì → yíduì 一个 yīge → yíge

七号 qīhào → qíhào 八亿 bāyì → báyì

• 서수를 나타낼 때는 원래 성조로 발음

第七课 dìqīkè → dìqīkè

### (4) '不'의 변화

본래 4성인 '不'는 뒤에 4성이 오면 2성으로 변하지만, 나머지 성조가 오면 변하지 않는다.

- 不+ 4성 → 2성 + 4성

  不看 bùkàn → búkàn　　不是 bùshì → búshì

  不好 bùhǎo → bùhǎo　　不行 bùxíng → bùxíng

- 음절 사이에는 경성

  差不多　好不好　来不及　想一想　谈一谈

이상에서 성조의 변화를 살펴봤는데, 한 가지 주의할 점은 성조표기할 때 변화된 성조를 표기하는 것은 아니며, 반드시 원래 성조에 따라 표기해야 한다.

### (5) 중첩된 형용사

① 단음절 형용사가 중첩되었을 경우, 만일 중첩된 부분이 儿化되었다면 원래의 성조에 상관없이 모두 1성(음평)으로 변한다.

轻轻　长长　好好　慢慢

② 쌍음절 형용사가 중첩되면 경우에 따라 첫 번째 음절의 중첩부분을 경성으로 읽고 뒤 음절과 그 중첩부분은 1성(음평)으로 읽는다.

黑漆漆　亮堂堂　明晃晃

③ AABB 형식의 형용사는 두 번째 음절은 경성으로 읽고, 뒤의 두 개 음절은 1성으로 읽는다.

认认真真　清清楚楚　高高兴兴　舒舒服服

④ 중국어의 변조는 보편적인 현상이지만, 한어병음방안으로 표기할 때는 변조를 표기하지 않고 원래의 성조를 표기한다.

### (6) 경성

중국어의 모든 음절에는 고정된 성조가 있다. 그러나 어떤 음절은 일정한 장소에서 원래의 성조를 잃어버리고, 가볍고 짧은 어조로 변하는데 이를 경성이라고 한다. 예를 들어 头는 원래 2성이지만 石头에서 경성으로 읽힌다.

경성 가볍고 짧게 읽기 때문에 성조와 다르다. 성조는 음고에 따라 결정되지만 경성은 소리의 강약으로 결정된다. 경성 음절은 음의 높이가 일정하지 않기 때문에 항상 앞 음절의 성조에 따라 변하는 순행동화이다. 앞에서 살펴본 성조 변화 현상은 뒤 음절에 오는 성조의 영향을 받아 변하는 역행동화이다. 3성 뒤에서 가장 높고(4도), 1성과 2성 뒤에 나올 때가 그 다음(2도)이며, 4성 뒤에서는 가장 낮다(1도).

巴掌　熟悉　麻烦　动静　老实　喜欢　马虎　伙计

#### ① 음운 변화

- 1성 + 경성→ 1성 + 2도
  他的 tāde
- 2성 + 경성→ 2성 + 3도
  红的 hóngde
- 3성 + 경성→ 3성 + 4도
  好的 hǎode
- 4성 + 경성→ 4성 + 1도
  坏的 huàide

#### ② 의미 분화

孙子 손자 – 아들의 아들

东西 동서 – 물건

地方 지방 – 장소, 곳

文字 문자 – 蚊子 모기

虾자 새우 - 瞎子 소경

③ 품사 변화

地道 지하도(명사) - 地道 전형적인(형용사)

摆设 펼쳐 놓다(동사) - 장식품(명사)

买卖 장사하다(동사) - 장사(명사)

④ 경성 규칙

- 조사 : 的 地 得 了 着 过 吗 吧 呢
- 접미사 : 子 头 儿
- 방위사 : 上 下 里 边
- 방향보어와 가능보어 : 去 来 下来 回去 回来
- 동사의 중첩 : 看看 听听 走走
- 이음절 동사의 2음절과 4음절 : 学习学习 讨论讨论

### 3) 조사 啊의 변화

문미에 쓰이는 어기사 '啊(a)는 앞 음절 끝 음소의 영향을 받아 '동화(同化)', '증음(增音)' 등의 음변현상을 일으킨다. 그 법칙은 다음과 같다.

ⓐ 앞의 음소가 i, ü 이면 ya로 읽고 呀로 표기한다. 예) 你呀

ⓑ 앞의 음소가 u(ao,iao포함) 이면 wa로 읽고 蛙로 표기한다. 예) 苦蛙

ⓒ 앞의 음소가 n이면 na로 읽고 哪로 표기한다. 예) 看哪

ⓓ 앞의 음소가 ng이면 nga로 읽고 그대로 啊로 표기한다. 예) 等啊

ⓔ 앞의 음소가 -i[ʅ]이면 ra로 읽고 그대로 啊로 표기한다. 예) 是啊

ⓕ 앞의 음소가 -i[ɿ]이면 [za]로 읽고 그대로 啊로 표기한다. 예) 字啊

### 4) 儿化韵

보통화에서 '儿'은 스스로 음절을 만들어 구체적인 의미를 가질 수 있다. 예를 들면 幼儿과 婴儿의 儿은 儿韵이라고 부른다. 그러나 보통화와 어떤 방언에 나타나는 일종의 어음으로, 접미사인 "儿"자가 스스로 음절을 형성하지 못하고, 다른 음절의 뒤에 붙어 그 음절 운모의 모음과 결합하여 변화시키는 특징이 있다. 이를 "儿化"라고 하고 권설의 색채를 띠고 있는 운모를 儿化韵이라 부른다. 儿化 이후의 음절은 한 개의 음으로 읽지만, 두 개의 한자를 이용하여 써야한다. 병음표기는 원래의 운모 뒤에 'r'을 붙여 표기하면 된다.

花儿 huār　　门儿 ménr　　一点儿 yīdiǎnr　　灯儿 dēngr

儿化는 중국의 북방 즉 북경을 중심으로 한 지역에서 많이 유행하고 있다. 일부 어휘는 반드시 儿化를 시켜야 하는 것도 있지만, 일부 어휘는 습관처럼 儿化를 시키고 있다. 儿化된 음절은 듣기 힘들어서 외국인은 물론 중국의 외지에서 온 사람조차도 상대편의 말을 이해하지 못하는 경우가 많다.

#### (1) 儿化의 기능

##### ① 어휘 파생기능

중국어에서 儿를 사용했을 때 원래 의미와 또 다른 뜻을 가지는 경우가 있다. 이러한 경우는 단독으로 쓰일 수 있는 단어를 儿化시켜 어휘를 파생시키는 기능과 단독으로 쓰일 수 없는 단어가 儿化됨으로서 형태소를 이루는 경우 두 가지가 있다.

##### ② 수사기능

鬼儿라는 단어를 예로 들어보자. 鬼儿의 의미는 귀신이지만 儿이 가지는 수사적인 기증에서 볼 때 '조그마한' '귀여운'이라는 의미가 내포되어 있다. 즉 귀신이라는 뜻속에 좋은 의미의 감정이 포함되어 있는 것이다 이러한 儿의 기능을 수사기능이라 하는데 아래의 단어가 이에 속하는 단어들로 儿를 삭제해도 단어는 성립되며 그 뜻에 커다란 차이는 없다.

### (2) 儿化의 품사 분류 및 의미의 변화

儿化현상은 각지방 방언에 따라 매우 다르다. 대개의 儿化현상은 북경어에서 일어난다는 것은 이미 알고 있는 사실이다. 다음에서 들은 예들은 북경 다수 민족의 구어를 표준으로 삼은 것이다.

① 명사+儿 : 작음을 나타냄

- 儿를 제외하고 단독으로 쓰이지 않음.

兎儿 토끼　　帽儿 모자

- 단독으로도 쓰임

刀儿 칼　　鱼儿 고기

② 명사+儿 : 儿를 첨가한 후에 그 어휘의 뜻이 바뀜

皮(가죽, 피부, 껍질) → 皮儿(얇고 평평한 것)

腿(다리) → 腿儿(물건의 다리)

③ 양사+儿 : 명사를 구성한다.

片儿 조각　　把儿 자루

④ 형용사+儿 : 명사를 구성한다

空儿 틈　　好儿 찬사　　香儿 향기　　短儿 단점

儿을 첨가한 형식은 첨가하지 않은 형식보다 가볍고 친근감 있게 보인다는 것이다. 儿化에 따른 의미변화를 살펴보면 다음과 같다.

㉠ 火星 화성　　火星儿 불티, 불꽃

㉡ 老家 고향　　老家儿 부모

ⓒ 小本 소자본　　　　　　小本儿 수첩, 팜플렛

ⓔ 要说 말하려 하다　　　　要说儿 조건이 있다

ⓜ 送信 편지를 보내다　　　送信儿 소식을 전하다

### (3) 儿化의 발음규칙

① -ɑ, -e, -o, -u 다음에 er이 오면 –r만 붙인다.

② -i, -u 다음에 er이 오면 –er로 발음한다.

③ -ɑi, -ɑn, -ei, -en 다음에 er이 오면 –i, -n을 없애고 –r을 붙여 발음한다.

④ zhi, chi, shi, ri, zi, ci, si, -ui, -in, -un 다음에 er이 오면 –i, -n을 없애고 –er로 발음한다.

⑤ -ɑng, -eng, -ong 다음에 er이 오면 –ng을 없앤 후 –r를 붙이고, –ing은 –ng을 없애고 –er을 붙여 -ɑr, -er, -or, -ier로 발음한다.

# 6. 중국어 표기법의 발전

## 고대의 주음방법

중국은 한자의 수가 너무 많아 학자들이 공부할 때 모르는 글자에 부딪치면 글자에 소리를 매기고(注音), 뜻을 해석하면서 주음부호의 필요성을 생각했을 것이다.

중국은 한대(206B.C~220A.D)부터 한자음을 표기하기 위해 몇 가지 방법을 구상해왔다. 표음과 표의의 양면성을 지닌 한자음을 표현하기는 쉽지 않았다. 중국인은 한자음을 표기할 때 처음에는 어느 자의 음을 그와 같거나 비슷한 다른 음을 통해 그 음을 표기하였다. 즉, 표의문자인 중국어에 한자의 음을 표기하기 위해 한자를 사용해 표음을 해왔다.

중국 최초의 표기방법은 비황(譬况)이었다. 이 방법은 한대와 위진시대 이전에 사용되었다. 비황이란 어떤 한 글자의 발음상황을 묘사하여 비유한다는 뜻이다. 예를 들면 ≪公羊传·宣公八年≫ 何休注에서「乃」와「而」의 음을 다음과 같이 표시하였다.「言『乃』者, 内而深 ; 言『而』者, 外而浅.」(乃를 발음할 때에는 속에서 气가 나오고, 而를 발음할 때는 얕은 바깥에서 나온다) 이러한 묘사·서술형식의 표음방법이 사용되었으나, 글자의 음을 정확히 표기할 수 없었다.

다른 표기방법으로「读若」,「读如」,「读为」,「读曰」로 한나라 때 비교적 널리 쓰였다. 이 방법은 일반적으로 경서을 주해하거나, 자서를 만드는 사람들이 많이 이용되었다.「读若」은「〇〇音과 같이 읽는다」의 형식으로 표음한 것이다. 이 방법도 본질적으로 볼 때 위의「譬况」이라고도 볼 수 있다. 예를 들면,《说文解字》의 玉部 璁字에는 注曰 :「璁 读若葱」등과 같은 방법이 사용되었는데,「葱」과「璁」은 다 같은 소리(同音)이다.

이 밖에「直音法」을 사용한 표음방법이 있었다.「直音」형식은 직접 한 개의 동음자(同音字)를 사용하여 또 다른 한 개의 자음을 표음하는 방법이다.《周易》에서는「拔茅茹」구를 郑玄이 注를 달기를 :「茅音苗」라고 하거나, 또는《尔雅》释音의「填田」같이 표기한 것이 直音法이다. 본질적으로「读若」과「直音」의 표음방법은 한 개의 글자로서 또 다른 글자의 음을 표기하는 것이다. 그러므로 넓은 의미에서 直音法도 读若을 포괄하고 있다.

직음(直音)은 간편한 방법이기 때문에 한대(汉代)때부터 시작하여 오랫동안 널리 쓰였고, 후대의 표음에도 직음의 형식을 많이 사용하고 있다. 《康熙字典》에 보면, 각 韵书의 反切들을 인용한 뒤에 또 直音을 매겨 주고 있는 것들이 바로 그렇다. 보기로서, 「壕 」字下注云 : 「《广韵》·《集韵》·《正韵》 并胡刀切, 音豪.」 여기서 「音豪」라고 되어 있는 매김이, 바로 「直音」법을 쓴 것이다.

## 반절법

「直音」이나 「读若」의 표음방법은 동음자가 없는 경우에 사용할 수 없고, 비록 동음자가 있다 하더라도 벽자(僻字)이면 사용하기 어렵다, 그래서 한대와 위진 이후 더욱 쉽고 알맞은 반절법이라는 표음방법을 찾아낸 것이다.

반절법이라는 특이한 표기법을 고안해 내어 성모(声母initial)와 성조(声调tone)를 포함한 운모(韵母final)를 표기한 것이다.

중국에서 한자음에 대하여 관심을 갖게 된 것은 양한시기부터이다. 한대 학자들이 한자음을 표시하기 위해 「读若法」, 「直音法」 등을 썼으나, 이는 원래 많은 한자의 음을 알고 있는 사람들 사이에서 통용되었다. 그래서 보다 간편하고 정확하게 한자음을 표시할 수 있는 방안을 고안한 것이 반절법이다. 반절법은 어떤 자음을 표시할 때, 음 표시를 받은 자와 쌍성(双声)이 되는 字를 앞에 놓고, 음 표시를 받는 字와 첩운(叠韵)이 되는 字를 뒤에 놓는다. 그 앞의 자(반절 上字)에서 성모를 취하고, 뒤의 자(반절 下字)에서 운모와 성조를 취한다. 그리고 서로 이어서 어떤 음절(音节)의 음을 표시하는 표음방법이다.

반절은 일종의 병음식 표음방법으로 두 한자음을 가지고 병음(拼音)하는 것이다. 이 방법은 「直音」과 「读若」에 비해서 크게 발전한 방법이다. 반절법은 두 개의 字를 겹쳐서 다른 한 개 자의 음을 나타내는 것이다. 반절을 이루는 두 개의 자 가운데, 앞에 있는 것을 반절 상자라 하고, 뒤의 것을 반절하자라 부른다.

예를 들면 「东」자의 표음을 덕홍절(德红切)로 나타내는데, 东과 德(反切上字)의 성모는 서로 같고(d), 东과 红(反切下字)의 운모는 서로 같다(ong). 德의 성모(d)와 红의 운모(ong)를 겹쳐 읽으면 바로 东字의 读音(dong)이 나온다. 표시해 보면 다음과 같다.

德 + 红 → 东

d(e) h(ong) → dong

여기에서 상자(上字)의 운모(e)와 하자(下字)의 성모(h)는 모두 남는다. 东(dong)자의 음을 표시하는 데는 德의 성모(d) 와 红의 운모(ong) 이 필요하다.(上字取声, 下字取韵)
반절법은 다음 세 가지의 원칙을 갖추어야 한다.

(1) 音 표시 받는 字와 反切语의 上字는 반드시 同声母의 字이다.
(2) 音 표시 받는 字와 反切语의 下字는 반드시 같은 韵母의 字이다.
(3) 音 표시 받는 字와 反切语의 下字는 반드시 같은 声调의 字이다.

## 반절의 역사적 배경

인도의 불교가 동한(东汉 67年)시기 중국에 유입된 이후, 인도에서는 오히려 불교가 쇠퇴했으나 중국에서는 더욱 발전하였다. 이처럼 발달 할 수 있었던 요인은 불교가 전래되기 전부터 중국에는 발달된 한자가 있었기 때문이다. 인도 주변의 방글라데시, 미안마, 태국, 라오스, 캄보디아 등은 불교가 유입되면서 불교에서 사용하는 인도의 자모(字母)까지 받아들였지만, 중국은 인도의 음성학 지식을 응용하여 한자 발음을 표기할 수 있는 "반절법"과 한어 성모를 대표하는 "36字母"를 만들었다.

중국에서 불교가 합법적인 지위를 확립하고, 경전의 번역과 승려들의 사원 건조를 통해 보급되면서 위진남북시대의 사회 혼란 속에서 발전하기 시작하였다. 중국에 유입된 인도불교의 성명(声明)은 한어 체계를 설명하는데 영향을 주었고, 인명(因明)은 논리 사유의 발전에 영향을 주면서 당대(唐代)에 많은 지식인들이 논리 사유면에서 모두 불교의 영향을 받았다. 불교의 경전은 고대 인도인이 범문(梵文)으로 기록한 것이다. 이러한 불교경전과 함께 유입된 성명학(声明学)을 가지고 표기법을 연구한 중국인은 한대 이전에는 절운(切韵)을 모두 알지 못하였으며, 승려들이 운도(韵图) 등을 이해할 수 있었던 반면 유학자들이 범례조차 이해하지 못했는데, 이는 서역에서 들어왔기 때문이다. 결국 범문이 중국 음운학과 운문의 발전을 촉진시키면서 양한(两汉)시기 반절법을 만들게 되었다. 일반적으로 반절의 응용, 성뉴(声纽)의 창립, 4성의 발견 및 등운학(等韵学)의 출현 등은 모두 범문의 병음(拼音) 원리를 근거로 중국음운학을 정리한 결과라고 생각할 만큼 인도 범학의 전입은 일찍이 중국 전통 음운학에 상당한 영향을 주었다.

범문(梵文)은 일종의 병음문자로서 45개의 자음(子音)과 모음(母音)을 대표하는 자모를 사용하여 범어(梵语)의 음절을 병합하여 쓴 것이다. 이와 같은 병음문자는 고대 인도인들에게 심음(审音) 의식과 병음(拼音) 능력을 갖추게 하였다. 불교가 중국에 유입되면서 들어 온 인도의 병음문자와 병음 방법은 중국의 지식인들에게 한자의 체체와 완전히 다른 문자 체계를 보여주었고, 한자의 주음을 위한 새로운 도구를 제공하였으며, 한어음운의 연구에 새로운 방법을 열어 주었다. 다시 말해 범음(梵音)의 병음 방법은 분명히 중국의 선진 독서인들에게 아주 큰 계발이었고, 불교 경전의 번역이라는 실천을 통해 그들은 拼音 원리를 몸소 체득하여 반절법을 만들 수 있었던 것이다.

반절법은 분음(分音)과 병음(拼音)을 이용한 표음방법으로, 두 개의 한자를 병합하여 다른 한 가지 한자의 독음을 만들어 내는 방법이다. 현재 사용하고 있는 한어병음자모(汉语拼音字母)로 반절법을 쉽게 설명할 수 있지만, 자모가 없었던 고대에 반절을 이용해 표기하는 일은 쉽지가 않았다. 독음을 분석하기 위해서는 먼저 머리 속으로 反切上字에서 韵母, 下字에서 声母를 제거한 후에 다시 나머지 두 개의 반절을 병합해야만 독음을 만들 수 있기 때문이다. 이처럼 신기한 병음 방법은 한말(汉末) 인도 문화의 영향을 받아 창조해낸 것으로 지금까지 쓰고 있는 사람도 있다. 반절법은 인도의 불교가 전래되면서 범어문자(梵语文字)의 병음방법도 함께 중국에 유입되어 영향을 받아 만들어졌는지는 알 수 없다. 그렇지만 등운의 출현과 여러 운도(韵图)의 역사적 발전과정을 보면 외부적 요인을 배제할 수 없다. 인도의 불교가 중국에 전래된 이후 중국의 사회 문화뿐만 아니라 언어, 사상 등 영향을 받지 않은 것이 없다. 불교가 중국에서 합법적인 위치를 획득하면서 불경의 번역과 승려들의 사원 건조를 통한, 신앙의 보급은 어지러운 위진(魏晋)시기의 사회 속에서 발전하기 시작했다. 아울러 불교 경전에 기록된 인도의 범어는 병음문자로서 한어음운의 발전에 큰 영향을 주었다.

당대(唐代) 중국의 언어 지식은 더욱 발전하여 당말 승려 수온(守温)은 30개의 한자를 사용해 당시 한어의 30개 성모를 대표할 수 있는 30자모를 제정하였으며, 송대(宋代)에는 6개를 더해 36자모를 완성하였다. 이것은 중국이 인도 불교문화의 영향으로 범어의 원리를 모방하여 한어 표음부호를 만든 것이다.

36자모는 한자의 대표자를 이용해 자모를 삼은 것으로 일본이 이미 갖춰진 한자를 가지고 카타카나(假名)자모를 만든 것과 같다. 그러나 36자모는 단지 성모의 자모만 있고 운모의 자모는 빠져있는데, 이는 인도 자모가 주로 자음(子音)을 표시한 영향을 받았을 것이다.

## 기독교와 방언 로마자

명말 서구에서 처음 천주교 예수회의 선교사들이 기독교를 중국에 전파하면서 로마자와 라틴자모 등 희랍의 서양 문화를 가지고 들어 왔다. 그들이 처음 중국에 들어와 관화와 문언문을 배우는데 한자음을 표시할 수 있는 표기법이 없어 로마 자모를 이용하여 발음을 표기하고 기록하면서 한자는 인연을 맺게 되었다.

명대(1605) 이탈리아 예수회의 선교사였던 마테오 릿치(Matteo Ricci)는 로마자를 이용해 발음을 표기한 《서자기적(西字奇迹)》(1605)라는 책을 출판했다. 이는 로마자를 이용해 한자의 독음을 단 최초의 체계적인 방안이었다.

1626년 중국에 들어온 프랑스 예수회의 트리골트(Nicalas Trigault)는 마테오릿치의 병음방안을 다시 수정하여 로마자로 주음한 가장 오래된 《서유이목자(西儒耳目资)》를 항주에서 출판하였다. 이 책은 비록 서양인들이 한자와 한어를 배우는 데 도움을 주기 위해 편집된 것이긴 했지만, 그가 사용했던 주음방법은 명말, 청초의 문자학자들에게 한자의 주음방법에 새로운 길을 열어 주었으며, 병음문자 창조의 필요성을 느끼게 하였다.

명말의 예수회가 로마자를 한자의 주음에 사용한 것은 한자를 개혁하기 위한 것이 아니라, 그들 스스로가 한자를 배우기 쉽게 하기 위한 것이기 때문에 중국의 언어생활에는 거의 영향을 미치지 않았다. 300년이 지나 청나라 초기부터 아편전쟁까지 중국은 쇄국정책을 시행하는 바람에 서양선교사들의 활동은 제약을 받게 되면서 명말 이후의 주음자모(注音字母)와 병음자모(拼音字母)에 대한 연구는 그 발전을 이룰 수가 없었다. 그러나 아편전쟁의 실패로 말미암아 중국과 영국은 남경조약(1842)을 맺고, 상해와 영파, 복주, 하문, 광주 등 5개 지방을 개방하였다. 이 지방은 소주 방언, 복건성 북부 방언, 복건성 남부 방언, 광동어 등의 한어의 동남방언을 대표할 수 있다. 조약의 보호 속에 많은 서양의 선교사들이 중국에 들어와 활동하기 시작했으며, 기독교는 먼저 연해 지역의 도시에서 광범위한 선교를 하였다. 기독교의 복음을 보급시키기 위해서 선교사들은《성경(圣经)》을 번역하였으며, 번역과정에서 로마자로써 해당 지역의 방언을 주음하여 서술하는 방법을 채택함으로써 대규모적인 교회로마자 운동을 형성하게 되었다. 19세기말부터 20세기초에 이르기까지 적어도 17종의 방언이 로마자로 병음되어졌으며, 서로 다른 방언으로 번역된 로마자 성격이 널리 유포되었다. 1850년에는 하문 방언으로 된 로마자 성경이 발행되기 시작하여 1926년까지 4만여 부가 팔렸다. 1921년 민남 교구에서 발행된 146,967부의 출판물 중에서 5만 부가 민남 방언을 로마자를 사용하여 인쇄한 것이었다. 통계에 의하면 1891년에서 1904년까지 로마자 성경의 총판매수는 137,870부에 이른다고 한다. 이러한 예로 보면 교회로마자 운동은 일시에 성행했던 것임을 알 수 있다. 선교사들은 문자에 어둡고 표준어를 모르는 일반 평민에게 방언로마자는 "문맹에서 벗어나는 직접적인 길이다"라고 주장했다. 그들은 "복잡하고 어려운 한자가 20세기에 가장 흥미로운 시대착오"이며, "로마자를 가지고 한자를 대신해서 표기하는 것"은 "서양의 과학과 경험이 중국민족의 발전에 도움을 줄 수 있는 가장 좋은 공헌"이라고 생각하였다.

이 시기의 교회 로마자는 성격상 명대의 로마자 발음표기와 크게 다르다. 명대의 예수회는 중국의 문화와 한자를 매우 존중했으나, 청대의 선교사들은 그와 반대로 중국문화를 업신여기고, 시대 착오적인 한자를 로마자로 대신해야 한다고 제기했다. 그들은 중국의 "구어와 문자의 통일"에 대한 요구와는 관계없이 각 지역의 교회는 각자의 운영을 위해 신중하게 연구 검토도 하지 않은 방언로마자를 허용하였다. 결국 종교의 전파를 구실로 방언로마자를 반세기 동안 허가하였으며, 하문어의 백화문자는 오늘날까지 적어도 5만여 가정의 부녀자들이 사용하고 있다. 선교사들은 중국이 오랜 문명을 가지고 있지만 문맹국가라고 주장하면서 "한자가 비록 우아하고 아름답긴 하지만 로마자의 편리함에는 훨씬 미치지 못하며, 과학이 발달한 현 시대의 요구에 맞지 않는 것이다. 따라서 로마자로 표기된 한어 방언이 진정한 문자의 효과를 발휘할 수 있다."라고 비판하였다. 이러한 주장에 대해 유가의 지식인들은 용납하거나 교회로마자 운동에 동조하지도 않았다. 1918년 중국이 정식으로 주음자모를 공포하자 교회 로마자 운동은 아주 빠르게 사라져 버렸다.

한자문화권에서 교회로마자 운동 역시 성공한 사례는 베트남이다. 명말 예수회가 중국에서 로마자로 한자를 표기해 사용했던 방법으로 예수회는 베트남에서 로마자로 베트남어를 표기했다. 이후 《圣经》을 출판하여 선교의 수단으로 삼았으며, 베트남은 중국보다 먼저 로마자를 활용하여 정책적으로 보급하였으며, 마침내 오늘날 베트남의 정식 문자로써 발전을 이루었다.

## 청말의 절음자(切音字) 운동

19세기 말엽 중국은 아편전쟁 이후 심각한 민족적 위기 상황에 직면하면서 많은 애국지사들이 변법유신을 요구하였다. 또한 진보적 지식인들은 교회 로마자 운동의 영향을 받아 교육의 보급과 과학의 발전, 국가 중흥을 목표로 한자의 개혁을 제기하였다. 당시 한자의 병음방식에 처음 개혁을 주장한 사람은 복건성 하문(同安) 출신인 노당장(卢戆章 1854 - 1928)이다. 그는 21세에 싱가포르로 유학하여 4년 동안 영어를 배우고 하문으로 돌아와 유럽인 선교사를 도와 《영한자전(英汉字典)》 편찬에 참여하였다. 그는 자연스럽게 교회 로마자를 익힌 이후 복건성에서 운서 《십오음(十五音)》을 참고로 하여 로마자를 표기해 성서를 10여 년 동안 수정을 하면서 55개의 기호를 선정해 로마식자모를 만들었다. 이것을 《中国第一快切音新字》라고 명칭을 붙였다. 《中国第一快切音新字》는 하문어(厦门语) 36개, 장주어(漳州语) 2개, 천주어(泉州语) 7개 등 모두 45개를 만들고 다른 지방을 위해 10개를 더한 것이다. 이 55개의 로마자모를 이용해 1892년 《一目了然初阶》를 출판하였다. 이 절음신자(切音新字)는 노당장이 중국인으로써 처음 창제한 대표적인 병음방안으로 수많은 지식인의 호응을 받아 절음자운동을 일으키게 되었으며, 1911년 신해혁명이 일어나기까지 세상에 발표된 절음자 방안은 28종류이다. 이 방안을 자모형식에 따라 한자필획식(汉字笔划式), 속기부호식(速记符号式)과 수자부호식(数字符号式), 로마자모식으로 분류할 수 있다. 이 가운데 한자의 필획 형식을 이용한 표음부호가 14종류로 가장 많이 차지하고 있으며,

유럽 지역의 영향을 받아 창제한 속기부호 형식과 로마 자모 형식이 각각 5종류이고, 기타 다른 부호를 사용한 것이 4종류이다.

한자필획식 절음방안 중에서 왕조(王照 1895-1933)와 노내선(劳乃宣 1943-1941)의 방안이 가장 큰 영향력을 발휘했다. 왕조는 속기부호 방식의 표음기호가 단지 이용에 편리함만을 추구하여 문자로서의 기능을 하기 어렵다고 비판하고, 새로운 형태의 절음자를 만들려고 시도했다. 왕조는 1898년 무술변법운동에 참여했다가 국사범으로 체포령이 떨어지자, 일본으로 망명하여 2년 동안 생활하면서 일본 카타카나(假名)를 모방한 관화자모(官话字母)를 창제했다. 이 자모는 한자의 구성 요소에 기초하여 필획을 줄여 만든 필획식 병음방안이다. 1900년 그는 비밀리에 귀국하여 芦中穷士(노중궁사)라는 필명으로 《관화합성자모(官话合声字母)》라는 책을 출간했다.

왕조의 관화자모 방안은 50개의 <音母>(子音)와 12개의 <喉音>(母音)등 모두 62자로 구성되어 있으며, 사성은 上平, 下平, 上, 去으로 되어 있다. 이 방안은 북경어음을 표준음으로 하였으며, 쌍병제(双拼制)를 채택하며 백화문을 병음한다는 것을 강조하고 있다. 이 자모 방안은 간편하고 배우기에 쉽도록 실용적인 면에 중점을 두었다. 1901년 왕조는 북경에서 서민을 위해 관화자모를 교육하고 보급해 줄 것을 이홍장에게 요구했으나 뜻을 이루지 못하자, 1903년 지명 수배 상태에서 다시 북경으로 들어가 관화자모의숙(义塾)를 설립하고 왕박(王璞)을 내세워 학생들을 가르치게 해 보급에 노력했다. 1904년 감옥에 수감되었을 때 관화자모에 대한 인식이 높아져 많은 지식인들의 지지를 받자, 원세개는 각 성에 관화자모 훈련을 전담하는 학당을 세워 배울 수 있도록 명령하였다. 더욱이 동성파 오여륜(吴汝纶 1840-1903)이 국어통일을 주장하며 적극적으로 자모를 선전했으며, 관학(管学)대신 장백희, 북양대신 원세개 등은 학당의 정규 교과과정에 넣어 관화자모를 보급하였다. 1905년에 왕조는 석방되자 보정으로 가서 병음관화서보사라는 잡지사를 설립하여 관화자모라는 잡지를 발행했다. 당시 북경, 천진, 보정에서 하북성 전지역으로 보급되었을 뿐만 아니라, 산동, 산서, 하남 등에 유행하면서 자모를 알고 있는 사람이 수만 명에 달했다.

그러나 10년 동안 13개 성에 보급되었던 관화자모가 1910년 청나라의 대례(戴澧)가 사용이 금지하자, 뒤를 이어 관화자모의 보급에 노력한 사람이 절강성 동향인 노내선이었다. 노내선은 왕조의 방안이 남방에서 보급되기 쉽지 않자 관화자모를 기초로 성모 6개, 운모 3개와 입성을 더하여 영음(南京音)이라 하고, 다시 성모 7개, 운모 3

개, 탁음 1개를 더하여 오음(苏州音)이라고 하였다. 이는 남방어 특유의 음소를 보충한 것으로 남방 방언 <宁音>과 <吴音> 등을 병음하기 위한 방안이었다. 그가 이 방안을 고안한 목적은 "남방방언으로 쉽게 배우고, 북경음으로 이를 통일하고자 한 것"이었으며, 자모 교육을 보급하고 국어를 통일하고자 했다. 1905년에는《增订合声简字谱》(宁音)과《重订合声简字谱》(吴音) 등 두 종류를 발간하여 금릉에 간체자 학당을 설립하고 먼저 사범반과 일반 학생을 뽑아, 이 방안을 널리 보급하고 서로 전하게 하여 절강성의 각 지역에서는 이에 능통한 사람들이 매우 많았다. 1907년에는《简字述略》과《简字全谱》등을 출판하고,《简字全谱》에《闽广音谱》를 보충해 넣었다, 당시에 강녕 지역의 40개의 초등학교에서 간자과(简字科)가 부설되었다. 1908년 그는 자희태후에게《简字谱录》을 올리고서는 이를 반포 시행할 것을 간청함과 동시에 이를 추진할 수 있는 구체적인 방법도 제시했다. 그러나 학부에서 아무런 응답이 없자 1909년 청나라 정부에서 입헌을 준비하고 있을 때 그는 또다시 상서를 올렸으나 논의조차 하지 않았다. 그래서 그는 간자의 선전을 위해 장병린(章炳麟), 왕영현(汪荣贤) 등과 함께 북경에서 간자연구회를 조직했다. 1910년 왕조의 관화자모가 사용이 금지되자 자정원(资政院)의 의원으로 선발되어서도 간자운동을 전개하였으며, 학부가 끝내 간자에 대해 언급하지 않자 32명의 의원이 서명하여 <合声简字>의 추진을 촉구하는 진정서를 자정원에 6차례 접수하였다. 그러자 자정원에서는 엄복(严复)을 심사위원장으로 임명하여 심사토록 하였다. 엄복이 심사한 후에 자정원의 심의를 거쳐 학부로 넘겨졌으며, 다시 중앙교육회의의 의결을 거쳐 최종적으로 국어통일방법안으로 통과되었으나, 같은 해 신해혁명(1911)이 일어나 이 의결은 시행되지 못하였다. 그렇지만 청말 20년 동안의 절음자운동은 중국의 진보적인 지식분자들이 외래문화의 영향 속에서 한자개혁을 시작하여 끊임없이 노력한 결과 이후의 병음문자 운동에 매우 귀중한 교훈이 되었다.

노당장이 하문어 독본으로《一日了然初阶》(1892)를 출판된 지 얼마되지 않아 복건에서 채석용( 蔡錫勇), 역척삼(力捷三), 상해의 심학(沈学), 홍콩의 왕병요(王炳耀) 등이 노당장의 견해에 동의하면서 속기부호식 표음법을 발표했다. 채석용은 미국 워싱턴에 근무하며 의회와 법정의 속기술을 보고 미국인 Lindsley의 방법을 참고해서《传音快字》(1896)를 출판했으며, 역첩삼은 복주에서 전해오던《戚林八音》의 음소와 채석용의《传音快字》의 체재를 기초로《闽腔快字》(1896)를 출판했다. 심학은 5년에 걸쳐 연구하여 영문으로 《盛世元音》(1896)을 출판하였는데 모두 7편으로 되어 있다. 왕병요는 광동음을 중심으로 각 성의 어음을 병음하여 《拼音字谱》(1897)를 출판하였다.

청대 노당장은 1892년 로마자 표음부호를 이용해 《一日了然初阶》를 발표하면서 "중국에는 切法(反切)은 있지만, 切音字(字母)는 없기 때문에 절음자를 만든다면 글과 말이 일치할 수 있다"라고 주장하자, 많은 사람들이 이를 본받아 한어표음 방안을 만들면서 절음자 운동이 일어났다. 당시에 그가 만든 <切音新字>는 한자개혁의 초기단계의 대표적인 방안으로 진보적인 지식인들의 호응을 받았으나, 보급에 한계가 있어 로마 자모의 방안이 아닌 한자필획식의 병음방안으로 고쳐서 《中国切音字母》 (1906)를 만들어 《中国字母北京切音校科书》(1906) 《中国字母北京切音合订》(1906) 등과 같은 저서를 출판하였다. 같은 시기에 주문웅(朱文熊)은 노당장의 자모가 로마자의 영향을 받았지만, 이를 응용해서 독창적인 기호를 만들었는데 로마자의 음을 그대로 읽지 않고 독자적으로 다른 音으로 바꾸었다고 비판하였다. 그러면서 세상에 없는 글자를 만들어 내기보다는 세계적으로 통용되고 있는 자모를 사용해야 한다고 주장했다. 그는 소주어를 표준으로 5개월 동안 연구하여 《江苏新字母》(1906)를 편찬한 후 강소성에서 활용하였다. 유맹양(刘孟扬)은 북경관화음을 표준음으로 로마자를 표기해 《中国音标字书》(1908)를 편찬하여 개인이 직접 보급하였다. 그밖에 강항호(江亢湖)의 《通字》(1908)과 황허백(黄虚白)의 《拉丁文臆解》(1910) 등은 연구발표 단계에 머물렀거나 보급되지 못하였다.

## 국어 로마자 운동

중국의 로마자 표기는 청말 절음자운동에서 처음 시도되었다. 당시 주류를 이루었던 한자필획식자모에 의한 표음화의 대세 속에서 힘을 쓰지 못했으나, 5.4운동 이후 문자개혁이 일반 대중의 환영을 받으면서 《新青年》 《国语月刊》등의 잡지에 한자의 표음화와 로마자 표기의 논문이 발표되면서 표음화 운동이 활발하였다. 특히1923년 《国语月刊》한자개혁 특집호에서 제기한 내용은 전현동(钱玄同), 여금희(黎锦熙), 조원임(赵元任)이 국어로마자 방안을 제정하는데 기초가 되었다.

1918년 전현동은 《新青年》의 제4권 제2기에서 <중국의 오늘날 이후의 문자 문제>

라는 글을 발표하여 한자와 한어를 폐기할 것을 주장하였다. 그는 공학(孔学)을 없애려면 먼저 한자를 폐기하지 않을 수 없다고 했다. 또한 중국의 문자는 글자의 형체가 병음문자가 아닌 상형문자이기 때문에 배우고 쓰기에 불편하고, 글자의 의미가 함축적이고 문법이 정밀하지 못하기 때문에 오늘날 학문의 응용적인 측면에 있어서 새로운 사물과 새로운 이치에 관한 명사는 하나도 없다. 그리고 역사적인 측면에서 볼 때 대부분 유가의 학설과 도가의 이상한 것들을 기록한 부호이기 때문에 이러한 문자는 자연히 그 명을 바꾸어 버려야 한다고 했다. 전현동은 <汉字革命>에서 "한자를 혁명하지 않으면 교육을 보급시킬 수 없고, 국어로 쓰인 문학은 절대로 충분하게 발전하지 못하게 되며, 전세계의 사람들이 공유하고 있는 새로운 이론과 새로운 학문, 새로운 지식들을 국어로 매우 편리하고 자유롭게 기록해 낸다는 것은 절대로 불가능하다"고 선언했다. 한자는 현대세계의 문화와 전혀 어울리지 않은 것이기 때문에 개혁을 하지 않으면 안 된다. 이밖에도 역사적인 관점에서 볼 때 한자 또한 "표의단계에서 표음단계로 변해 가는 것"이기 때문에 한자의 근본적인 개혁은 바로 로마자모식의 병음을 사용하여 고쳐야 한다는 것이었다. 그는 또 열 가지의 구체적인 작업을 제시했다. 채원배(蔡元培)는 특집호에서 <汉字改革说>이라는 글을 발표하여 라틴자모를 채택하고 해서(楷书)를 폐기하며 주음자모를 채택하지 말자는 주장에 대한 이유에 대해서도 충분한 설명을 덧붙였다. 여금희의 <한자혁명군이 나아가는 데 있어서의 커다란 길>이라는 글에서는 병음문자의 <词类·连书>문제에 대해 연구를 하고서는 사류(词类)·연서(连书)가 병음문자를 실행하는 데 있어서 가지는 중요성에 대해 비교적 체계적으로 강조하고 있다. 조원임은 <국어로마자연구>라는 글에서 국어로마자에 관계된 문제에 국어로마자 문제를 상세하게 연구했다. 그 내용은 첫째, 로마자를 반대하는 열 가시 의문점. 둘째, 국어로마자에 관한 초고. 셋째, 국어로마자를 사용함에 있어서의 주의해야 할 문제. 넷째, 국어로마자의 미정에 대한 의문점. 다섯째, 국어로마자를 철저하게 추진하는 방법 등의 다섯 가지를 포함하고 있다. 이를 전후에서 수많은 잡지에 한자개혁에 관한 논문들이 발표되었다. 한자개혁운동은 5.4신문화운동의 한 부분으로서 열렬한 논쟁을 불러일으켰고 사회에 광범위한 영향을 미쳤으며 국어로마자를 채택하자는 주장이 날이 갈수록 거세졌다. 1923년 전현동이 국어통일주비위원회에 제출한 <국어로마자 위원회를 조직할 것에 대한 건의안>이라는 글에서는 국어로마자 위원회를 조직하여 이를 구체적으로 연구하는 한편 여러 의

견들을 수집하여 정확하고 사용 가능한 국어로마자를 확정할 것을 주장하였다. 주비위원회(筹备委员会)의 토론을 거쳐서 8월 29일 국어로마자 연구위원회를 조직할 것을 건의하고, 전현동, 여금희 등 11인을 위원으로 위촉했다. 그러나 시국의 혼란으로 말미암아 위원회는 정상적으로 작업을 진행하지 못했다. 이듬해 유복(刘复)이 수인회(数人会)를 발기하였으며 북경에 있던 회원 중 조원임, 전현동, 려금희 위원들이 이 수인회에 입회했다. 수인회는 22차례의 모임을 가진 끝에 국어로마자 병음위원회는 이를 정식으로 결의 통과시켰으며, 교육부가 이를 공포해 주도록 건의했다. 1926년 9월부터 9회에 걸쳐 원고를 수정하여, 문자체계와 부호의 국제성을 갖춘 국어로마자 표기법을 완성했다. 이것을 1928년 9월 26일 로마자방안을 주장해 채원배가 개인적인 직권을 이용하여 <国音字母第二式>이라 이름을 붙여 공포하였다. 이로써 주음자모를 만든 지 10년 만에 다시 표음문자를 만들었고, 같은 해 11월 9일 국어통일주비위원회에서 비공식적으로 이 방안을 공포하게 되었다.

국어로마자는 청말 한자개혁운동이 계속된 이래로 최초로 성숙된 병음문자 방안에 근접한 것으로 그 방안은 문자체계의 완벽성과 한어 자체의 특징들을 고려했을 뿐만 아니라, 부호의 선택에 있어서도 국제적인 안목을 갖고 있었다. 또한 이론과 기술적인 면에서도 이전의 각종 병음문자 방안보다도 새롭고 창조적인 면과 발전적인 면을 갖추고 있었기 때문에 한자개혁운동사에 있어서 국어로마자 운동은 중요한 지위를 차지하고 있다. 그러나 이러한 방안이 공포된 후 실제적으로는 만족할 만한 효과를 얻지 못하였고, 문화계의 인사들 가운데에서 토론이 이루어졌을 뿐, 일반 대중들에게서는 거의 커다란 영향을 일으키지 못했다. 이렇게 사회의 냉담한 반응에 직면하게 되자 국어로마자의 연구자들은 미래에 기대를 걸 수밖에 없었다.

## 한자개혁과 라틴화 운동

청나라가 무너지고 1912년 중화민국이 성립되면서 국어운동은 많은 지식인들의 열렬한 환영을 받았으며, 국어운동을 통해 만들어진 병음방안이 바로 주음자모(注音字母)이다. 이 주음자모는 청말 왕조의 《官话合声字母》와 劳乃宣의 《合声简字》을 기초로 발전해왔으며, 1913년 독음통일회에서 제정하고 1918년 정부가 공식으로 선포한 표음부호이다. 이것은 중국이 한자를 창조한지 3000여 년이 지난 후 처음 만들어진 정식 한어 표음자모이다. 그러나 한편에서는 미국 유학생을 중심으로 한 새로운 지식인들이 표음문자의 편리함과 교회로마자의 영향으로 한어의 특징에 맞지 않는 웨이드식 로마자 방안(1867)의 교체를 요구하며 국어로마자운동을 일으켰다. 국어로마자 운동이 시작된 이후 1928년에 이르러 마침내 최초로 성숙된 국어로마자 병음문자 방안을 성안하여 1928년 9월 26일 정식 공포하였다. 이 방안은 문자 체계의 완벽성과 한어 자체의 특징들을 고려했을 뿐만 아니라, 부호의 선택에 있어서도 이전의 각종 병음문자 방안보다도 새롭고 창조적인 면과 발전적인 면을 갖고 있었기 때문에 한자개혁 운동의 역사에 있어서 국어로마자 운동은 중요한 지위를 차지하고 있다. 그러나 이러한 방안이 공포된 후 실제적으로는 만족할 만한 효과를 얻지 못하고, 1930년초 국어로마자 운동이 점점 쇠퇴해 가면서 또 하나의 한어병음화 운동이 일어났다. 바로 구소련의 화교사회에서 만들어진 <라틴화신문자> 방안이 중국에 소개되면서, 한자개혁운동은 <라틴화신문자>운동으로 이어졌다. 라틴화 신문자 방안의 출현은 구소련의 10월 혁명이후(1917) 시작한 문맹퇴치운동(1922-1937)의 시발점이 되었다. 당시 180종에 이르는 소수민족의 문맹율이 높고 전체 인구의 72%가 문자를 깨우치지 못해 라틴자모를 제정하여 각 지역의 언어를 표기하도록 하여 매우 좋은 효과를 거두었다. 1921년 모스크바 특파원으로 들어간 구추백(瞿秋白)(1899-1935)은 이 자모가 합리적이고 간단하다고 여기어 소련에 거주하는 중국인을 위해 라틴화 표기 방안을 연구했다. 1929년 2월 구추백은 소련의 중국학자 드라구노프(龙果夫)의 협력으로 <중국 라틴화 자모>를 작성하여 1930년 중국에서 출판했다. 이듬해 1931년 9월 26일 블라디보스톡에서 제1차 중국 신문자 대표자대회가 개최되었으며, 이 회의에서는 오옥장(吴玉章)과 임백거(林伯渠)·소삼(萧三)·왕상보(王湘宝) 등을 비롯하여 구소련의 언어학자인 드라구노프 등이 신문자 방안을 제정하기 위한 기초위원으로 선출되었다. 그들은 이전의 방안의 기초 위에서 <중국한자라틴화의 원칙과 규칙>를 제정하여 중앙위원회의 비준을 거쳐 통과되었다. 1932년 블라디보스톡에서는 제2차 <中国新文字 대표자대회>가 개최되어 신문자의 출판과 교학 문제를 토론하게 되었다. 같은 해 구소련의 화교사회에는 식자반·전습반·강습반·훈련반 등과 같은 각종 학습반들이 계속해서 설치되었으며, 신문자로 출판된 출판물만 해도 10여만 부에 이르렀다. 1934년 백력(伯力)은 <신문자 옹호 六日报>라는 순수한 라틴화 신문을 발간하기도

했는데, 이는 라틴화 신문자운동의 추진에 지대한 공을 세웠다. 그리고 구소련의 극동 지역에서 일어난 라틴화 신문자운동이 중국으로 파급되어, 1933년 상해 중외출판사에서 출판된 <国际每日文选>의 제12기에 초풍(焦风)이 재번역한 소삼의 <중국어 필사법의 라틴화>라는 글을 실었다. 1934년에는 중국의 신문에서 시작된 <문언·백화·대중어>의 논쟁이 최고조에  이르렀으며, 6월 24일 장경(张庚)은 <중화일보>에 대중어의 기록 문제>라는 글을 발표하여 구소련에서 창제된 <중국어의 라틴화>를 연구하자고 제안했다.

1935년 12월, 채원배(蔡元培)와 노신(鲁迅), 곽말약(郭沫若) 등 문화계 인사와 사회저명인사 등 688명이 <新文字 보급에 대한 우리들의 견해>를 발표하여 <라틴화신문자>를 적극적으로 옹호했다. 1934년에서 1937년까지 중국에서는 항일운동의 고조에 따라 라틴화신문자 운동은 군중을 동원하고 항일을 선전하며 교육을 보급하기 위한 필요성에서 매우 빠른 속도로 전국을 석권하여 중국의 병음문자운동은 절정을 이루었다. 1937년 중일전쟁이 전면적으로 발전함에 따라 라틴화운동과 민족해방운동은 서로 맞물려 이 운동 자체에도 진일보된 발전이 있었다. 예컨대 상해의 경우 1937년부터 1940년까지 라틴화 문자로 출판된 서적 54종, 창간된 정기간행물 23종, 창설된 단체가 6개에 이르며, 48개소의 수용소에 수백 개의 난민 신문자반이 개설되었다. 1941년은 연안에서 신문자보를 창간하였으며, 신문자 협회에서는 <新文字文盲课本><新文字发音法><新文字论丛>등이 출판되었다. <라틴화신문자>는 배우기 쉽고 실용적이며 광범위한 대중성을 확보하고 있었기 때문에 항일과 민족해방운동이라는 특수한 역사적인 시기에서도 병음문자운동은 전국적으로 확산되었다.

청말 이후 중국의 병음문자는 여러 단계의 시험과정을 거쳐 발전하였다 이 시대는 내우외환이 교차되던 시기이며, 계급적 모순과 민족적 모순이 날로 심각해 가던 시기였으며, 봉건적이고 부패한 세력이 약화되고, 새롭고 진보적인 역량들이 점점 일어나던 시대로 중국사회에 있어서의 정치 경제 문화와 관념들이 모두 고통스런 탈바꿈을 하던 시기였다. 중국의 병음문자운동은 바로 이러한 시기에 일어났으며, 이러한 운동이 일어나게 된 데는 깊은 역사와 문화적 원인이 담겨져 있다. 거의 1세기 동안이나 추진되어 온 병음문자의 시험과 노력은 한자의 역사에 있어서 특수한 의미를 지닌다. 먼저 병음문자운동은 시작단계에서부터 민족적 기치를 높이 내걸었다는 점이다. 외국인들이 병음문자로써 기독교를 전도하던 과정이 비록 병음문자운동을 형성하는

데 직접적인 기능을 하긴 했지만, 청말 이후로 중국의 지식분자들이 병음문자운동에 혼신의 힘을 쏟을 수 있었던 것은 바로 대중들의 문화적 수준을 향상시키고 교육을 보급함으로써, 서양의 과학과 기술을 배워 나라를 부강하게 만들고 외세를 제압하겠다는 정신 때문이었다. 이러한 사상은 줄곧 병음문자를 제창하던 사람들의 중심사상이 되어왔다.

## 한어병음자모의 현대화

문자는 모든 사람이 쉽게 습득할 수 있고, 기억하기 쉽게 만들어야 사용할 수 있다. 1949년 10월 10일 북경에 중국문자개혁협회가 설립되어, 문자개혁을 추진하고 한어병음방안을 연구하기 시작했다. 52년 2월에는 교육부가 중국문자개혁연구위원회를 설치하고, 한자필획식의 병음방안를 연구하여 한자를 정리·간략화하였다. 54년2월에 병음방안연구회를 설치하여 같은 해 10월 15일부터 23일까지 문자개혁연구회와 교육부가 공동해서 전국문자개혁회의를 소집하여 한자간화방안을 수정하고 공통어의 보급에 노력할 것을 결의하는 성과를 거두었다. 또한 병음방안위원회는 전국문자개혁회의에서 6종류(4종류는 한자필획식, 2종류는 로마자식과 스라브자식)의 초고를 제안하고, 국제적으로 통용할 수 있는 로마자식 표음방안을 추천했다. 56년 2월 16 마침내 한어병음방안 제1차 초안을 만들어 발표하고, 8월에는 이에 대한 두 개의 수정안(第1式과 第2式)이 나와, 10월 국무원이 중국어 표음방안심의위원회를 설치해서 심의를 거쳐 57년 10월 수정 초안이 만들어졌다. 다시 11월 국무원 전체회의를 통과해 일부 문구를 수정 12월 11일 공포했다. 1958년 2월 제1기 전국인민대표대회에서 비준을 받아 한어병음방안은 정식으로 공포되었다. 로마자의 표음방안 초고에는, 17개 항목의 규정, 음절표, 설명, 용례를 기록하였는데, 그 특징은 "첫째 현행 로마자를 사용해서 부호를 붙이지 않는다. 둘째 j, q, x의 자모는 사용하지 않는다. 셋째 자모의 순서는 a b c순으로 한다. 넷째 주음자모의 성조부호를 사용한다."는 내용이다. 이것이 초안이 되어 새로 6개의 문자가 더해져 문자의 명칭, 대문자의 용법, 음절표 등의 규정이 생략되었다. 두 개의 수정안에서는 모두 러시아문자 및 6개의 음성기호가 모습을 감추고, 이것 대신 같은 알파벳으로 두 음으로 읽혀지거나, 하나의 음소가 두 개의 알파벳으로 나타낼 수 있는 특례를 더해서 一字一音의 원칙을 무너뜨리고 로마자로 고쳐졌다. 이 결과 한어병음의 26개의 자모와 4개의 복음자모에서18개(p.m.t.n.l.k.h.s.ng.a.o.e.i.u.u.w.v)는기본음, 10개(b.d.g.j.z.c.zh.ch.sh.r)는 引伸音, 2개(q.x)는 특수음에 속해있다. 수정한 초안의 표기법은 수정한 제1식과 제2식을 뒤석은 것으로 수정제1식과의 차이는 au→ao, hy→xu, ly→lu, ye→ue, gy→ji, j→y, ny→nu, yan→yan, gy→ju, ki→qi, ung→ong, yn→yn, hi→xi, ky→qu, y→yu, yng→iong이었다. 字母에 있어서 tɕ·tɕ'·ɕ 3개의 자음표기가 국어로마자에서 j.ch.sh, 라틴화 신문자에서 g.k.x로 읽혔던 방법을 모두 j.q.x로 바꾸고, 또 운모에서는 국어로마자로 iu,와 라틴화 신문자로 y로 했던 모음을 ü로 표기했다.

이상 한어병음방안은 중국의 언어학자들이 3년(1955~57년)동안 연구하여 제정한 것으로 그 목적은 한어 로마자의 표기법을 표준화하는데 있다. 1957년 12월 11일 <人民日报>에 "이 방안의 초안은 60년 동안 이루어 놓은 선배의 경험을 총괄하여 오옥장과 여금희가 공동으로 집필한 것이다."라고 서술하였다. 오옥장은 1958년 2월 3일 제1차 전국인민대표대회 제5차 회의에서 <현재 文字改革 작업과 汉语拼音方案에 대한 보고>를 제출했으며, 2월 11일에 <汉语拼音方案에 관한 결의>를 통과시켰다. 당시 오옥장은 "한어병음방안은 한자의 주음과 보통화의 표기에 대한 식자(识字)의 촉진, 발음의 통일 및 보통화의 교육으로서 광대한 백성의 언어학습 및 한자사용을 편리하게 하는데 목적이 있다."라고 언급하며 한어병음방안의 용도를 제시했다. 한어병음방안은 단지 중국어의 발음을 표기하는 규칙이지, 중국어를 표음문자로 만드는 방안은 아니었다. 그것은 전국에 표준어가 보급하기 전에 로마자로 표기하면 각 방언마다의 철자법이 달라서 혼란이 생기기 때문에 제정한 것이다. 그래서 한자의 학습을 용이하게 하고 표준어 보급의 보조수단으로 이용했지만, 실제는 병음문자의 실행 이후 신구문자가 과도기 속에서 한자의 불편한 점을 대신하였다. 특히 현대화를 위해 한자를 사용하기에 불편을 느끼고 있는 분야는 중국어 정보 처리시스템의 컴퓨터 입력문제였다. 그러나 병음-한자전환법의 연구, 색인의 배열 등에서 한어병음은 많은 성과를 발휘했다. 특히 1979년 국제연합의 제3차 지명표준화회의에서 중국지명 로마자모표기법의 국제표준으로 한어병음방안이 채택되었으며, 1982년 국제표준화조직에서 문헌작업을 할 때 중국어발음을 표기하는 국제표준이라고 명확히 규정했다.

문자 개혁 임무 중의 하나가 표준어의 보급이다. 민족 공통어의 보급은 민족언어의 통일이라는 중요한 사업일 뿐만 아니라 중국민족의 정치 경제 사회적 통일을 강화하고 민족간 국제간의 관계를 발전시키는 적극적인 기능을 가지고 있다. 중국어는 표의문자로써 한자를 사용하면 방언으로 발음하기 때문에 공통어 보급을 위해 표음자모를 사용하는 것이 효과적이다. 한어병음방안은 라틴화·음소화·구어화라는 원칙 아래 문체를 근대화하고 한어병음의 규범화하기 위해 방언이나 문언은 쓰지 않고 독음의 통일과 백화문 사용을 요구했다. 결과 신문의 문장이 반문언 반백화문에서 백화문으로 바뀌면서 방송과 TV도 대중이 듣고 이해할 수 있는 구어를 중요시했다. 또 표준어의 이독자(异读字)는 심음(审音)을 거쳐 표준 독음을 규정하고 자전의 주음도 기본적으로 통일되었다.

결국 표준어 보급 정도는 그 국가의 교육수준을 진단할 수 있는 하나의 기본지표이다. 그래서 1982년 12월 4일 개정한 헌법 제19조에서「국가는 전국적으로 통용되는 표준어를 보급한다」고 규정하여, 21일 교육부문자개혁위원회 등 15개 단체가「모두 표준어를 말하는 것에 대한 제안서」를 제출했다. 그리고 1986년 1월 6일부터 13일까지 개최된 전국「全国言语文字工作会议」에서 공통어의 보급활동을 적극적으로 실행해야 할 필요성을 주장했다.

## 연습문제

### 1 선택형

1. 다음 설명중 적절한 것 한 개를 찾으시오.( )

① "画儿"是一个音节, 两个汉字,一个语素。

② "画儿"是两个音节, 两个汉字,两个语素。

③ "画儿"是两个音节, 两个汉字,一个语素。

④ "画儿"是一个音节, 两个汉字,两个语素。

2. 다음 설명중 적절한 것 한 개를 찾으시오.( )

① "zhul"这个音节是由四个音素,四个字母组成的。

② "zhui"这个音节是由三个音素,四个字母组成的。

③ "zhul"这个音节是由四个音素,五个字母组成的。

④ "zhui"这个音节是由五个音素,四个字母组成的。

3. 다음 설명중 적절한 것 한 개를 찾으시오.( )

① "lùn"这个音节由三个音素, 四个音位组成。

② "lùn"这个音节由四个音素, 五个音位组成。

③ "lùn"这个音节由四个音素, 四个音位组成。

④ "lun"这个音节由三个音素, 三个音位组成。

4. 普通话声母中不送气清塞音是( )

① b, d, g ② j,zh, z ③ x, sh, s, r ④ n, l

5. 下列声母中送气音是 ( )

① s, sh ② f, h ③ j, zh ④ q, ch

6. 下列声母中浊音声母是 ( )

① n, l　② g, d　③ j, zh　④ z, q

7. 舌面前高不圆唇元音是 ( )

① u　② ü　③ e　④ I

8. 普通话声母中舌面音是( )

① b, p, m　② g, k ,h　③ z, c, s　④ j, q, x

9. 下列声母中鼻音是( )

① g　② d　③ m　④ r

2 다항 선택형

1. 声母g, k, h不能和(　)和(　)相拼。

① 合口呼　② 齐齿呼　③ 开口呼　④ 撮口呼　⑤ 闭口呼

2. "d"是(　)

① 舌尖中音　② 清音　③ 浊音　④ 塞音　⑤ 不送气音

3. "e"是 (　)

① 舌面元音　② 舌尖元音　③ 后元音　④ 半高元音　⑤ 不圆唇元音

4. 下列辅音中属塞擦音的有(　)

① g, k, h　② j, q　③ d, t, n　④ z, c　⑤ zh, ch

5. 下列辅音中属舌尖前音的有(　)

① z　② c　③ s　④ r　⑤ h

6. 下列元音中属后半高元音的有(　)

①o　②i　③u　④e　⑤ê

7. 下列韵母中属合口呼韵母的有(　)

①u　②uo　③üe　④r　⑤ueng　⑥ua

8. 下列音节中有两个鼻音的是(　)

①nan　②máng　③láng　④nang　⑤màn

## 3 ○× 문형

1. 语音具有物理性质、生理性质和社会性质等三种性质,前两种性质可概括为语音的自然性质,社会性质是语音的本质性质。( )

2. 音素是按语音的物理性质划分出来的最小语音单位, 音位是从生理性质和社会性质划分了出来的最小语音单位。( )

3. 音高就是声音的大小,它是由发音用力的大小决定的。( )

4. 语音的四要素是声母、韵母、调值、调类。( )

5. 普通话的辅音分为清音和独音两类是根据发音部位分出来的。( )

6. 普通话语音的独辅音有:b、d、g、z、共五个。( )

7. 普通话的韵母分为单元音韵母、复元音母,鼻韵尾韵母三类, 是以韵头作标准划分出来的。( )

8. 普通话的韵母分为开口呼韵母、齐齿呼韵母、合口呼韵母、撮口呼韵母四类,是以音素结合的特点作标准划分出来的。( )

9. 汉语普通话的轻声就是发音比较轻, 是由音强决定的。( )

10. 汉语普通话音节拼写最长的包括四个音素, 四个字母。( )

11. "jing(精)"这个音节的"i"是韵头。( )

12. "不敢高声语, 恐惊天上人。"中的"高声"指的是音高。( )

13. "小孩说话声音尖。"尖"指的是音强高。( )

14. 音素和音位都是语音的最小单位,因此, 在音节分析中它们的 数目是一致的, 例如:"jia(就)"这个音节, 是由三个音素, 也是由三个音位构成的。( )

15. "yë(也)"和"she(舍)"中的字母"e"表示的是同一个音位。( )

16. "zhang(张)"这个音节里有五个音素音位和一个声调音位。( )

17. 汉语拼音方案中, 用字母"表示了舌面前高元音, 舌尖前高元音, 舌尖后高元音三个音位。( )

18. 汉语普通话一共有21个声母。( )

19. "fang(防)"和"n"和"ln(烦)"中的"n"是一个音。( )

20. "s"是舌尖前送气清擦音。( )

21. 在汉语语音中, "m"只作声母, 不作韵尾;"ng"只作韵尾, 不作声母; "n"既作声母, 又作韵尾。( )

22. 普通话中, "暂"和"站"都拼作"zhan"。( )

23. 信阳人可以把"蓝衣服"说成"男衣服", 这是条件变体。( )

24. "zì", zhì"、"jìng"这三个音节的韵母都是齐齿呼韵母。( )

25. "jia", "jing","jin"."qi"え区四个音节的韵母属于齐齿呼韵母。( )

26. "ja","jué","yue"这几个韵母的韵头都是"u"。( )

27. 汉语中, 包括方言,调值相同的, 调类一定相同。( )

28. 轻声有区别意义作用, 所以轻声也是普通话中的一种声调。( )

29. "老鼠","老子(父)"中的前一个音节都是上声, 后一个音节都读轻声, 按变调规律, 前一音节一律变读阳平。( )

30. "回答"和"答应"中的"答"拼为"da"。( )

# 제3장 어휘

## 1. 어휘개요

어휘는 언어 속의 공통된 성격을 가지는 모든 단어와 구의 총체이다. 어휘는 단어, 구, 문장을 만드는 기본단위이며, 단어와 어휘 구성은 개체와 전체의 관계이다. 한 언어는 수십만 개의 단어가 있지만, 어휘 구성은 복잡하고 서로 다른 성질과 기원을 가진 단어들의 총체이다. 중국어 어휘는 고대한어 어휘, 근대한어 어휘, 현대한어 어휘, 지역 방언, 외래어, 신조어 등 모든 단어뿐만 아니라, 고정어(성어, 관용어, 헐후어, 속담 등)를 포괄한다. 즉 어휘는 언어 중의 단어와 숙어의 집합체이다.

어휘는 언어를 구성하는 중요한 재료이다. 사람들은 단어를 통해 말로 의사소통을 하고, 글로 자신의 생각을 전달한다. 이 말과 글에는 일정한 문법규칙이 단어를 유기적으로 결합하여 자신의 의견을 전달한다. 어휘 자료가 많을수록 의사소통 과정에서 전달하려는 내용이 생동감이 있다. 유명한 작가들의 작품이 재미있는 원인은 그들이 활용하는 풍부한 어휘와 관계가 있다.

현대한어 어휘의 특징은 매우 뚜렷하다. 첫째는 대다수 형태소가 단음절로 의미를 가지고 있기 때문에 자유롭고 단어 구성 능력이 뛰어나다. 둘째는 대부분의 단어가 이음절로 구성되어 형태가 짧고 명료하다. 셋째는 단어의 구성방식이 자유롭고 다양하다. 단음절의 뜻을 가진 형태소를 토대로 만들어져 단어의 의미를 이해하기 쉽다.

현대한어의 어휘체계는 크게 형태소, 단어, 숙어의 세 부분으로 나뉜다.

## 2. 형태소

### 1) 형태소(语素)의 개념

형태소는 단어를 만드는 소리(音)와 의미(义)가 결합체이며 최소의 문법단위이다. 문장을  분석할 때 더 이상 나눌 수 없는 언어단위이다. 예를 들면 “我喜欢吃葡萄.”에서 “我, 喜, 欢, 吃”은 더 작은 언어단위로 나눌 수가 없다. “葡萄”는 葡와 萄로 나눌 수 있지만 의미가 없어 형태소가 될 수 없다. 葡萄는 두 음절이 합쳐져야 완전한 의미를 나타내는 최소의 소리와 의미의 결합체이며 형태소가 된다.

중국어의 문장은 여러 개의 구 또는 단어로 나눌 수 있으며, 단어는 다시 더 작은 단위로 나눌 수 있다. 단어는 단음절, 이음절, 다음절로 구성되어 있는데, 단음절 형태소는 중국어 형태소의 기본 형식으로 ‘语’, ‘言’, ‘天’, ‘人’, ‘民’, ‘化’, ‘员’ 등 모두 의미가 있을 뿐만 아니라, 의미가 있는 더 작은 单位로는 나눌 수 없다. 이음절형태소(双音节语素)는 ‘葡萄’, ‘玻璃’ 등으로 ‘葡, 萄, 玻, 璃’와 같이 나누면, 본래의 뜻과 관련된 어떤 의미를 가지지 못하므로 형태소가 되지 않는다. 다음절 어소는 주로 음역한 외래어(예 凡士林, 奥林匹克) 등이다.

### 2) 형태소의 분류

중국어의 형태소는 서로 다른 세 가지 기준에 따라 하위부류로 나누어진다.

첫째, 형태소의 음절에 근거하여 단음절형태소와 다음절형태소, 둘째, 활동 능력에 따라 자유형태소와, 반자유형태소, 부자유형태소, 셋째, 형태소의 실질 의미(어휘 의미)의 존재 여부에 따라 그 자체에 실질적인 어휘 의미를 지니는 실질 태소(어휘형태소)와 그 자체의 어휘 의미는 없이 실질형태소에 붙어서 문법적 관계나 기능만을 나타내는 형식형태소(문법형태소)로 나누어진다.

### (1) 음절 형식

**① 단음절 형태소**

羊 文 跑 生 安 坚 -- 실질(어휘) 형태소
了 吗 老 第 子 们 -- 형식(문법) 형태소

**② 다음절 형태소**

㉠ **연면어(连绵语)** : 습관적으로 두 개의 음절이 연속(连缀)되어 하나의 뜻을 표현하며, 분리되면 의미를 갖지 못하는 단어를 가리킨다. 다음 네 종류가 있다.

* 성모(声母)가 같은 쌍성(双声)의 경우

彷佛 마치~인듯하다　伶俐 영리하다　参差 가지런하지 못하다

* 운모(韵母)가 같은 첩운(叠韵)의 경우

从容 침착하다　灿烂 찬란하다　莽茫 망망하다

* 쌍성(双声)도 첩운(叠韵)도 아닌 경우

芙蓉 연꽃　蝴蝶 나비

* 동일의 글자를 잇달아 쓴 중첩(重叠)의 경우

匆匆 분주한 모양　津津 흥미진진하다

㉡ **의성어·의태어** : 소리 또는 모습을 나타내는 말

丁当 딸랑딸랑　哗啦 콸콸　轰陵 쿵쿵　嘀咕 속닥거리다

㉢ **음역어** : 외래어를 중국어로 소리만 본떠 만든 단어

고대서역 : 葡萄 포도 琉璃 유리 石榴 석류 琵琶 비파

인도불교 : 菩薩 보살 罗汉 나한 和尚 승려 佛 부처 塔 탑

몽고어 : 胡同 골목 蘑菇 버섯 站 정류소

영어 : 沙发 소파 扑克 카드 坦克 탱크

러시아어 : 苏维埃 소비에트 伏特加 보드카

프랑스어 : 沙龙 살롱 蒙太奇 몽타주

### (2) 활동성

#### ① 자유형태소

자유형태소는 단독으로 단어가 될 수 있으며, 다른 형태소와 결합하여 합성어를 만들어 앞·뒤에 자유롭게 놓일 수 있다. 예를 들면 "水"는 그 자체로 현대 중국어에서 단어의 기능을 하면서도, 다른 형태소와 결합하여 "水产, 水平, 湖水, 泉水,"와 같은 많은 단어를 형성하게 된다.

人民 인민 工人 노동자 树枝 나뭇가지 树苗 묘목

脚印 발자국 脚尖 발끝 走兽 짐승 走廊 복도

#### ② 반자유어소

반자유어소는 단독으로 단어가 될 수 없으나, 다른 형태소와 결합하여 자유롭게 합성어를 만들 수 있다. 예를 들면 "语"는 단독으로 사용되어 현대 중국어의 한 단어로 존재할 수 없지만, "语言, 语音, 语法, 语文" 와 "汉语, 口语, 母语," 등과 같은 단어를 구성할 수 있다. 즉 "语"는 다른 형태소와 결합되어 단어를 이룰 수 있으며, 이 때 위치가 앞과 뒤 모두 가능하다는 것을 알 수 있다. 이러한 유형의 형태소를 半자립 형태소라 부른다.

耳朵 귀 鼻子 코 金子 금 氧气 산소 老虎 호랑이 电讯 전보

#### ③ 부자유어소

부자유어소는 단독으로 단어가 될 수 없고, 반드시 다른 형태소와 결합하여 합성어를 구성할 수 있다. 다른 형태소와 결합하여 단어를 만들 때도 그 위치가 반드시 정해져 있다. 이를 의존 형태소라고도 하는데, 항상 다른 형태소에 의존하여 쓰이는 형태소이다.

教师 교사　护师 간호사　勇士 용사　士兵 사병　主观 주관　观察 관찰

教员 교원　员工 종업원　丈夫 장부　夫人 부인　夫妻 부부

## (3) 의미

### ① 실질형태소(어휘형태소)

그 자체 충분한 의미를 지니며 새로운 어휘를 만들 수 있는 형태소를 말한다. 형태소와 형태소가 결합되어 단어를 만들거나 복합어를 구성할 때 어근으로 작용한다.

父 人 山 马 民 北 -- 명사성 형태소

立 出 想 要 行 吃 -- 동사성 형태소

高 底 大 小 方 红 -- 형용사성 형태소

### ② 형식형태소(문법형태소)

그 자체에 실질적인 의미가 없으면서, 어휘 형태소에 결합되어 말과 말 사이의 관계를 형식적으로 표시하는 형태소를 말한다. 형식형태소의 특징은 다른 형태소와 결합될 때 그 위치가 고정적이게 된다. 또한 형식형태소는 단독으로 단어를 이루지 못하고 항상 다른 어휘 형태소와 결합되어야만 단어가 된다.

㉠ 접사 : -们 -儿 -子 -得- 老- 阿- -头

㉡ 어기조사 : 阿 吗 的 了

㉢ 구조조사 : 的 得 地

㉣ 동태조사 : 了 着 过

㉤ 부사·전치사·접속사 : 已 就 把 在 越 而 但

## 3. 단어(词)의 내부구조

단어는 음성형식을 가지고 있으며, 독립적으로 운용될 수 있는 최소의 언어단위이다. 독립적 운용은 단어에 문법기능이 있어 자유롭게 문장을 짓는데 사용 할 수 있고, 문장성분이 될 수 있는 최소의 단위를 말한다. 단어는 문장을 지을 때는 다른 단어와 연결하여 구조관계를 나타낸다. 예를 들면 "马跑得快", "他会骑马"처럼 马는 문장에서 주어가 되기도 하고 목적어가 되기도 한다. 최소의 언어단위라는 것은 단어가 의미를 가지고 있고 더 이상 나눌 수 없는 말이다.

단어는 음절 형식에 따라 단음절어, 이음절어, 다음절어로 나눌 수 있고, 의미에 따라 실사(实辞 : 명사, 동사, 형용사, 수사, 양사, 대체사)와 허사(虚辞 : 부사, 전치사, 조사, 감탄사, 의성사)로 나눌 수 있으며, 단어의 내부 구성형식에 따라 단순어와 합성어로 나눌 수 있다.

### 1) 단순어

하나의 형태소로 구성된 단어를 단순어라고 한다. 이 단어는 단음절일 수도 있고, 쌍음절일 수도 있다.

#### (1) 연면어

① 두 개의 음절이 완전히 같은 것(重叠)

隆隆 우르릉　爸爸 아버지　茫茫 아득하다　滔滔 도도하다

② 두 음절의 성모가 같은 것(双声)

伶俐 총명하다　忐忑 마음이 불안하다　犹橡 마치~과같다　郑重 정중하다

③ 두 음절의 운모가 같은 것(叠韵)

逍遙 소요하다 彷徨 방황하다 徘徊 배회하다 堂皇 화려하고 훌륭하다

④ 두 음절이 완전히 다른 것

芙蓉 연꽃 玻璃 유리 葡萄 포도 垃圾 쓰레기

(2) 음역어 : 외래어를 원래의 발음으로 독음한 것

高尔夫 골프 咖啡 커피 尼龙 나일론 奥林匹克 올림픽

## 2) 합성어

합성어는 두 개 이상의 형태소로 구성된 것이다. 형태소 사이의 관계에서 볼 때 합성어의 결합 방식에 따라 연합식, 수식식, 술목식, 술보식, 주술식, 부가식과 중첩식등 일곱 가지로 나눌 수 있다. 그중 연합식, 수식식과 부가식 합성어가 가장 많다.

### (1) 연합식

연합식 합성어는 a, b류로 나눌 수 있다. a류는 두 개의 뜻이 서로 같거나 서로 비슷한 형태소로 구성되었다. 예를 들면

a. 人民 국민 停止 정지 奇怪 이상하다

b류는 뜻이 서로 반대 혹은 상대의 형태소로 구성되었다. 예를 들면

b. 东西 물건 开关 개폐기 大小 크기

단어의 의미를 보면, a류는 두 개 형태소의 뜻을 그대로 따르며, b류는 두 개 형태소의 본뜻에 변화가 발생하였다. 어떤 것은 새로운 뜻을 생성하였고, 어떤 것은 본뜻을 보존하였다. "东西, 开关"은 물품, 大小는 체적을 가르킨다.

### (2) 주술식

의미상 앞의 형태소가 진술대상, 뒤의 형태소는 진술내용이 되는 형식을 말한다.

a. 명사 : 地震 지진　日出 일출　民主 민주

b. 동사 : 心疼 가슴이 아프다　心软 마음이 여리다　眼热 부러워하다

c. 형용사 : 风流 풍류스럽다　人造 인공　性急 성격이 급하다

### (3) 수식식(偏正式)

앞의 형태소가 뒤의 형태소를 수식 혹은 제한하는 형식을 말한다.

a. 명사형태소 + 명사형태소

鸡蛋 계란　粉笔 분필　书架 책꽂이

b. 형용사형태소 + 명사형태소

温泉 온천　红旗 홍기　高粱 수수

c. 형용사형태소 + 동사형태소

迟到 지각　热爱 열애하다　静坐 정좌하다

d. 동사형태소 + 명사형태소

睡衣 잠옷　拖鞋 슬리퍼　闹钟 자명종

e. 명사형태소 + 형용사형태소

冰凉 매우 차다　火热 불처럼 뜨겁다　桔黄 오렌지 색

### (4) 보충식

어근 사이에 보충설명의 관계에 있다. 일반적으로 뒤의 어근이 앞의 어근을 보충설명 한다.

a. 동사형태소 + 동사형태소

打倒 타도하다　揭穿 폭로하다　煽动 선동하다　扭转 돌리다

b. 동사형태소 + 형용사형태소

放大 확대하다　说明 설명하다　减少 감소하다　抓紧 꽉쥐다

### (5) 술목식

의미적으로 앞의 형태소가 행위나 동작을 나타내고, 뒤의 형태소는 동작, 행위의 지배대상을 나타낸다.

a. 동사형태소 + 명사형태소

出版 출판하다　留心 주의하다　放心 마음 놓다

b. 형용사형태소 + 명사형태소

满意 만족하다　热心 열심이다

### (6) 부가식

형태소에 근거하여 단어를 어근, 접두사와 접미사로 나눌 수 있다. 단어의 기본 의미를 구현하는 형태소를 어근이라 부른다. 어근의 앞에 교착하여, 어떤 종류의 부가 의미를 표시하는 어소를 접두사라 하며, 어근의 뒤에 교착하여, 어떤 종류의 부가 의미를 표시하는 어소를 접미사라 한다. 접두사 혹은 접미사를 어근상에서 교착한 구성 방식을 부가식이라 부른다. 부가식 합성어는 아래의 두 종류가 있다.

a. 접두사 + 어근

중국어의 접두사는 오직 "弟, 老, 初, 阿" 등 소수가 있다.

第——第一　第二 ('第'는 수사 앞에서 서수를 나타낸다)

老——老大　老二 (排行)

老张　老李 (친숙한 사람에 대한 칭호)

老乡　老婆　老师　老弟 ("老"는 나이가 아니다)

初——初一　初二　初十 (중국 음력의 매달 앞 10일을 나타낸다)

初春　初雪　初稿　初变

b. 어근 + 접미사

중국어의 접미사 대부분 경성으로 읽고, 광범위하게 쓰이는 접미사는 "儿 ,子, 头"이다.

儿——根儿 字儿 画儿 包儿 这儿 那儿 老头儿 小孩儿
子——桌子 椅子 胖子 个子 条子 剪子 刷子 傻子
头——石头 木头 前头 后头 苦头 甜头 看头 吃头

"儿, 子, 头"은 중국어에서 음절의 형태소를 이루지 못하고, 형태소 뒤에 붙어서 단어를 만드는 역할을 하고 있다.

이 밖에 중국어의 접미사는 또 "者, 然, 于, 家, 手, 员, 性, 观, 论, 化, 于, 巴" 등이 있다. 그러나 허사화의 정도는 "儿, 子, 头"보다 높지 못하다. 예를 들면

者—作者 读者 记者 革命者 (개인 혹은 사물의 명사)
然—忽然 当然 果然 自然 虽然 (부사, 형용사 혹은 연사)
于—属于 难于 善于 对于("于"를 동반한 접미사는 대부분이 동사 혹은 전치사이다)
家—画家 作家 科学家 政治家 (직업에서 전문가)
手—歌手 旗手 选手 能手 (손으로 쥐고 하는 일의 기술 혹 일하는 사람)
员—教员 演员 服务员 飞行员 (직업에서 일을 하는 사람)
性—人性 弹性 斗争性 积极性 可能性 必然性 (추상명사)
观—主观 客观 悲观 人生观 宇宙观(사물에 대한 지식 혹 방법)
论—唯心论 相对论 方法论 多元论 (어떤 종류의 학설 지명)
化—美化 现代化 自动化 人格化(변화의 의미)

또 한 종류의 부가식은 명사형태소, 동사형태소 뒤에 첩음이 끝에 붙어서 형용사를 만드는 것과 형용사의 뒤에 첩음이 붙어 형용사를 생동감 있게 하는 효과가 있다.

眼巴巴 간절히 바라다 水汪汪 초롱초롱하다 热乎乎 뜨끈뜨끈하다
白花花 새하얗다 酸溜溜 시큼하다 绿油油 새파랗다

### (7) 중첩식

어근이 중첩되어 만들어진 단어이다.

a 명사　: 哥哥 형　乖乖 귀염둥이　星星 별　本本 책

b. 형용사 : 悠悠 유구하다　蒙蒙 성대하다　愤愤 몹시 화가 나다

c. 부사　: 统统 모두　偏偏 공교롭게　渐渐 점점

형태소의 중첩은 동물의 명칭, 친족의 칭호, 아이에 관한 애칭, 물건의 명칭 등을 나타낸다.

## 3) 약칭

### (1) 약칭

중국어 가운데 일부 복잡한 명칭은 혹은 고정구(단어 결합)를 간단화한 호칭이다. 단어를 압축하여 간단한 명칭으로 나타내며, 서로 하나의 단어로 사용된다.

| | |
|---|---|
| 中国人民政治协商会议 → 政协 | 奥林匹克委员会 → 奥委会 |
| 科学技术 → 科技 | 旅行遊览 → 旅遊 |
| 外交部长 → 外长 | 整顿作风 → 整风 |
| 工业·农业 → 工农业 | 教员·职员 → 教职员 |
| 人民代表大会 → 人大 | 联合国安全理事会 → 安理会 |

### (2) 유형

#### 가. 단어의 축소

전칭 가운데 몇 개의 성분구조 약칭을 유출할 수 있다.

a. 解放军 → 中国人民解放军

卫生部 → 中华人民共和国卫生部

b. 工农业 → 工业, 农业

青少年 → 青年, 少年

c. 外长 → 外交部长

归侨 → 归国华侨

이상 a류는 전칭의 중심어로 축소하고, b류는 2개의 병렬 수식성분을 1개의 중심어로 공용한다. c류는 전칭중의 처음과 끝을 뽑아낸 것이다.

### 나. 수사축약어

숫자로써 공통성질을 가지고 있는 몇 가지 사물이나 행위를 개괄한다.

身体好·学习好·工作好 → 三好

废渣, 废水, 废气 → 三废

工业现代化·农业现代化·国防现代化·科学技术现代化 → 四化

### 다. 약칭 구성의 새로운 단어

일부 약칭은 이미 일정하여 고정불변하며, 점차 차례로 새로운 단어로 변한다.

化工 (化学工业) 화학공업

增产 (增加产量) 증가산량

外贸 (对外贸易) 대외무역

文教 (文化教育) 문화교육

化肥 (化学肥料) 화학비료

整风 (整顿作风) 정돈작풍

外资 (外国资本) 외국자본

科技 (科学技术) 과학기술

## 4. 단음절어와 다음절어

하나의 단어는 특정한 음성형식이 있다. 그래야 단어가 존재하며 인식할 수 있다. 내용은 있으나 형식이 없는 것은 개념일 뿐이고, 단어가 될 수 없다.

단음절 단어는 하나의 음절로 구성된 단어이다. 문장에서 두 개의 한자로 쓰인 儿化音도 포함된다. 예를 들어 '天 花 红 人 水 把儿 面儿 盆儿' 등은 단음절어이다.

현대중국어의 어휘는 대부분 두 개 이상의 형태소로 구성된 합성어이다. 음성에서 단음절어가 자연스럽게 적어 졌다. 구어에서 상용 동사, 조사, 접속사, 전치사는 대부분 단음절어이다. 신조어에서 화학원소를 나타내는 단어를 제외하고는 다음절어가 많다.

다음절어는 두 개 이상의 음절로 구성된 단어이다. 현대중국어는 단음절어에 비하여 다음절어가 절대적인 양을 차지한다. 다음절어는 음절의 수에 따라 이음절, 삼음절, 사음절 등으로 나뉜다. 이음절어는 현대중국어 어휘의 기본 형식으로 85% 정도를 차지한다. 삼음절어의 구성 방법은 이음절 단어를 기초로 '性, 队, 感', '热, 族, 力, 界, 家' 등의 단음절 형태소를 결합해서 만든 것이다. 또 하나는 단음절어를 기초로 이음절 형태소를 결합하여 만든 형용사들이다.

可能性　宣传队　责任感　旅遊热　教育界　红艳艳　甜蜜蜜

사음절어는 '希望工程, 人造卫星, 罗马尼亚, 奥林匹克' 등이 있다.

## 5. 단어의 의미

단어의 의미는 한 단어가 표현하는 의미이다. 단어는 음성과 의미의 결합체로 일정한 음성형식과 의미 내용을 가지고 있어 단독으로 활용되는 최소단위이다. 예를 들면 '眼馋'란 단어의 음성형식은 yǎnchán이고, 단어의 의미는 '자기가 좋아하는 사물을 보면 가지고 싶어 한다, 보고 탐내다'는 뜻이다. 단어의 집합인 어휘 속에는 문법적 의미를 지닌 단어와 어휘적 의미를 지닌 단어가 있다. 어휘적 의미를 나타내는 단어를 실사라고 한다. 실사의 어휘적 의미는 여러 가지 복잡한 의미 관계에서 형성된다. 즉, 단어마다 모두 특징이 있다. 어떤 단어는 의미가 많고 어떤 단어는 의미가 적고, 어떤 단어는 추상적이고 어떤 단어는 구체적이든, 모두 의미가 없는 단어는 존재하지 않는다. 단어의 의미는 객관적인 사물 현상에 대한 반영으로 개념을 형성하여 음성 형식으로 기록한 것이다. 이를 분석하려면 단어의 의미가 가지는 특징을 살펴보아야 한다.

첫째 단어의 의미는 사람들의 인식 속에 반영된 객관적 사물과 현상을 가리킨다. 둘째 단어의 의미를 정확하게 반영하려면 단어의 의미가 나타내는 대상의 범위에서 대상의 공통성과 본질적 특징들을 개괄해야 한다. 셋째 객관적인 사물과 현상에 대한 사람들의 표현이나 인식이 다양하다. 그러므로 단어 의미 역시 다양하다. 단어 의미는 여러 가지 구체적이고 추상적인 사물(人, 草, 动物, 飞机, 思惟, 感情 등)을 반영할 수 있고, 여러 가지 동작 행위의 변화(走, 跳, 攻击, 进化 등)를 반영할 수도 있으며, 여러 가지 성질이나 상태(大, 红, 雄伟, 肥沃, 优良 등)를 반영하기도 한다.

### 1) 단어 의미의 종류

어휘적 의미를 표현하는 실사(实词)는 모두 개념과 관련된 핵심적인 의미를 가지고 있다. 이것은 사람들이 이성적으로 판단하고 이해할 수 있는 기본 의미이다. 이렇게 이성적으로 설명할 수 있는 의미를 단어의 개념 의미라고 한다. 또는 단어의 의미는 사전 의미와 부가 의미로 나누기도 한다. 사전 의미는 단어 의미의 핵심이고, 개념 의미에 부속되는 부가적인 의미는 단어 의미에서 사전 의미를 제외한 색채의미와 문화의미를 포함한 주관적인 평가의 의미이다.

### (1) 개념 의미

단어의 개념의미를 이성의미, 사전의미, 논리의미라고도 한다. 단어의 개념의미는 객관적인 사물의 본질적 속성이 인간의 두뇌에 개괄적으로 반영된 것이라고 할 수 있다. 즉, 지시 대상이나 현상이 다른 것과 구별되는 특징을 개괄적으로 설명하는 것으로 주로 사전에서 단어를 설명하는 내용을 말한다.

花茶 재스민 같은 향기로운 꽃잎으로 만든 차

위 단어의 사전의미는 화차를 다른 사물과 구별시키는 본질적인 특징이다. 우리가 흔히 말하는 사전적 의미가 이에 해당한다.

### (2) 색채 의미

색채의미에는 문체 색채, 감정 색채, 형상 색채 등이 들어 있다.

#### ① 감정 색채

단어의 감정 색채는 객관적 사물에 대한 주관적 평가를 반영한다. 단어의미가 지니는 긍정·부정의 태도를 표시하는 것을 말한다. 단어의미가 객관적인 사물에 대해 긍정적인 평가를 가지고 있으면 일반적으로 칭찬하는 감정색채를 가지고 있다. 반면에 단어의미가 객관적인 사물에 대해 부정적인 평가를 가지고 있으면 일반적으로 비난하고 배척하는 감정색채가 담겨 있다. 예를 들면 成果, 结果, 後果의 사전 의미는 '사물이 발전한 마지막 상태', 또는 '마지막 결말'로 같지만, 단어의 감정 색채는 모두 다르다. 成果는 긍정적 의미의 색채를 가지고 있는 포의어(褒义语)라고 한다. 반면에 後果는 좋지 않은 결과를 나타내는 부정적 의미의 색채를 지닌 폄의어(贬义语)라고 한다. 结果는 단순한 결과를 의미한다.

② 문체 색채

문체 색채를 보면 妈妈와 母亲의 단어는 사전 의미가 같지만 부가 의미는 다르다. 妈妈는 구어의 색채이지만 母亲은 서면어의 색채이다.

③ 형상 색채

형상 색채는 사람들이 생생하고 구체적인 느낌을 갖는다. 예를 들어 사물의 특징을 묘사한 云海(운해), 동태적인 것을 강조한 狂风(광풍), 색깔로 나타낸 黄昏(황혼), 미각으로 나타낸 蜜月(허니문), 소리로 표현한 布谷鸟(뻐꾸기) 등의 단어는 형상을 두드러지게 묘사한 색채이다.

④ 문화 색채

문화의미는 문화 색채를 가지고 있는 단어의 의미이다. 모든 민족은 자신들의 풍속습관, 사고방식, 민족적 정서 등을 가지고 있다. 이러한 문화적 특징이 단어 의미에 반영된 것을 문화의미라고 한다. 문화의미는 문화적인 원인으로 만들어지는 상징의미와 연상의미로 나눌 수 있다. 상징의미를 보면 鸳鸯(원앙)의 사전 의미는 '암컷과 수컷이 짝을 지어 물가에서 생활하는 새'이다. 이를 중국인은 부부에 비유한다. 연상의미를 보면 '四'는 '死', '八'는 '发'로 하나의 개념을 비슷한 발음의 다른 글자를 연상하게 한다.

### 2) 의미항목(义项)과 의소(义素)

#### (1) 의미항목(义项)에 따른 분류

① 단의어

한 개의 단어가 처음 만들어졌을 때 太阳(해), 月亮(달), 老虎(호랑이)처럼 하나의 뜻만 가진다. 어휘의 발전과정에서 어떤 단어는 원래의 뜻이 여러 가지 뜻으로 파생된다. 뜻이 하나인 것을 단의어, 뜻이 여러 개인 것을 다의어라고 한다. 예를 들어 熟은 饭熟了.(익다), 我们很熟.(익숙하다), 稻子熟了(벼 이삭이 여물다) 등 몇 가지 뜻을 가지고 있다.

#### ② 다의어

다의어는 글을 다양하게 표현할 수 있는 단어이다. 다의어는 단의어에서 의미가 파생된 것이다. 한정된 음성형식에 무한한 인간의 감정을 표현하기 위해 많은 의미를 부여한 것이다. 그 단어의 의미를 학습할 때는 여러 가지 뜻을 잘 살펴서 이해해야 한다.

한 단어의 뜻이 여러 개의 뜻으로 나누어 질 때, 뜻의 성격이 서로 다르기 때문에 본래의미, 기본의미, 파생의미, 비유의미로 나눌 수 있다.

深은 기본의미가 '깊다'였으나, '정도가 높다(这本书太深), 시간이 길다(深夜), 색깔이 진하다(颜色很深)' 등으로 파생되어 쓰인다.

红은 기본의미가 색깔을 의미하지만, 혁명을 상징하는 비유의미를 지닌 红军(홍군)으로 쓰인다.

### (2) 의미장(义场)에 따른 분류

#### ① 동의어

##### ㉠ 의미

일반적으로 둘 이상의 단어가 같거나 비슷한 의미를 가지고 있을 때 동의관계(同义关係 synonymy)이고, 단어의 짝을 동의어라고 한다. 흔히 두 단어가 같으면 동의적이라고 하지만, 서로 비슷한 것까지를 포함하는 말인지가 분명하지 않다. 그래서 언어학자들은 의미가 완전히 동일한 경우만을 동의어로 보고, 의미가 비슷하지만 교체할 수 없는 경우는 유의어(类义语)라고 한다. 그러나 엄밀한 의미에서 의미가 완전히 동일한 둘 이상의 단어는 존재하지 않는다고 가정하는 것이 일반적이다. 그렇다면 동의관계는 없고 유의관계만이 존재한다고 할 수 있는데, 이 때의 동의관계는 포괄적으로 유의관계를 의미한다고 할 수 있다.

ⓛ 유형

a. 완전동의어

의미가 완전히 같고 쓰이는 경우가 완전히 같은 절대적 동의어를 말한다.

气力 - 力气 힘　语法 - 文法 문법

b. 불완전동의어

부분적인 의미나 사전적인 의미는 같지만, 단어의 색채나 용법에 차이가 있는 단어들을 말한다.

进行口试 - 进行考试 시험을 보다　儿童公园 - 孩子公园 어린이 공원

ⓒ 동의어의 분석과 변별 방법

동의어는 언어표현에 중요한 요소이다. 표현하려는 뜻을 섬세하고 정확하게 해준다. 의사소통을 원활하고 정확하게 하고 어휘력을 풍부하게 하려면 많은 의미를 가지고 있는 동의어의 미세한 차이를 분별할 수 있어야 한다. 동의어를 식별하는 방법은 다음 세 가지 원칙에 따라 분석할 수 있다.

㉮ 색채분석법

a. 감정적인 색채가 다른 것

어떤 동의어의 기본의미는 같지만 화자가 사물을 표현하는 의미는 긍정적이고 칭찬, 사랑하는 포의적인 태도일 수 있고, 부정적이거나 비난, 혐오하는 폄의적인 태도일 수도 있다. 그리고 사물에 대한 포폄의 감정을 드러내지 않는 중립적인 의미를 갖는다. 예를 들면 鼓动, 发动, 煽动의 세 단어의 기본의미는 모두 행동하도록 재촉하는 것이다. 鼓动은 분발하도록 밀고 나가는 포의이고, 发动은 다른 사람이 행동을 하도록 하는 중성어이며, 煽动은 다른 사람이 나쁜 일을 하도록 시키는 폄의이다.

포의 : 坚强 견강하다　爱护 애호하다　成效 성과

폄의 : 顽固 완고하다　庇护 감싸다　　後果 결과

중성 : 顽强 완강하다　保护 보호하다　效果 효과

b. 문체적인 색채가 다른 것

어떤 동의어는 단지 어떤 한 종류의 문체에만 나타나고, 어떤 동의어는 다른 종류의 문체에서만 나타난다. 예를 들면 구어는 생동감이 있는 생활언어의 색채가 강하지만, 서면어는 정중하고 우아한 풍격으로 문장이나 공식적인 장소에서 주로 쓰인다.

구어와 서면어 : 爸爸 - 父亲 아버지　生日 - 诞辰 생일　红火 - 热闹 번화하다

방언과 보통화 : 知道 - 晓得 알다　地瓜 - 红薯 고구마　脚踏车 - 自行车 자전거

전문용어와 일반어 : 抵达 - 到达 도착하다

### ㉴ 의미분석법

a. 의미상 경중의 차이

어떤 동의어는 특징이나 정도면에서 의미의 轻重을 나타낸다. 경중이 다르다는 것은 한 집단내에서 의미의 고저, 강약, 경중의 차이가 있다는 것이다. 예를 들면 爱惜과 珍惜의 기본의미는 같지만, 爱惜은 소중히 여기다이고, 珍惜은 귀중한 물건을 지키듯이 아끼다는 의미로 爱惜보다 무거운 느낌이다.

失望 실망하다 - 绝望 절망하다　相信 믿다 - 坚信 굳게 믿다

b. 의미상 범위의 차이

어떤 동의어는 의미가 포함하는 범위가 크고 어떤 동의어는 범위가 작다. 지칭하는 것은 한 가지 사물이지만, 개념이 미치는 정도는 차이가 있다.

时期 시기 - 时代 시대　事件 사건 - 事故 사고　天气 날씨 - 气候 기후

c. 개체와 집체의 차이

어떤 동의어는 구체적인 사물의 개체를 어떤 동의어는 포괄적인 집체를 나타낸다.

树 나무 - 树木 수목　词 단어 - 词汇 어휘　书 책 - 书籍 서적

### ㉰ 기능분석법

a. 구조관계의 차이

어떤 동의어는 고정된 단어와 결합하여 혼용할 수 없다. 그러나 어떤 동의어는 항상 다른 단어와 결합해서 사용된다. 예를 들면 改善, 改正, 改进, 改良 등의 동의어는 결합대상이 다르다. 改善은 关係, 生活, 条件과 결합되고, 改进은 工作, 方法, 技术과 결합하며, 改良은 品种, 产品, 土壤 등과 결합된다. 자주 보이는 동의어의 상황은 아래와 같다. 그러나 동의어를 판별할 때는 여러 방면에서 종합적으로 분석해야 한다.

| 维持 : 生活, 秩序, 状况 | 保持 : 卫生, 健康, 记录 |
|---|---|
| 担任 : 工作, 职务 | 担负 : 责任, 任务 |
| 交换 : 礼物, 意见, 资料 | 交流 : 经验, 文化, 思想 |

b. 단어의 성질과 통사적 기능의 차이

어떤 동의어는 의미는 같지만, 품사와 문법기능의 차이가 있다.

永久(形) - 永远(副)　突然(形) - 忽然(副)　刚刚(副) - 刚才(名)

## ② 반의어

### ㉠ 의미

반의어는 두 단어가 서로 상반되거나 대립되는 의미를 가지고 있을 때, 반의관계(反意关係 antonymy)이고, 단어의 짝을 반의어라고 한다.

| 厚 두껍다 - 薄 얇다 | 粗 굵다 - 细 가늘다 | (형용사) |
|---|---|---|
| 天堂 천당 - 地狱 지옥 | 战争 전쟁 - 和平 평화 | (명사) |
| 爱 사랑하다 - 恨 싫어하다 | 建设 건설하다 - 破坏 파괴하다 | (동사) |

### ㉡ 유형

a. 절대반의어

완전히 반대의 의미를 가진다. 다시 말하면, 이것이 아니면 반드시 저것이라는 의미로서 중간 상황이 존재하지 않는 유형이다.

真 진실 - 假 거짓　出席 출석 - 缺席 결석　　　合法 합법 - 非法 불법

위에 서술된 반의어 중에는 중간 단계인 회색지대가 없다.

b. 상대반의어

상대적인 반대의 의미를 가진다. 이 유형의 반대 의미는 대립적인 두 가지 상황을 가진다. 이 유형의 특징은 중간 상태가 존재한다는 것이다.

美 아름답다 - 丑 추하다　　　大 크다 - 小 작다

困难 어렵다 - 容易 쉽다　　　胖 뚱뚱하다 - 瘦 마르다

위의 서술된 반의어는 대립된 양극을 나타낸다. 그러나 양극 사이에 모두 중간 상태가 존재한다. 예를 들면 "大"와 "小"의 중간에는 "中"이 존재한다.

### ③ 동음어

㉠ 의미

발음과 형태는 같으나 의미가 다른 두 개 이상의 단어를 동음어라 부른다. 동음어의 발음이 같다는 것은 성모, 운모, 성조 모든 것이 같다는 것을 의미한다.

要 필요하다 - 药 약　目的 목적 - 墓地 묘지　坐 앉다 - 做 하다

만약에 세 가지 중에서 하나라도 다르면 그것은 동음어가 아니다.

夫人 부인 - 富人 부자　　　东西 동서 - 东西 물건

㉡ 유형

a. 같은 형태의 같은 음의 동음어가 있다. 이를 同形同音语라고 부른다.

新生1 : 新生入学 신입생이 입학하다

新生2 : 获得新生 새 생명을 얻다

b. 다른 형태의 같은 음의 동음어가 있다. 이를 异形同音语라고 부른다.

必须 반드시 - 必需 꼭 필요하다　　　数目 숫자 - 树木 나무

현대중국어는 비교적 동음어가 많은 편이다. 그래서 의사소통에 혼란을 주기도 하고, 글을 쓸 때에도 많은 불편을 주기도 한다. 따라서 제2외국어를 중국어로 선택한 학습자에게 있어서는 특히 주의해야 할 부분이다.

## 6. 숙어

어휘 가운데 독립적으로 운용되는 단어 이외에 하나의 형태로 고정되어 일반인들이 일상적으로 사용하는 구(词组)를 숙어(熟语)라고 칭한다. 숙어는 전통적인 중국 언어학 용어가 아니라, 영어의 phraseology를 번역한 것으로 용어에 대한 명확한 개념이 설명되지 않고 사용되고 있다. 다만 숙어의 범위는 상당히 광범위하게 성어(成语), 속담(谚语), 관용어(惯用语), 헐후어(歇後语) 등을 포함하는 총체적인 개념으로 쓰이고 있다.

### 1) 성어

중국어의 성어(成语)는 오랫동안 이어져서 습관적으로 사용하는 그 구조가 고정된 형식과 구성성분을 갖추고 있다. 성어는 특정한 의미가 있으며, 문장 안에서 그 기능이 하나의 단어에 상당하는 어휘화된 단어결합을 말한다.

성어는 간결한 언어로 풍부한 의미를 포함한 중국민족의 언어현상이다. 중국민족의 역사배경, 자연환경, 경제생활, 문화전통, 풍속습관, 심리상태 등과 밀접한 관계가 있다. 그 근원은 고대문헌에 전해오는 각종 신화전설, 우언고사, 역사사실, 문인들의 문학작품, 일반대중의 구어 그리고 외래어 등에서 비롯되었다.

### 2) 속담(谚语)

속담(谚语)라는 어휘는 중국어에 널리 쓰이고 사용빈도가 높지만, 고문헌에서는 언(谚), 어(语), 비(鄙), 속(俗) 등으로 쓰였으며, 명청시기 이후의 小说에서는 속어(俗

语), 속화(俗话), 상언(常言), 고어(古语) 등의 용어들이 쓰였다.

속담(谚语)은 서민들의 생활에서 만들어진 통속적인 어휘이며, 구비전승의 언어로 서민들 사이에 떠돌아다니는 간결하고 진솔함이 깃든 언어형식이다. 속담(谚语)은 통속적이고 생동감이 풍부한 평이한 단문으로 대부분 구어의 형식이나 비유의 용법을 빌려 실제 생활 속에서 일어나는 경험과 느낌을 표현한 것이다. 속담은 복잡한 뜻을 간단하게 설명해 주고 생동감이 넘치며 상대방이 깊은 인상을 받아 기억하기가 쉽게 해준다.

黑猫, 白猫, 抓住老鼠才是好猫

검은 고양이든 흰 고양이든 쥐를 잘 잡는 고양이가 좋은 고양이다.

兵熊熊一个, 将熊熊一窝", "一将无能, 累死三军

병사가 무능하면 하나만 무능하나, 장수가 무능하면 전체가 무능해진다. 장수 한 명이 무능하면 군대 전체가 지쳐 죽을 것이다.

秀才遇大兵, 有理讲不清

수재가 병사를 만나듯 도리가 있어도 밝혀 말할 수는 없다.

横生枝节

뜻 밖에 지엽적인 문제가 발생하다

半路上杀出个程咬金

도중에 뛰어 나오다

### 3) 관용어(惯用语)

관용어는 역사가 오래 되었을 뿐만 아니라 현대의 생활에서도 대량 나타나고 있으며, 구조적으로는 고정되어 있으면서도 어느 정도의 융통성을 허락한다. 또한 관용어의 의미는 글자 그대로의 의미를 넘어서서 비유적인 새로운 의미를 나타낸다.

예를 들면 보통 다른 사람이 했던 일을 중복해서 하는 것을 '炒冷饭(되풀이하다)'이라 하고 상대를 치켜세우는 것을 '戴高帽子(치켜세우다)'라 하는데 구조상으로는 모두 구이다. 즉 '炒冷饭'은 '炒(볶다)'와 '冷饭(찬 밥)'이 결합한 것이고 '戴高帽子'는 '戴(착용하다)'와 '高帽子(아첨하는 말)'가 결합한 것이다. 그렇지만 '炒冷饭'이 나타내는 관용적인 의미는 '炒'와 '冷饭'의 개별적인 의미와는 다르고 '戴高帽子'의 관용적인 의미도 '戴'과 '高帽子'의 개별적인 의미와 다르다.

여기에서 관용어를 성어와 비교하며 그 특징을 알아보기로 하자.

a. 관용어는 일종의 "既成"된 고정적인 구인 측면에서 성어와 같다. 관용어가 기성의 것이라고 한 것은 그것이 임시로 단어를 갖고 만든 구가 아니기 때문이다. 그것의 고정적인 특성은 관용어의 구조와 성분이 임의로 변동시킬 수 있는 것이 아니라는 것을 말해준다.
예를 들면 "半瓶醋(반거충이)"를 "半瓶油"나 "半瓶子老醋"라 할 수 없고 "敲竹杠(재물을 뜯어내다)"을 "敲竹筒"이나 "敲木杠"라 할 수는 없는 노릇이다.

b. 관용어는 성어와 비교하면 융통성이 있어 확고부동한 것은 아니다. 예를 들면 "抹稀泥(일을 대충대충 하다)"를 "和稀泥"로, "碰钉子(거절당하다)"를 "碰了一个软钉子"로 말해도 된다.

c. 관용어는 대개 세 자의 형식인데 성어가 대개 네 자로 된 것과는 다르다. 그리고 관용어는 구조상 대부분이 동목구조이고 일부만이 수식구조이다.

<동목구조>

| | |
|---|---|
| 抱粗腿 든든한 후견인에게 아부하다 | 吹牛皮 허풍을 떨다 |
| 泡磨姑 일부러 시간을 끌다 | 泼冷水 찬물을 끼얹다 |
| 踢皮球 책임을 전가하다 | 开绿灯 허락하다. 길을 내주다 |

<수식구조>

| | |
|---|---|
| 半边天 하늘의 반쪽. 새사회의 여성 | 避风港 은신처 |
| 关係学 인간관계학. 세상물정학 | 下马威 첫 맛에 본때를 보여 주다 |
| 定心丸 마음을 안정시키는 언행 | 摇钱树 돈줄. 돈이 되는 나무 |

d. 관용어는 글자대로의 의미를 넘어서서 새로운 의미를 형성하는데, 이러한 의미는 비유나 확대를 통해 나타난다.

背黑锅 정말로 등에다 검은 큰솥을 지는 것이 아니라 다른 사람 대신 누명을 쓰거나 억울함을 당하거나 나쁜 소문이 나도는 것을 비유한다.

e. 관용어는 시대 정신을 매우 빨리 그리고 강렬하게 반영한다. 새로 만들어진 관용어는 신속하게 널리 전파되어 곧바로 중국어 어휘에 유입된다.

走后门儿 뒷전 거래한다 臭老九 문혁기간 중 문제 있는 지식인

红眼睛 남이 돈 많은 것을 병적으로 질투함

### 4) 헐후어

歇后语는 익살스럽고 은어의 성질을 띠는 일종의 형상적인 어구이다. 歇后语는 앞부분과 뒷부분으로 구성되며, 사용할 때에는 앞부분만을 사용하고 뒷부분은 생략하기도 한다. 그렇기에 歇后语라 불리는 것이다. 구조적 측면에서 歇后语의 앞부분은 일반적으로 형상에 대한 표현이며, 뒷부분은 앞부분에 대한 해석과 설명이다. 해석과 설명을 하는 뒷부분은 비유 혹은 두 가지의 뜻을 가지는 방법을 사용하여 실제 의미를 전달하거나, 어떤 것은 직접적으로 설명을 하기도 한다. 예를 들면 다음과 같다.

| 전반 | | 후반 | 실제의미 |
|---|---|---|---|
| 茅坑里的石头 | — | 又臭又硬 | 명성이 좋지 않으나 쉽게 굴복하지도 않는다. |
| 孔夫子搬家 | — | 竟是书 | 매번 실패만 한다. 双关“输” |
| 小葱拌豆腐 | — | 一青二白 | 오점이 없다. 확실하다 双关“一清二白” |
| 聋子的耳朵 | — | 摆设 | 실용적인 가치가 없다. |

## 7. 어휘의 기원

### 1) 고어

고어는 현대중국어에서 거의 사용되지 않지만, 외교적 교류, 문체론적 색채, 특별한 의미나 감정 등을 표현해야하는 특수한 경우에 사용되는 고대중국어 어휘를 가리킨다. 이러한 어휘는 주로 역사 서적이나 고대 생활을 반영한 문언문 문학작품에 쓰여 문언문 어휘라 하는데, 일반적으로 현대중국어 사전에도 수록되어 있다.

현대중국어 사전에 다음과 같이 문언어휘를 수록하고 있다.

| | |
|---|---|
| 土皇帝 지방의 우두머리, 黑秀才 독한 수재 | - 풍자적 색채 |
| 逝去 서거, 教诲 타이르다 | - 엄숙한 표현 |
| 国王 국왕, 大臣 대신 | - 외교적 색채 |
| 皇帝 황제, 贵族 귀족 | - 역사적 어휘 |

### 2) 방언

방언은 특정지역에서 사용되는 사투리를 말한다. 보통화와 달리 특정지역에서만 통용되며 토어(土语)라고도 한다.

a. 같은 단어이지만 음이 다르다

| | 我 | 你 |
|---|---|---|
| 北京 | uo214 | ni214 |
| 西安 | ŋə53 | |
| 厦门 | gua51 | li213 |

b. 같은 단어이지만 의미가 다르다

| | 面汤 |
|---|---|
| 북경어 | 국물 |
| 吴方言 | 세숫물 |

c. 같은 의미이지만 단어가 다르다

| | 밥을 먹다 | 차를 마시다 |
|---|---|---|
| 북경 | 吃饭 | 喝茶 |
| 광주 | 食饭 | 饮茶 |
| 매현 | 食饭 | 食茶 |

d. 보통화에 통용되는 방언어휘

| | | | | |
|---|---|---|---|---|
| 절강방언 | 尴尬 | 난처하다 | 垃圾 | 쓰레기 |
| 호남방언 | 名堂 | 항목 | 过硬 | 훌륭하다 |
| 북방방언 | 带劲儿 | 재미있다 | 折腾 | 반복하다 |
| 오방언 | 马铃薯 | 감자 | 龙眼 | 용안 |

## 3) 전문용어

과학기술, 자연사회과학, 직업, 은어 등 특수한 분야에서 사용하는 용어를 말한다.

a. 학술용어

| | | | | | | |
|---|---|---|---|---|---|---|
| 의학 및 생리 | 痳痹 | 마비 | 感染 | 감염 | 消化 | 소화 |
| 물리 및 화학 | 反应 | 반응 | 化合 | 화합 | 反射 | 반사 |
| 공업 및 상업 | 加工 | 가공 | 规格 | 규격 | 市场 | 시장 |

b. 직업용어

| | | |
|---|---|---|
| 공업 | 气焊 용접 | 成品 제품 |
| 농업 | 密植 밀식 | 间作 간작 |
| 상업 | 销路 판로 | 行情 시세 |
| 운수 | 正点 정시 | 换乘 환승 |
| 군사 | 实战 실전 | 制高点 감제고지(주변이 내려다보이는 고지) |

## 4) 외래어

다른 민족언어에서 빌려온 단어로 차용어라고도 한다.

a. 음역 : 외국어의 음을 수용하여 모방한 것.

马达 모터　巧克力 초코렛　夹克 쟈크　雷达 레이더

b. 음역에 중국어 형태소를 붙여 소속된 부류를 표시한 것.

卡车 트럭　啤酒 맥주　吉普车 지프차　芭蕾舞 발레

c. 음역을 하고 한자 의미를 고려한 것.

浪漫 낭만　幽默 유머　黑客 해커　模特儿 모델

d. 복합어의 일종으로 고유명사와 보통명사를 결합하여 알기 쉽게 만든 것.

爱克斯光 X선　华尔街 월가　冰淇淋 아이스크림

e. 일본어 한자어휘를 다시 차용해 만든 것.

干部 간부　委员 위원　资本 자본　手续 수속

## 5) 신조어

새로운 사물을 지칭하거나 새로운 개념을 표현하기 위해 새롭게 만들어진 단어이다.

a. 사회생활의 변화를 반영한 단어

下岗 실직하다　减肥 다이어트　面膜 마사지 팩　盗版 해적판　韩流 한류
三大件 생활수준의 척도　大礼拜 주5일제　银发浪潮 노령화 문제

b. 경제활동의 변화를 반영한 단어.

信用卡 신용카드　工业区 공업지역　卖点 구매력　保税区 보세지역
人才库 두뇌창고　热门MBA 경영학 석사 열풍

c. 과학기술의 변화를 반영한 단어

上网 인터넷　手机 핸드폰　条形码 바코드　聊天室 채팅룸　网民 네티즌

## 6) 유행어

특정한 시기에 일부 사람들에 의해 유행하는 어휘로 사용범위가 크게 확대되면서, 시간이 지나가면 사라지는 어휘를 말한다.

奖金 상여금　滴斯科 디스코　万元户 백만장자　小康 중산층　扎啤 생맥주
打工 아르바이트　炒鱿鱼 해고시키다　股票 주식　方便面 라면

## 연습문제

1 선택형

1. 下列语言单位是语素的有( )
① 需 ② 馄 ③ 森 ④ 琵

2. 下列语言单位是词的有( )
① 枇杷 ② 基 ③ 肃 ④ 宏

3. 下列语言单位是短语的有( )
① 红纸 ② 红人 ③ 红茶 ④ 红利

4. 下列语言单位是词的有( )
① 小树 ② 小床 ③ 小碗 ④ 小人

5. 下列汉字是一素一字异音, 可称作异读字的是( )
① 削 ② 氧 ③ 白 ④ 吓

6. 下列汉字是异素同音同字, 是同音同形字的是( )
① 把 ② 行 ③ 衣 ④ 肺

7. 下列语素是成词语素的有( )
① 础 ② 美 ③ 丽 ④ 伟

8. 下列语素是不成词语素的有( )
① 亮 ② 为 ③ 吗 ④ 普

9. 下列语素是定位语素的有( )
① 吧 ② 民 ③ 主 ④ 结

10. 下列语素是不定位语素的有( )
① 人 ② 自 ③ 吗 ④ 的

11. 下列词是单纯词的有( )
① 基础 ② 工作 ③ 人民 ④ 慷慨

12. 下列词是叠音词的有( )
① 星星 ② 姐姐 ③ 妈妈 ④ 太太

13. 下列词是重叠式合成词的有( )

① 哥哥 ② 程程 ③ 奶奶 ④ 烟烟 D.调帐

14. 下列词是双声联绵词的有( )

① 哆嗦 ② 排徊 ③ 垃圾 ④ 调帐

15. 下列词是叠韵联绵词的有( )

① 逍遥 ② 蝴蝶 ③ 坎河 ④ 伶俐

16. 下列词是非双声叠韵联绵词的有( )

① 劳叨 ② 苗条 ③ 仓促 ④ 妯埋

17. 下列词是译音词的有( )

① 灿烂 ② 霹 ③ 秋千 ④ 菩萨

18. 下列词属支配式合成词的有( )

① 充满 ② 说明 ③ 车辆 ④ 雪耻

19. 下列词属补充式合成词的有( )

① 建议 ② 理事 ③ 冒险 ④ 花束

20. 下列词属陈述式合成词的有( )

① 泥土 ② 珍宝 ③ 霜降 ④ 大衣

21. 下列词后起义与原义相较,属词义扩大的词有( )

① 金 ② 事故 ③ 起飞 ④ 兵

22. 下列词后起义与原义相较,属词义缩小的词有( )

① 鸟 ② 勾当 ③ 蓝 ④ 归

23. 下列词后起义与原义相较,属词义转移的词有( )

① 起飞 ② 事故 ③ 闻 ④ 瓦

24. 下列词属单义词的有( )

① 闹 ② 搞 ③ 深 ④ 脉搏

25. 下列词属多义词的有( )

① 早稻 ② 哲学 ③ 原子核 ④ 草包

26. 下列同义词在感情色彩上有差异的是( )

① 强壮 强健 ② 保护 庇护 ③ 凶悍 凶横 ④ 退还 退赔

27. 下列同义词在语体色彩上有差异的是( )

① 贴切 确切 ② 幽寂 幽静 ③ 挖苦 ④ 永久 永远

28. 下列词不能和"昂贵"构成反义词的词有( )

① 低廉 ② 便宜 ③ 贫贱 ④ 低贱

29. 下列词属基本词的词有( )

① 发展 ② 汉代 ③ 笔 ④ 部分

30. 下列词属一般词的词有( )

① 眼 ② 三 ③ 大 ④ 戈

31. 下列词属文言词的有( )

① 井田 ② 这论 ③ 笏 ④ 之

32. 下列外来词属完全译音的有( )

① 戈壁 ② 苦力 ③ 六礼 ④ 精卫

33. 下列外来词属译音兼译义的有( )

① 绷带 ② 咖啡 ③ 酒吧 ④ 卡片

34. 下列外来词属半译音半译义的有( )

① 的确良 ② 维他命 ③ 剑桥 ④ 扑克

35. 下列熟语属成语的有( )

① 十五个吊桶打水 ② 竹篮打水 ③ 竹头木屑 ④ 和尚打伞

36. 下列熟语属歇后语的有( )

① 欢天喜地 ② 心病难医 ③ 大海捞针 ④ 开门见山

37. 下列熟语属谚语的有( )

① 桃三杏四李五年 ② 诸葛亮皱眉头 ③ 卖布不用尺 ④ 拿着棒槌缝衣服

38. 下列成语属偏正结构的有( )

① 一衣带水 ② 高朋满座 ③ 平分秋色 ④ 入木三分

39. 下列成语属主谓结构的有( )

① 迥然不同 ② 粉墨登场 ③ 名列前茅 ④ 莫衷一是

40. 下列成语属述宾结构的有( )

① 胸有成竹! ② 好为人师 ③ 高人一等 ④ 流芳百世

41. 下列成语属述补结构的有( )

① 嫁祸于人 ② 令行禁止 ③ 政通人和 ④ 众叛亲离

42. 下列成语属联合结构的有( )

① 兵荒马乱 ② 别树一帜 ③ 老马识途 ④ 绳之以法

43. 下列成语属连动结构的有( )

① 画蛇添足 ② 狐假虎威 ③ 披肝沥胆 ④ 望眼欲穿

44. 下列成语属兼语结构的有( )

① 恃才傲物 ② 吹毛求疵 ③ 画地为牢 ④ 架床叠屋

## 2 다항 선택형

1. 下列语言单位是语素的有( )

① 纯 ② 肃 ③ 伟 ④ 础 ⑤ 森

2. 下列语言单位是词的有( )

① 红 ② 调 ③ 小 ④ 走 ⑤ 人 ⑥ 羊

3. 下列语言单位是短语的有( )

① 大树 ② 大海 ③ 大床 ④ 大方

4.下列汉字是一素一字异音, 可称作异读字的有( )

① 行 ② 调 ③ 剥 ④ 露

5. 下列汉字是异素同音同字, 是同音同形字的有( )

① 白 ② 花 ③ 怪 ④ 拐 ⑤ 把

6. 下列汉字是异素异音同字, 是多音多义字的有( )

① 吓 ② 刻 ③ 别 ④ 解 ⑤ 乐

7. 下列语素是成词语素的有( )

① 众 ② 定 ③ 订 ④ 病 ⑤ 行

8. 下列语素是定位语素的有( )

① 吗 ② 的(de) ③ 主 ④ 为 ⑤ 成

9. 下列词是单纯词的有( )

① 伶俐 ② 语言 ③ 丁宁 ④ 合作 ⑤ 琉璃

10. 下列词是合成词的有( )

① 烦琐 ② 繁重 ③ 垃圾 ④ 参差 ⑤ 葡萄

11. 下列词是叠音单纯词的有(　)

① 猩猩　② 奶奶　③ 游游　④ 瑟瑟　⑤ 姑姑

12. 下列词是叠韵联绵词的有(　)

① 徘徊　② 仓促　③ 崎岖　④ 苗条　⑤ 号召

13. 下列词是双声联绵词的有(　)

① 仓促　② 仿佛　③ 忐忑　④ 吩咐　⑤ 力量

14. 下列词属支配式合成词的有(　)

① 司令　② 司炉　③ 司机　④ 司号　⑤ 司仪

15. 下列词属并列式合成词的有(　)

① 赏罚　② 得失　③ 优劣　④ 酒扫　⑤皮衣

16. 下列词属补充式合成词的有(　)

① 缩小　② 推广　③ 接近　④ 枪支　⑤ 解放

17. 下列词属附加式合成词的有(　)

① 丑化　② 焚化　③ 进化　④ 消化　⑤ 异化

18. 下列词属附加式合成词的有(　)

① 快然　② 默然　③ 哗然　④ 恍然　⑤ 已然

19. 下列词可以和"狭小"构成反义词的有(　)

① 广大　② 广阔　③ 宽大　④ 辽阔　⑤ 很宽

20. 下列外来词属译音兼译义的有(　)

① 幽默　② 苦力　③ 细带　④ 维他命　⑤芭蕾舞

3 ○× 문형

1. 从语音构成看, 语素可分为成词语素和不成词语素.(　)

2. 从语法功能看, 语素可分为定位语素和不定位语素.(　)

3. 从分布位置看, 语素可分为单音节语素和多音节语素.(　)

4. 双音节单纯词可以分为联绵词、叠音词、译音词三种.(　)

5. 附加或合成词分为词根 +词缀和词缀+词根两种.(　)

6. 同音词可以分为两类:同音异形词和同音同形词.( )

7. 同音异形词产生的原因主要有两条:(1)由于语音的变化;(2)由 偶合而同音.( )

8. 同义词分为等义词和近义词两类.( )

9. 同义词的辨析点主要是从意义辨析和从用法上辨析.( )

10. 反义词可以分为相对反义词和绝对反义词两类.( )

11. "白天"和"黑夜"是绝对反义词.( )

12. "正面"和"反面"是相对反义词.( )

13."好"和"坏"是绝对反义词.( )

14. "赞成"和"反对"是绝对反义词.( )

15. 反义词的对应关有单义词对单义词, 单义词跟多义词的某一个义项之间构成反义关系两种情况.( )

16. 反义词的作用增强表达效果, 特洙的构造作用两项.( )

17. 外来词有三科形式:译音、译音兼译义、半译音半译义.( )

18. "戈壁、哈达"是译音兼译义的外来词.( )

19. "维他命、可口可乐"半译音半译义的外来词.( )

20. "啤酒、网吧"是译音外来词.( )

21. 词汇的发展主要表现在历史词的再现和文言词的继承,新词不断产生, 吸收方言词语, 吸收外来词语, 吸收术吾和行业语,熟语不断产 生几个方面.( )

22. 理解成语的意义要注意两点:第一, 要注意了解构成成语的语素的意义;第二, 要注意了解形成成语整体义的不同情况.( )

23. 常见的构成歇后语的材料有:(1)日常见的事物现象;(2)历史故事、传说;(3)虚构形象.( )

24. "船"和"船只"这两个同义词的差主要是范围不同.( )

25. "改正"和"改进"这两个同义词的差别主要是表示的动作行为的施事者不同.( )

26. "冰凉"、"掩饰"、"花朵"都是偏正式合成词.( )

27. "好歹"、"窗户"、"冬青"都是并列式合成词.( )

28. "平反"、"建议"、"说明"都是支配式合成词.( )

29.. "接近"、"书本"、"民主"都是补充式合成词.( )

30. "壮观"、"武断"、"权衡"都是偏正式合成词.( )

31. "姑姑"、"仅仅"、"刚刚"、"太太"、"漏漏"都是重叠式合成词.( )

32. "忐忑"、"玲珑"、"丁宁"都是双声联绵词.( )

33. "劳叨"、"苗条"、"翻案"都是叠韵联绵词.( )

34. "仿佛"、"仓促"、"荷花"都是双声联绵词.( )

4 根据把所有能单说单用的成分提开后, 剩下来的,虽不能单说单用, 但又不是别的词的一部分的也是词这个标准, 确定下列语句中, 哪些词属于这种词.

(1) 男教师的准备工作做好了吗?

(2) 我和他目前还不想买彩色电视机呢!

(3) 这对小孩的成长没好处的.

(4) 我所听到的跟你不一样.

5 根据能否隔开的标准, 确定下列语言单位是词还是短语.

白菜 白纸 白果 白墙 白酒 白露 白字 白糖 白杨 白狗 白猫 白活 改好 改良 改正 改动 改嘴 改作业 眼馋 眼看 眼生 眼熟 眼气 眼疼 小河 小湖 小菜 小葱 小节 小人 小舌 小组 小溪 小树 小风 小米 换钱 换人 换班 换季 换防 换帖

6 将下列词按语素的数量归类.

湿 海洛因 鹁鸪 购买 地下室 人造丝 紫外线 迪斯科 轴轭 团图 澎湃 骨肉 车辆 老鹰 苗条 垃圾 反映 资产阶级

# 제4장 문법

## 1. 문법 개요

우리는 단어의 독음방법과 의미를 안다고 하여 문장을 만들어 자기 생각을 표현할 수 없다. 문법도 어휘처럼 모두 언어의 요소이다. 어휘는 단어의 총체이고 언어를 구성하는 재료이다. 문법은 단어를 가지고 문장을 만드는 규칙이다. 예를 들어 '骑我 马 喜欢'이라는 각기 단어의 뜻은 알고 있어도, 문법규칙 없이 단어들을 나열하면 무슨 의미인지 알 수 없다. 즉 문장의 규칙이 없으면 문장을 형성 할 수 없는 것이다. 만약 이 단어를 '我喜欢骑马'로 배열하면 문장의 의미를 이해할 수 있다. 문장에는 보이지 않는 선이 단어 사이에 연결되어 있다. 문법은 규칙에 따라 단어를 배열하여 정확한 의미의 문장을 만드는 것이다.

## 2. 단어의 외부기능(품사)

문장을 구성하는 수많은 단어들은 각기 다른 문법적 기능을 가지고 있다. 그 기능별로 분류한 것이 품사이다. 품사 분류의 목적은 단어의 특징과 용법을 이해하고, 단어의 결합과 문장구조를 설명하는 데 있다. 중국어 단어는 크게 실사와 허사로 분류된다. 실사는 내용어이고, 허사는 기능어이다. 실사는 실질적인 어휘의미가 있어 단독으로 문장성분이 될 수 있다. 허사는 구체적인 어휘의미는 없이 문법적 기능을 할 뿐이다. 부사를 제외하면 단독으로 문장성분이 될 수 없다.

어휘적 의미는 단어의 의미를 문법적 특성에 따라 개괄한 것이다. 人, 红, 看, 吃, 등은 구체적인 의미가 있고, 성질, 상태, 동작, 행위의 공통성이 있기 때문에 명사, 형용사, 동사로 분류한다. 문법적 기능이란 기본적인 문법관계를 표시하며 대부분 경성으로 읽는다. 단어의 문법 기능은 단어와 단어의 결합 능력과 문장에서 어떤 종류의 성분을 담당하는 능력을 가리킨다. 언어에서 단어와 단어의 결합에는 전혀 조건이 없다. 일부 단어는 특정한 단어와의 결합 능력을 가지고 있으면서, 동시에 다른 몇 개 단어와는 결합할 수 없다. 예를 들면 "书很新"에서, "新书", "书新와 같이 "书"는 "新"과 결합할 수 있다. 그러나 "很"은 "很书", "书很"처럼 결합할 수 없다. "很"은 단지 부사어가 될 수 있으나, 관형어나 술어는 될 수 없다. 이러한 문법기능에 근거해서 "书"는 명사, "很"은 부사, "新"은 형용사로 품사를 나눌 수 있다. 모든 단어는 단어의 의미가 다를 뿐만 아니라, 결합관계 및 구성기능도 다르다. 어떤 단어들은 A와 결합하고 어떤 단어들은 B와 결합하고 어떤 단어들은 C와 결합한다. 예를 들어 '认真'은 상태를 표현하여 동작행위를 나타내는 동사와 결합하여 '认真学习, 认真研究'와 같이 사용할 수 있다. 그러나 '认真安静, 认真温和'처럼 상태를 표시하는 단어와는 결합할 수 없다.

문장성분이 되는 능력은 한 단어가 문장에서 독립적으로 담당하는 역할이다. 일반적으로 주어나 목적어가 되는 것 명사이고, 술어가 되는 것은 동사나 형용사이며, 부사어가 되는 것은 부사, 관형어가 되는 것은 형용사 등이다. 하지만 중국어의 품사 분류가 명확하지 않아 두 가지 이상의 품사로 분류되는 경우도 많다.

## 3. 구조와 구

많은 문법 서적은 구조와 구 이 두 가지 전문용어는 엄격한 구분을 하지 않고 있다. 그러나 이 두 가지 전문용어가 구분이 되어야 한다.

구조는 문법 관계를 가리키는 것이고, 구는 문법 단위를 가리킨다. 구조는 두 가지 혹은 두 가지 이상 문법 단위의 어떤 결합 방식을 설명한 것이다. 언어 단위 사이의 각종 관계를 반영한다. 예를 들어, "地震(지진)"의 두 개의 형태소가 주술구조의 방법으로 만들어진 단어이다. 주술구조의 단어는 주술구조의 방식을 가지고 다른 구와 결합하여 구로 만들 수 있다. (예로 "地震震坏大埧=지진이 울려서 큰 댐이 부서졌다.") 주술구조의 구 역시 주술구조의 방식으로 다른 단어 혹은 구와 결합하여 문장을 만들 수 있다. (예로 "地震震坏大埧怎麽办?지진이 울려서 큰 댐이 무너졌는데 어떡하지?") 같은 결합 규칙을 중복 사용해도 결합으로 인한 혼란이 일어나지 않는다.

"구"는 단어보다 크고 문장보다 작은 문법 단위를 가리킨다. 일반적으로 문법 기능에 따라 명사구, 동사구, 전치사구 등, 의미에 따라 동태구, 시간구, 장소구 등, 문법구조에 따라 주술구, 술목구, 수식구 등으로 나눌 수 있다. 문법단위 사이의 구조를 설명할 때, 문법기능과 문법구조에 따라 다음과 같이 부르는 것이 보편적이다. 예를 들면

수식식 명사구 - 好书(좋은 책)
수식식 동사구 - 快买(빨리 사다)
술목식 동사구 – 买书(책을 사다)
술보식 동사구 – 买完(다 샀다)

| 구조 유형 | | 단어 | 구 | 문장 |
|---|---|---|---|---|
| 1 | 부가구조 | 棍儿<br>绿化 | 看了 | 吃葡萄吗?<br>我买了票了. |
| 2 | 중첩구조 | 姥姥　　微微 | 休息休息　一个一个 | 好, 好, 来吧! 来吧! |
| 3 | 수량구조 | | 一个　　这本 | 十八岁.　第一名 |
| 4 | 동격구조 | | 老人家您<br>塑料这种东西 | |
| 5 | 수식구조 | 红旗<br>熟爱 | 新书<br>仔细看 | 马上休息!<br>把书拿来。 |
| 6 | 술목구조 | 出席<br>知心 | 看书　　看料一会儿 | 散会!<br>可以告诉他。 |
| 7 | 술보구조 | 扩大<br>说明 | 看清楚　看得头痛 | 看得清楚极了.<br>冷得我浑身发? |
| 8 | 연합구조 | 人民<br>东西 | 他和我　看或写 | 也高兴也不高兴.<br>既有先进的也有落后的 |
| 9 | 연동구조 | 听写<br>耕种 | 出去散步　坐车回家 | 写个信去问问.<br>进来坐坐. |
| 10 | 겸어구조 | | 请他来<br>通知他去开会 | 派谁去?<br>请他来喰饭 |
| 11 | 주술구조 | 地震<br>年轻 | 他来　　天气晴朗 | 你好!<br>问题解决了. |

## 4. 단어와 단어의 조합

구는 두 개 이상의 단어가 일정한 규칙에 따라 조합하여 글을 지을 수 있는 단위를 만든다. 구는 단어보다 크지만 하나의 문장을 이룰 수 없는 언어 단위이다. 구는 단어와 단어의 구조관계에 따라 5가지 종류로 나눌 수 있다.

### (1) 주술구

주어와 술어로 구성되어 있다. 앞부분은 진술대상이고 뒷부분은 진술내용이다.

衣服小了. 옷이 작아졌다.
文章写好了. 글은 다 썼다.
他不在家. 그는 집에 있지 않다.
大家都去. 다들 모두 간다.
我知道. 나는 안다.
工业发达. 공업이 발달하다.

### (2) 술목구

술어와 목적어로 구성되어 있다. 앞부분은 동작이나 행위를 표시하고 뒷부분 동작이나 행위의 지배를 받는다.

喝茶 차를 마시다
来客人 손님이 오다
进城 시내로 들어가다
住人 사람이 살다
晒太阳 햇볕을 쐬다
坐飞机 비행기를 타다

### (3) 수식구

두 부분으로 구성되어 있다. 앞부분이 뒤부분을 수식·제한하는 것을 말한다. 수식구의 앞부분을 수식어(修饰语), 뒷부분을 중심어(中心语)라고 한다. 중심어가 명사인 경우와 중심어가 동사와 형용사인 경우로 나눌 수 있다.

① **관형구**(중심어가 명사인 경우)

两个小时 두 시간
我的故乡 나의 고향
干净衣服 깨끗한 옷
漂亮的房子 아름다운 집
塑料口袋 비닐 주머니
公社的马 회사의 말
长江上游 양자강의 상류
刚买的书 방금 산 책

② **부사구**(중심어가 동사나 형용사인 경우)

非常漂亮 매우 아름답다
相当难 상당히 어렵다
向他们学习 그들에게 배우다
自言自语地说 혼자말로 말하다
真好 정말 좋다
仔细研究 꼼꼼히 연구하다
很新鲜 아주 신선하다
赶快走 빨리 가다

### (4) 보충구

술어와 보어 두 부분으로 구성되어 있다. 앞부분은 동작이나 상태를 표시하고 뒷부분의 보어는 앞부분의 술어를 보충 설명한다.

보충구는 '得'을 수반하는 정도보어·가능보어와 '得'을 수반하지 않는 수량보어·결과보어·방향보어·시태보어로 나눌 수 있다.

学得好 잘 배우다
说清楚 정확하게 말하다
走进去 걸어 들어가다
高兴极了 너무 기쁘다
跑过去 달려 건너가다
去一趟 한 번 가다

### (5) 연합구

두 개 혹은 두 개 이상의 부분으로 구성되어 있다. 각 부분이 병렬, 선택, 점층, 접속 등의 관계를 나타낸다.

工人和农民 노동자와 농민
北京, 上海, 广州和武汉 북경, 상해, 광주 그리고 무한
又便宜又好 싸고도 좋다

## 5. 문장분석 방법

문장을 분석하는 방법은 중국에서는 비교적 유행하는 두 가지 종류가 있다. 한 가지는 문장성분 분석법이고, 다른 한 가지는 층차 분석법이다.

### 1) 문장성분 분석법

문장 성분분석법을 중심어 분석법이라 부르기도 한다. 중국어를 학습하는데 비교적 중요하다. 이 분석법은 문장을 구성하는 성분을 주어, 서술어, 목적어, 보어, 관형어와 부사어 등 여섯 종류로 나눈다. 문장성분의 결합상황을 설명하여 문장을 분석하는 것이다. 분석의 순서는 먼저 문장의 주요성분을 찾아낸다. 중심 단어에서 무엇이 주어이고 서술어인지 구분한 이후에 다시 성분을 하나하나 분석해 나가는 것이다. 예를 들면

他的心怦怦地跳. 그의 마음은 두근두근 뛰었다.

중심 단어는 "心"과 "跳"이다. "心"은 주어이고, "跳"는 서술어이다. "他的"은 "心"의 관형어이고, "怦怦"은"跳"의 부사어이다. 이러한 분석방법은 한 눈에 문장의 맥락을 파악할 수 있는 장점이 있지만, 두개의 중심어를 찾아내는 분석방법은 경우에 따라서는 문장의 원래 의미를 잘못 해석할 수 있다. 예를 들면

我从前不喜欢喝酒, 现在还是不喜欢喝酒, 将来大概仍然不喜欢喝酒.

만약 이 문장에서 먼저 주어와 술어를 분석하면 '我喜欢, 喜欢, 喜欢'으로 변하여 그 성분들이 더하기 이전의 不喜欢(즐기기 않는다)이 喜欢(즐기다)로 되어 본래의 의미와 반대가 된다.

많은 언어의 복잡한 구조는 이렇게 간단한 방법으로 구분할 수 있는 것이 아니다. 예를 들면 "哭瞎了眼睛"문장에서 동사 哭는"眼睛"을 목적어로 만들 수 없고, 반드시"哭瞎"이어야 한다."尽最大的努力"에서"努力"는"尽"의 목적어가 될 수 없다."尽努力"라고 말하는 사람은 없고, 반드시"尽最大的努力"라고 말한다.

이처럼 문장성분분석법은 문장의 틀과 맥락을 명확히 이해할 수 있는 장점이 있지만, 통사분석할 때 가장 큰 결점은 언어구조의 층차를 중요시하지 않는다. 예를 들면 "这位工人的建议很好."와 " 这頂工人的建议很好." 문장의 성분을 분석하면 "관형어 — 관형어 — 주어 — 부사어 — 술어"이다. 그러나 "这位工人的建议"와 "这頂工人的建议"의 층차는 다르고, 의미도 차이가 있다. 때문에 문장성분 분석법은 반드시 층차분석법의 장점을 가지고 부족한 것을 보완해야 한다.

### 2) 층차분석법(层次分析法)

층차분석법은 미국의 언어학자 Bloomfield가 직접성분의 개념을 기초로 만들었다. 이 분석법은 문장을 2분법의 원칙에 따라 언어단위를 두 부분으로 나누고, 다시 같은 방법으로 나눈 작은 언어단위를 두 개로 나누어 더 나눌 수 없을 때까지 분석한다.

표면적으로 한 문장의 내부구조는 단어가 순서에 의해 연속적으로 출현하는 선형배열이다. 언어구조는 구성요소들의 배열순차에 따라서 여러 층차로 나눌 수 있다.

문장의 내부구조에서 단어와 단어의 결합이 다르고, 단어와 단어의 결합에는 층차가 있다. 단순히 단어를 순서에 따라 배열하는 것이 아니라, 통사원칙에 따라 단계별로 층차가 구성된다. 문장내부의 층차에 따라 결합한 두 개의 직접적인 성분을 분석하는 방법이다. 층차분석법은 직접성분분석법, 양분법이라 부르기도 한다. 즉 문장을 직접 관계가 있는 두 부분으로 나누고 이를 다시 층차적으로 양분하여 분석하는 방법이다. 각 층차의 인접한 두 개의 성분은 그 층차구조의 직접적 구성요소이다.

문장구조의 층차분석의 예를 보면 '他抽烟.'에서 他, 抽, 烟 세 개의 단어는 서로 순서대로 하나의 선형배열을 형성한다. 그러나 抽는 他와 직접적 관계를 맺지 않고, 烟과 직접적 관계를 갖는다. 다시 抽烟은 他와 관계를 맺는다. 문장의 내부는 층차구조를 나타내면서 '他抽烟'는 술목관계와 주술관계를 형성한다.

他 抽 烟

1 2 제1층차 : 직접성분(주술 관계)

3 4 제2층차 : 직접성분(술목 관계)

我们 学习 汉语 语法.

1 2 제1층차 : 직접성분(주술 관계)

3 4 제2층차 : 직접성분(술목 관계)

5 6 제3층차 : 직접성분(수식 관계)

照片 放 大了 一点儿.

1 2 제1층차 : 직접성분(주술 관계)

3 4 제2층차 : 직접성분(술보 관계)

5 6 제3층차 : 직접성분(술보 관계)

## 6. 문장(句子)의 이해

### 1) 문장

문장은 단어 혹은 구로 구성되는 언어 단위로, 하나의 완전하게 갖추어진 의사를 독립적으로 표현할 수 있는 언어의 사용 단위이다.

각각의 문장은 모두 일정한 어조를 갖는다. 정상적인 연속발화 중 문장과 문장 사이에는 비교적 긴 휴지가 있으며 일정한 문장 부호(마침표, 물음표, 느낌표)로 표시한다. 문장은 언어의 실제 사용 단위이며, 구, 단어, 형태소 등은 문장을 구성하는 문법 단위이다.

중국어는 단어와 구를 구성하는 기본이 서로 같다. 형태소, 단어, 구와 문장의 경계는 절대적이지 않아 앞 뒤 문장에 근거하여 분석해야 된다. 예를 들면, "工作"와 "图画"는 단어이고, "工"과 "作", "图"와 "画"는 형태소이다. 반면에 "作工"과 "画图"는 구이고, "作"과 "工", "画"와 "图"는 단어이다. 또한 "去存款"와 "存款去"에서 "存款"는 구이지만, "去提存款"과 "提存款去"에서 "存款"는 단어이다.

완전하게 갖추어진 문장을 보자. "学语法的人很多.(문법을 공부하는 사람은 배우 많다.)"는 일정한 어조와 완전한 의미를 갖춘 문장이다. 이 문장은 다음 두 개의 문장에서 "学语法的人很多."는 구이다.

我相信学语法的人很多. 나는 문법을 공부하는 사람이 매우 많다고 믿는다.

学语法的人很多是一种好现象. 문법을 공부하는 사람이 매우 많은 것은 좋은 현상이다.

이처럼 문법단위는 상대적이지 절대적이 아니다.

## 2) 문장성분

문장성분이란 문장 속에서 단어와 구가 일정한 문법관계에 의해 구성된 것이다. 문장에서 위치와 의미 관계에 따라 일반적으로 주어, 술어, 목적어, 보어, 관형어, 부사어 여섯 가지 성분으로 나눌 수 있다.

* 主要成分 ----------------------------------주어, 술어
* 连带成分(서술어와 연대성을 지님)------목적어, 보어
* 附加成分(어느 要素에 附加되는 성분)--관형어, 부사어

### (1) 주어와 술어

주어는 술어의 동작, 행위, 서술, 묘사 대상이고, 술어는 주어에 대한 서술, 묘사를 나타낸다. 화자가 진술하려는 '누구'나 '무엇'에 해당하는 부분이 주어이며, 주어가 '어떻다' 또는 '무엇이다'라고 설명하는 부분이 술어이다. 주어로 쓰일 수 있는 성분은 일반적으로 명사나 대명사이지만, 수사, 동사, 형용사나 구도 주어가 될 수 있다. 술어로 쓰일 수 있는 성분은 일반적으로 동사나 형용사이지만, 명사, 대명사, 구도 될 수 있다.

#### 주어의 구성

太阳出来了. 해가 떠올랐다.(명사)

我不认识他. 나는 그를 알지 못한다.(대명사)

游泳是一种很好的运动. 수영은 좋은 운동이다.(동사)

细心是他的特点. 세심함이 그의 장점이다.(형용사)

个个都是好青年. 개개인 모두 훌륭한 청년이다.(중첩된 양사)

九是三的三倍. 9는 3의 세 배이다.(수사)

一年是三百六十五天. 1년은 365일이다.(수량구)

我和他是中国人. 나와 그는 중국인이다.(연합구)

我们明天去比较合适. 우리는 내일 가는 것이 비교적 좋다.(주술구)

爬山对身体很有好处. 등산은 몸에 좋다.(동목구)

能去最好, 不去也没关系. 갈 수 있으면 가장 좋지만, 안 가도 괜찮다.(수식구)

说起来容易. 말하기는 쉽다.(보충구)

吃得太饱不好. 너무 배부르게 먹는 것은 안 좋다.(보충구)

大一点好看. 조금 크면 예쁘다.(보충구)

村子里有很多农器具. 마을 안에 농기구가 많다.(방위구)

你们的老师张先生要见你们. 장선생님이 너희들을 만나고 싶어한다.(동격구)

红的最好看. 빨간 색이 가장 예쁘다.(的구자)

술어의 구성

他最近访问了很多地方. 그는 최근에 많은 곳을 방문했다.(동사)

树叶绿了. 나뭇잎이 푸르러졌다.(형용사)

研究的结果怎麽样? 연구결과는 어떻게 됐나?(대명사)

昨天阴天. 어제는 날씨가 흐렸다.(명사)

运动员的身体又高又壮. 운동선수의 신체가 크고 건장하다.(연합구)

那个人我认识. 그 사람을 나는 안다.(주술구)

楓叶渐渐红起来. 단풍이 점점 빨개지기 시작한다.(수식구)

苹果五斤, 梨三斤. 사과 다섯 근, 배 세 근.(수량구)

同学们去教室上课. 학생들이 수업하러 교실로 갔다.(연동구)

大家选他当代表. 모두 그를 대표로 뽑았다.(겸어구)

### (2) 목적어

목적어는 기타 성분에 의지하지 않고, 직접 동사 뒤 또는 동사와 의미관계가 있는 문장성분에 위치하여 동작, 행위가 미치는 사람이나 사물을 표시한다. 즉, 문장에서 동사의 지배를 받으며 동작이 언급하는 대상이 되는 '누구, 무엇, 어디' 등에 해당하는 성분을 말한다.

#### 목적어의 구성

老师教汉语. 선생님은 중국어를 가르친다.(명사)
他在上海住哪里? 그는 상해에서 어디 사느냐?(대명사)
二加二等于四. 2 더하기 2는 4이다.(수사)
他买了许多电影票, 给我留了兩张. 그는 영화표를 많이 사서 나에게 두 장을 주었다.(수량구)
学生们每天早上八点开始学习. 학생들은 매일 아침 8시에 수업을 시작한다.(동사구)
他觉得十分高兴. 그는 아주 기쁘게 생각한다.(형용사)
这个问题我们已经进行了多次研究. 이 문제를 우리는 여러차례 연구했다.(동사성 구)
我知道他今天回来. 나는 그가 오늘 돌아오는 것을 알고 있다.(주술구)
他没来上课是由於身体不好. 그는 몸이 안 좋아서 수업을 들어오지 않았다.(전치사구)
这是我朋友的. 이것은 내 친구 것이다.(的자구)

### (3) 관형어와 중심어

관형어는 명사, 명사성구 앞에 쓰여 이를 수식, 한정하는 성분이다. 관형어는 중심어(피수식어) 앞에 놓여 중심어의 성질·형상·재료·수량·소유·장소·시간·범위 등을 나타내는 성분이다.

#### ① 주어의 관형어

관형어(수식어) + 주어(피수식어=중심어) + 동사 + (목적어)

他朋友是一个演员. 그의 친구는 배우이다.
休息的地方很多. 쉴 곳이 아주 많다.

② 목적어의 관형어

주어 + 동사 + 관형어(수식어) + 목적어(피수식어=중심어)

参观的人都住南边的楼上. 구경하는 사람은 모두 남쪽 건물에 거주한다.

③ 관형어의 종류

관형어는 수식 또는 한정하는 의미에 따라 다음과 같이 묘사성 관형어와 한정성 관형어로 나눌 수 있다.

㉠ 묘사성 관형어

묘사성 관형어는 중심어 앞에 놓여 중심어의 성질·상태·특징·재료 등을 나타낸다.

她已经是三个孩子的母亲了. 그녀는 이미 세 아이의 어머니이다.

他是一个勇敢的人. 그는 용감한 사람이다.

㉡ 한정성 관형어

한정성 관형어는 중심어 앞에 놓여 수식어가 시간·장소·소속·범위·수량 등을 나타내고, 주어나 목적어에 대하여 한정하는 것이다.

是晚上七点的车票. 이것은 저녁 7시 차표이다.

我们游览了西安的名胜古迹. 우리는 서안의 명승지를 구경하였다.

## (4) 부사어

술어(동사나 형용사)를 수식하거나 제한하는 단어 또는 구를 부사어라 한다. 따라서 부사어를 찾으려면 먼저 술어를 찾아야 한다. 부사어는 중심어의 시간·장소·정도·범위·태도·원인·대상·중복·긍정, 부정·주동, 피동 등을 나타낸다. 부사어는 보통 부사, 형용사, 전치사구 및 시간사, 처소사로 구성된다.

① 동사 앞의 부사어

* 부사어 + 중심어(동사술어)

他昨天参加了一个招待会. 그는 어제 초대회에 참가했다.
他很关心大家的健康. 그는 모두의 건강에 매우 관심이 있다.
今天他又打了一个电话. 오늘 그는 또 전화를 했다.

② 형용사 앞의 부사어

* 부사어 + 중심어(형용사 술어)

他对人很热情. 그는 사람에게 매우 열정적이다.
他说话的声音不大. 그가 말하는 소리가 작다.

## (5) 보어

보어는 동사의 뒤에 위치하여 동사, 형용사 등을 보충설명하는 기능을 한다. 일반적으로 정도, 수량, 결과 등을 표시한다.

① 정도보어

동사나 형용사의 뒤에서 동작이 도달한 정도를 보충 설명하는 성분을 정도보어라 한다. 즉 하나의 동작이 어느 정도 도달하였는가 또는 어떤 결과에 이르렀나를 나타낸다.

请大家站得紧一点儿. 모두들 좀 좁혀 서라.
请你说得具体一点儿. 좀 구체적으로 말해 주어라.
他做菜做得比他爱人好. 그는 요리를 그의 부인 보다 잘 한다.
他高兴得跳起来. 그는 기뻐서 펄쩍 뛰었다.

### ② 결과보어

동사 뒤에 붙어서 동작의 결과를 보충하여 설명해 주는 말을 결과보어라고 한다. 결과보어는 항상 형용사나 동사로 충당하고 뒤에 '了'를 지닌다. 부정형식은 동사 앞에 没·没有를 놓고, 뒤에는 '了'를 지니지 않는다.

他走到学校了. 그는 학교까지 걸어갔다.
他们从中国回到了韩国. 그들은 중국에서 한국으로 돌아왔다.
昨天他回到了北京. 어제 그는 북경에 돌아왔다.
他每天晚上都学习到十一点钟. 그는 매일 저녁 11시까지 공부한다.
最大的能放大到几寸? 가장 큰 것은 몇 인치까지 확대할 수 있나?

### ③ 방향보어

방향보어는 단순방향보어와 복합방향보어로 나뉜다. 단순방향보어는 원래 来(오다), 去(가다)는 독립된 동사로 他来. 他去.와 같이 사용되지만, 回来(돌아오다), 回去(돌아가다)와 같이 다른 동사 뒤에 붙어서 동작이 이동되는 방향을 나타내는데 来와 去를 단순방향보어라고 한다. 来는 동작이 말하는 사람을 향해서 오는 경우를 나타내며, 去는 그 동작이 반대 방향으로 진행하는 경우를 나타낸다.

外边很冷, 快进来吧. 밖이 추우니 빨리 들어와.
他不在宿舍, 他出去了. 그는 기숙사에 없고, 밖에 나갔다.
他拿一本书来了. 그는 책 한 권을 가지고 왔다.
她进教室去了. 그녀는 교실로 들어갔다.

복합방향보어는 동사 "上, 下, 进 ,回, 过, 起, 到"와 "来, 去"가 결합된 방향보어이다.

哥哥从卓子上拿起一本杂志来. 형이 책상에서 잡지 한 권을 꺼냈다.
老师昨天从城里买回很多书来了. 선생님이 어제 시내에서 많은 책을 사왔다.

#### ④ 가능보어

술어동사 뒤에서 동작이 어떠한 결과나 상황에 도달할 수 있는지의 여부를 보충설명하는 단어나 구를 가능보어라 한다.

我们听得懂你说的话. 우리는 너의 말을 이해할 수 있다.

这座山我爬不上去. 이 산을 올라갈 수 없다.

他吃不下东西了. 그는 이걸 다 먹을 수 없다.

我拿不了这麽多书. 이렇게 많은 책을 들 수 없다.

#### ⑤ 동량보어, 시량보어

동작이나 행위가 진행된 횟수를 나타내는 보어를 동량보어라고 한다. 동량보어는 동량사 '次'(동작의 횟수), '遍'(동작의 횟수와 동작의 처음부터 끝까지 전 과정을 강조), '下'(잠깐동안의 동작), '趟'(사람이나 차의 왕래 횟수) 등과 동사가 결합하여 시량보어는 지속된 시간을 나타낸다.

昨天他来了两次. 어제 그는 두 차례 왔다.

我看过好几次. 나는 여러 번 본 적이 있다.

我们参观了兩个小时. 우리는 두 시간 동안 참관했다.

我学了一年(的)汉语了. 나는 일 년 동안 중국어를 배웠다.

## 연 습 문 제

1 선택형

1. 下列哪种词类是实词?( )
① 副词 ② 助词 ③ 介词 ④语气词

2. 下列哪种词类是虚词?( )
① 叹词 ② 形容词 ③ 连词 ④量词

3. 下列哪种词类是谓词?( )
① 区别词 ② 副词 ③ 量词 ④ 形容词

4. 下列词属形容词的是( )
① 黑乎乎 ② 夺取 ③ 休息 ④ 喜欢

5. 下列词属连词的是( )
① 在 ② 至于 ③ 而且 ④ 我

6. 下列词属介词的是( )
① 明确 ② 的确 ③ 被 ④ 清醒

7. 下列词属助词的是( )
① 所 ② 够 ③ 就 ④ 朝

8. 下列短语属主谓短语的是( )
① 太阳升 ② 出太阳 ③ 努力学习 ④ 继续努力

9. 下列短语属述宾短语的是( )
① 今天清明 ② 好得很 ③ 喜欢打球 ④彻底解决

10. 下列短语属述补短语的是( )
① 罚款 ② 听懂 ③ 讲情 ④很好

11. 下列短语属偏正短语的是( )
① 能去 ② 看清 ③ 湿透 ④ 刺一下

12. 下列短语属联合短语的是( )
① 眼疼得很 ② 唱歌跳舞 ③ 明确目的 ④爱学习

13. 下列短语属连动短语的是( )

① 去打水 ② 请他来 ③ 托他买 ④ 我自己倒茶喝

14. 下列短语属兼语短语的是( )

① 搞清楚 ② 买烟抽 ③ 教我学英语 ④ 调我去上海工作

15. 下列短语属同位短语的是( )

① 姐妹俩 ② 一斤鱼 ③ 白纸黑字 ④红花绿叶

6. 下列短语有施事主语的是( )

① 碗买来了 ② 手弄脏了 ③ 人送走了 ④ 我说过了

17.下列短语有受事主语的是( )

① 他是学生 ② 你真聪明 ③ 信刚寄走 ④ 他头疼

18.下列短语有中性主语的是( )

① 我相信 ② 他勇敢 ③ 你邀请 ④ 我不去

19.下列短语带定语的是( )

① 十分清楚 ② 新鲜牛奶 ③ 相继到达 ④ 非常应该

20. 下列短语带状语的是( )

① 狐狸 de 狡猾 ② 春天 de 到来 ③ 孩子 de 顽皮 ④ 努力 de 工作

21. 下列句子属连动句的有( )

① 他们接到命令撤退了。 ② 领导上分配我搞放映工作。

③ 老师督促大家好好学习。④ 他停了下来,嘴里哼着歌。

22.下列句子属兼语句的有( )

① 我相信他会来。 ② 他清楚我不懂外语。

③ 他召集中层干部开会。 ④ 我反对他当班长。

23.下列疑问句属正反问的是( )

① 你去还是不去? ② 你明白还是没明白? ③ 你明白什么了?

④ 你什么也没明白吗?

24.下列疑问句属选择问的是( )

① 你明白什么没有? ② 你明白还是没明白?

③ 你明白没明白什么? ④ 你到底明白不?

② 다항 선택형

1.下列词类属于虚词的是( )

① 叹词 ② 介词 ③ 助词 ④ 连词 ⑤ 语气词

2. 下列词类属于实词的是( )

① 代词 ② 名词 ③ 量词 ④ 区别词 ⑤ 副词

3. 下列词属形容词的是( )

① 胖乎乎 ② 笔直 ③ 油绿 ④ 喷喷香 ⑤ 糊里糊涂

4. 下列词属动词的是( )

① 可以 ② 会 ③ 应该 ④ 做 ⑤ 努力

5. 下列词属副词的是( )

① 刚刚 ② 偶尔 ③ 从来 ④ 永远 ⑤ 遥远

6. 下列词属形容词的是( )

① 偶然 ② 突然 ③ 猛然 ④ 忽然 ⑤ 豁然

7. 下列词属副词的是( )

① 现在 ② 马上 ③ 眼下 ④ 今后 ⑤ 曾经

8. 下列短语属连动短语的是( )

① 打电话叫他来 ② 叫他贝贝 ③ 去打水 ④ 打水去 ⑤ 去机场接人

9. 下列短语属兼语短语的是( )

① 托他买一件 ② 叫他贝贝 ③ 相信他会来 ④ 同意他去 ⑤ 起个名字叫贝贝

10. 下列短语的主语属施事主语的是( )

① 他寄了一封信 ② 自行车修好了 ③ 明天晴天 ④ 明天会很热 ⑤ 你说说看

11. 下列短语的主语属受事主语的是( )

① 他不至于这样吧 ② 他生了气了 ③ 报纸我看过了 ④ 邀请信已经寄出了

⑤ 灯装好了

12. 下列句子属连动句的是( )

① 她每天下地干活。 ② 我坐一会儿就走。 ③ 买票请排队。

④ 这真是再好不过了。 ⑤他们留下不走了。

13. 下列句子属兼语句的是( )

① 屋里有人在唱歌。 ② 我找了个帮手挺能干。 ③ 他组织团员开会。

④ 我不允许你这么说。 ⑤ 组织上批准他们结婚。

3 ○× 문형

1. "一斤鱼"和"一斤的鱼"结构类型和含义都相同.( )

2. "客来了。"和"来客了。"的结构类型和含义都不同.( )

3. "三天烧不了一吨煤。"和"--吨煤烧不了三天。"含义相同( )

4. "三个人住一间屋子。"和"一间屋子住三个人。"的含义相同( )

5. "勇气"是形容词.( )

6. "红色"和"红"的词性相同.( )

7. "刚才"和"刚刚"的词性相同.( )

8. "目前"是时间副词.( )

9. "雪白"和"黑乎乎"不受程度副词修饰, 因此不是形容词.( )

# 제5장 한자

## 1. 한자개요

### 1) 문자의 출발과 발전

언어는 청각적인 부호체계이며, 문자는 시각적인 부호체계이다. 문자는 언어를 기록하는 부호, 즉 음성언어 정보를 전달하여 시각적으로 고착화하는데 쓰이는 그림부호이다.

인류가 존재한 수만 년 동안 기호, 그림 등 간단한 의사소통의 수단은 많이 있었다. 그러나 문자는 인류역사가 계급사회에 진입한 이후에 발전해오면서 만들어졌다. 현재까지 세계에서 가장 오래된 문자인 고대 이집트 및 성서문자, 앗시리아인의 설형문자, 한자 등은 대부분 인류사회가 출현한 이후에 형성된 부호체계이다.

진정한 의미의 문자부호가 형성되려면 일정한 사회 조건이 필요하다. 가장 기본적인 사회조건은 첫째, 문자를 사용하는 집단의 생각을 재현할 수 있는 공식적인 기호나 상징체계가 필요하다. 이 체계는 여러 사람들 사이에 합의된 것이어야 한다. 둘째, 사회 발전에 따라 역사적 사건을 보존하려는 구체적인 필요 때문에 문자가 만들어졌다. 즉, 전문적으로 어떤 일을 문자로 정리하고 집필하면서 인류사회는 문자를 만들기 시작하는 것이다. 이 문자부호가 음성언어와 연결되어 음절이나 소리를 기록할 수 있는 서사기호의 기능을 한다. 문자기호는 대개 사물의 모양을 도식화하는 상형단계와 그림으로 나타낼 수 없는 현상을 해결하기 위해 표의단계, 그리고 사물이나 현상에 일정한 소리를 나타내는 표음단계로 발전하였다.

### 2) 한자의 기원

汉字가 언제 어떻게 만들어졌는지는 확실하지 않다. 다만 지금까지 연구된 문헌의 기록, 고고학 자료와 갑골문을 통해 한자의 기원을 추정하고 있다. 한자는 중국에서 발생하여 수 천년 동안에 그 字形을 바꾸고, 발음과 뜻이 변하여 오늘날에 이른 것이다. 한자는 사물의 모양을 그린 그림문자나 사건의 뜻을 나타낸 부호에서 유래된 表意文字에 속하는 文字이다.

한자의 기원에 관한 문헌기록은 후한시대 허신(许慎)이 편찬한 《说文解字》의 서문에 기록되어 있다. 하나는 약 5천년 전 복희씨(伏牺氏)가 역(易)의 팔괘(八卦)를 만들어 문자를 만들었으며, 신농씨(神农氏)가 결승(结绳)에 의해 대소사(大小事)를 기억하는 일이 행해졌다는 전설이 있다. 다른 하나는 중국 고대 전설시대에 황제의 사관인 창힐이 새의 발자국을 보고 만들었다고 한다. 이처럼 한자의 기원에 대해서는 의견이 분분하다. 다만 한 가지 공통적인 것은 복희에서 황제에 이르는 어떤 시기에 인간의 의사를 말이 아닌 기록으로 표시하는 방법이 있었으며, 그 초기 형태는 결승이고 발전된 형태는 서계(书契)라고 할 수 있다.

중국은 4천여 년 전 하(夏)나라 때 노예제의 계급 사회에 진입한 이후, 대략 상(商)나라 전기 혹은 중기에 한자의 부호 체계가 형성되었다. 이 시기에 출토된 고고학 자료는 한자 부호 가운데 가장 오래된 문자가 상나라의 갑골 문자와 청동기에 새긴 명문(铭文)이다. 상나라 때 갑골문자와 청동기에 새긴 명문은 상당히 완전하며, 성숙한 문자 부호 체계이다. 이 한자의 부호 체계는 하나라와 상나라 이전 원시 씨족사회에서부터 오랜 동안 천천히 진행되며 끊임없이 창조된 것이다. 다만 그 때의 그림 모형이나 부호는 아직 언어와 긴밀하게 결합되지 못하여, 완전한 부호 체계를 형성하지 못했다.

한자 부호 체계가 형성되기 이전의 그림도형, 부호, 기호의 조합에 의해 만들어진 문자자료는 아직 풍부하지 못하다. 이미 출토된 문자자료를 통해 이러한 그림도형, 부호, 기호조합의 존재와 한자 부호의 기원 등을 설명할 수 있을 뿐이다. 예를 들면, 근대에 계속 출토된 仰韶문화와 龙山문화의 도기에 나타난 그림도형, 부호, 기호는 많은 부분이 갑골문, 금문의 문형과 비슷하여, 그들 사이의 발전관계를 추정할 수 있다. 이미 부호 체계를 형성한 갑골문, 금문은 그림 도형, 부호, 기호 등을 조합하여 만든 문자로 직선화, 부호화, 정형화 되었으며, 금문에는 명확한 그림 도형 흔적이 혼합되어 있다.

이와 같이 한자는 그림도형, 부호, 기호를 반복적으로 사용하면서 끊임없이 언어와 결합하여 발전하였다. 이 문자부호를 전문가가 수집, 정리하여 완전하게 언어를 기록할 수 있었으며, 최후에는 원시의 그림도형, 부호, 기호를 조합하여 문자에 적용하는 과정을 거쳐 완성하였다.

### 3) 한자의 특징

한어의 주요 특징은 한어가 표의문자체계의 문자라는 것이다. 세계상의 대부분의 문자는 크게 두 가지로 분류할 수 있다. 하나는 표음문자이고, 또 다른 하나는 표의문자이다. 한자는 표의체계의 문자이며, 표음문자와는 본질적인 차이가 있다. 각각의 언어는 몇 개의 음소와 음절로 이루어진 어음계통이 있으며, 또한 어소와 단어로 구성된 어휘계통이 있다. 이 네 개의 구성요소는 부호를 통해 기록할 수 있다. 음소를 기록한 것을 음소문자, 음절을 기록한 것을 음절문자라고 하며 이 둘을 합쳐 표음문자라고 한다. 어소를 기록한 것을 어소문자, 단어를 기록한 것을 표사문자라고 하며 이 둘을 합쳐 표의문자라고 일컫는다.

표음문자는 최대한 간단한 부호를 통해 한 가지 언어의 한정된 음절과 음소를 표현하며, 단어의 소리를 나타내는 자모로 삼는다. 일반적으로 얘기해서 일정한 음은 일정한 자모로 표현하며, 일정한 자모는 일정한 음을 표현한다. 자모의 발음과 쓰는 법에 대한 규정을 파악함으로써, 사람들은 하나의 단어를 들었을 때에 그것을 써내려 갈 수 있고, 하나의 단어를 보았을 때에는 읽어낼 수 있다. 그러나 표의문자는 반대이다. 하나의 단어의 발음을 들었을 때, 한 평생 한자를 읽는 공부를 한 사람이더라도 그 단어를 써내지 못할 수도 있다. 또한 어느 한 단어를 보았을 때 읽어내지 못한다. 왜냐하면 단어와 글자는 표음자모를 통해 발음을 나타내는 것이 아니며, 쓰거나 읽는 규칙이 따로 존재하지 않기 때문이다. 이는 한자를 공부하는데 있어 기억하기 어렵고, 읽기 어려우며, 인식하기 어렵고, 공부하기 어려운 단점을 만들어 냈다. 한자는 몇 십 개의 자모를 통해 어소를 기록하거나 몇 십 개의 어소를 통해 음절을 기록하는 것이 아니고, 많은 수의 부호를 통해 어소와 단어의 의미를 만들어내고, 동시에 어소의 발음을 내포하고 있다. 따라서 사람들은 한자를 어소문자라고도 얘기 한다. 이러한 한자는 다른 지방이나 민족의 방언 속에서 서로 다르게 읽혀졌다. 한자는 어소의 음소와 음절의 자모로 구성되어 있는 것이 아니고, 형성자라고 하더라도 글자에서 음소와 음절의 자모의 흔적을 찾을 수 없다. 한자는 대부분 어소를 표현하며, 어소의 뜻과 어소의 음을 내포한다. 비록 대부분의 한자 하나하나가 하나의 음절을 가지고 있다고 하지만, 이것은 표음문자의 음절문자와는 관계가 없다. 음절문자는 하나의 부호를 통해 하나의 음절을 나타내며 하나의 음절을 이용해 하나의 부호를 표시한다. 즉, 일음일부이며, 일본의 자모(KANA)가 그 예이다. 한자의 경우 하나의 음절로 많은 종류의 한자를 기록할 수 있다.

*예를 들어 xī라는 음절은 "신화자전(新华字典)"을 보면 西나 夕 등 68개의 같은 음을 가진 글자가 있다고 한다. 또한 하나의 한자는 몇 개의 다른 음절을 가지고 있다. 예를 들어, 和라는 한자는 'hé, hè, huó huò, hú'의 다섯 가지 읽는 법이 존재한다.

현재 사용되는 한자의 형성자의 형부는 의미를 표현하고, 성부는 읽는 법을 나타낸다. 몇몇 사람들은 이 때문에 한자를 표음문자라고도 부른다. 형성자의 성부는 본래는 표의문자이다. 예를 들어 氧중의 羊이다. 또한, 형성자의 성부 음은 일음일부가 아니며, 똑같은 음이라도 다른 성부로서 음을 표시할 수 있다. 예를 들어 yì라는 음을 표시하기 위해 '诣, 亿, 呓, 挹, 议, 屹, 弈, 轶, 疫, 译, 蜴, 缢, 臆' 등의 서로 다른 성부를 이용했다. 또한 하나의 성부는 또한 다른 발음을 내는데 사용할 수 있다. 예를 들어 者라는 한자는 zhě(赭), shē(奢), zhū(诸), shǔ(暑), chǔ/zhǔ(褚), dǔ(睹), tú(屠), xù(绪), dū/dōu(都) 등의 발음을 낼 수 있다. 따라서 형성자의 성부는 표음문자의 자모와 같다고 할 수 없는 것이다. 문자계통으로 보았을 때, 한자가 비록 많은 양의 형성자가 있지만, 변함없이 표의문자로 분류해야 한다.

한자의 또 다른 특징은 한자가 일정정도의 시간을 초월하는 성격을 가진다는 것이다. 몇 천 년간 한자의 어음은 상당히 변화했으나 한자의 자형과 기록된 어소의 의미변화는 크지 않다. 예를 들어 고서에서 天, 地, 茅, 鸟, 虫, 鱼 등의 글자에 대해 현대인들은 그 당시의 읽는 법은 모르지만 그 뜻은 이해할 수 있다. 이러한 한자는 여러 방언 속에서 읽는 법은 다르지만 그 의미의 기본은 같다. 한족의 역사는 장구해 고서가 풍부하고, 본토가 넓으며, 따라서 방언간의 불일치 정도가 컸다. 표의문자의 시공간 초월성은 다른 역사와, 다른 지역 방언간의 아주 좋은 교류도구로써 역할하며 민족의 결합에도 큰 역할을 했다.

한자의 다른 한 가지 특징은 같은 음이라도 다른 형태를 가지고 있을 수 있어 동음자의 분류기능을 구비하고 있다는 점이다. 한자의 음절은 간단하고 짧다. 따라서 같은 음을 가진 글자가 비교적 많다. 만약 동음을 가진 한자가 동일한 형태를 가진다면, 동일형태를 가진 글자가 많을 것이며, 이는 동일한 글자에 대한 많은 해석 현상을 낳을 것이다. 그리고 이는 책 속에서 의미를 전달 할 때에 상당히 불리하다. 표의문자는 한자의 요구에 적응했고 이로 인해 한자의 표음체제가 지금까지 오랜 기간 동안 유지될 수 있었다.

## 2. 언어와 기호

언어의 가장 기본적인 교제 도구는 언어이다. 그러나 사회의 발달로 인해 언어가 복잡해지고 늘어난 수요를 더 이상 만족시키지 못해서 보조적인 교제 도구를 사용하기도 한다. 언어가 여러 가지 우월한 조건을 가지고 있지만 한 가지 커다란 결함이 있는데, 그것은 바로 시간과 공간의 제약을 받는다는 것이다.

중국에서는 개념·언어·문자의 관계를 일찍이 당대(唐代) 공영달(孔颖达)의 ≪尚书·序≫疏에 "言者意之声, 书者言之记"라는 구절이 있다. 즉, 언어는 개념의 밖으로 소리로 드러난 것이고, 문자는 언어를 기록한 것이라는 뜻이다. 이 한마디로 개념과 언어, 문자의 관계를 정확히 표현하였다 할 수 있다. 사람의 머리 속에 있는 개념(생각)은 언어(말)를 통해서 남에게 전달된다. 그런데 이 언어는 시간적으로 분리되어 있는 사람에게는 전달되지 못하며, 공간적으로 멀리 떨어져있는 사람에게도 전달되지 못한다. 따라서 이러한 언어의 단점을 극복하기 위하여 문자가 발명된 것이다.

문자와 언어는 다 같은 인간의 교제 도구이지만 각각의 특성에 따라 다음과 같은 차이점을 보인다.

① 언어는 필수 소통 도구이나, 문자는 단지 보조 소통 도구일 뿐이다. 모든 언어에 상응하는 문자가 존재하는 것이 아니어서, 전 세계에 존재하는 언어는 대략 6~7천 종이나, 문자는 3~4백 종에 불과하다. 문자는 필수적인 소통 도구가 아니므로 고유의 문자가 없어도 일상적인 생활에는 그리 큰 불편을 주지 않는다.

② 언어는 시공(时空)의 제약을 받지만, 문자는 시공의 제약을 받지 않는다.

③ 문자의 발전은 언어의 발달보다 느리다. 그래서 문자가 어음의 변화를 제때에 반영하지 못하는 경우가 있다. 예를 들면 영어의 knight[nait], know[nou], write[rait], right[rait]와 불어의 aout[u], beaux[bo]는 모두 13~14세기에 형성된 서사 형식으로 어음의 변화를 반영하지 못하고 있다. 한자의 경우에도 형성자(形声字)의 성부(声符)가 글자의 음을 제대로 반영하는 경우가 많지 않다.

④ 언어는 점변(渐变)하지만 문자는 돌변(突变)이 가능하다. 그러므로 강제적으로 언어를 일시에 바꿀 수는 없지만, 문자는 일시에 다른 것으로 바꿀 수 있다.

⑤ 문자는 차용(借用)이 가능하나, 언어는 선천적인 것이라 차용이 불가능하다.

언어는 인간의 생각을 전달하기 위한 청각 기호라 할 수 있다. 음성 언어는 조음기관을 통해 만들어지는 말소리를 말하고, 문자 언어는 음성 언어를 문자 언어로 표기한 것을 말한다. 이러한 기호는 일정한 의미를 표시하며 소식과 정보를 전달하는 것이다. 하지만 현대 언어학은 언어를 연구할 때 음성언어만을 연구하고 문자언어는 도외시했다. 언어학자 소쉬르는 음성언어는 언어의 연구 대상이 될 수 있고 문자언어는 말을 기록하는 수단으로만 생각했다. 문자는 언어의 표현문제와 관계가 없다고 여긴 것이다. 한자는 표음기능을 가지고 있어도 거의 연구대상에서 제외시켰다. 한자는 언어학자들에게 관심을 받지 못한 것이다.

20세기 언어학은 인식론의 영역으로 확대되면서 구조주의 언어학과 실존주의 언어학이 새롭게 탄생했다. 언어가 인식과 표현문제로 번지면서 기호학으로 발전한 것이다. 회화, 연극, 영화를 표현언어로 포함시켰다. 기호학이 기호의 전영역을 연구한다고 가정하면, 문자기호를 연구하는 언어학은 이 기호학의 한 부분이 된다. 소외되었던 한자도 표의적인 문자언어의 자격으로서 새로운 위치를 차지한 것이다.

인간의 언어는 기호이기에 전달하고자 하는 내용과 형식(말소리), 또는 문자 형식의 결합으로 이루어진다. 문자언어는 음성언어의 시간적, 공간적 제약을 극복하고 시각 형상으로 표현하는데 성공했다. 한자는 이러한 현상을 잘 반영하여 3.000년이 넘는 오랜 기간 동안 문자체계를 유지하고 있다.

## 3. 문자에 의미 첨가

오늘날 우리가 쓰고 있는 문자는 완벽하게 정리된 문자는 아니었다. 음성언어의 보조 수단으로 실물에 의미를 표시하거나 그림으로 의미를 표시하는 방법을 사용했다. 주로 結繩, 書契 등 다양한 방법으로 의사소통을 했다. 그러나 실물로 어떤 일이나 사건을 의미로 표시하여 주고받는 행동은 불편한 것이 당연하다. 그렇지만 그림으로 사건이나 일을 기록하는 것이 의사소통을 원활하게 할 수 있음을 알았을 것이다.

생각해낸 방법이 그림문자이다. 그림은 효과적으로 생각을 전달할 수 있는 방식이다. 해, 달, 나무, 짐승 등 자연의 지형 지물을 그림으로 그려 의사를 전달하려고 노력한 것이다. 그림문자는 동일한 대상도 사람에 따라 다르게 그려 고정된 형태가 없지만, 어느 정도 이해할 수 있다. 그러나 원시 공동체사회의 발전과 사회생활의 다양한 변화는 그림을 수단으로 의사소통 문제의 한계에 부딪쳤을 것이다. 그림문자로 추상적인 관념이나 구체적인 사건의 내용을 전달하는 것은 불가능하다. 그림문자를 점차 간결화하고 누구나 소통할 수 있는 추상적인 기호로 발전하게 된다. 기호문자에 의미를 표시하려는 욕구가 보편적으로 형성된 것이다.

문자는 문명사회의 도구이며, 인간은 이 문자를 사용하여 문명생활을 이루었다. 고대인들은 문자에 자신의 생각을 표현하던 그림을 간소화하거나 추상화하여 문자기호에 의미를 부여한 것이다. 그림문자는 기원전 3,000년에서 4,000년경부터 사용되었다. 고대 이집트 나일강 유역의 신성문자, 메소포타미아 지역의 설형문자, 중국 황하 유역의 갑골문자 등 고대문명이 발생한 이 지역에 발굴된 문자형태는 상형문자에서 출발하고 있다. 초기 문자는 사물을 그려 의미를 전달하는 기호로 활용한 것이다. 문자에 의미를 부여했기 때문에 해독이 가능했던 것이다. 문자체계의 발전은 실물대상의 문자화, 추상화, 음성형식의 문자화 단계를 거쳐서 발전한다.

슈메르(페니키아)의 설형문자와 이집트의 신성문자 등은 자형의 형식이 한자와 같은 도화적이다. 서로 다른 나라 다른 시기에 발전한 이 문자들은 약속이나 한 듯이 공통적인 원시 그림문자 형식을 가지고 있다. 객관적인 사물의 형상을 그려 사물을 지칭하는 문자를 만든 것이다. 한자 역시 그림에서 출발했다. 앙소문화에서 출토된 채도는 물고기, 새, 사슴 등의 그림이 그려져 있다. 이 그림이 자연스럽게 한자에 의미를 부여하여 문자가 만들어지는 토대가 되었다. 문자에 의미를 부여한 또 다른 특징은 추상화 기호를 사용한 것이다. 고대 한자를 보면 결승, 계각, 팔괘 등 기호를 사용하여 기억을 도왔다.

팔괘는 <주역>의 여덟 가지 기호이다. ‘—’과 ‘--’ 두 종류의 기호를 가지고 팔괘를 만들어 자연현상에 각각 의미를 상징했다. 최초에는 고대인이 일을 기록하는 기호로 사용했는데, 후에 점을 치는 부호로 사용했다. 계각은 나무 등에 기호를 새겨 일을 기록하는 계약하는 보조 도구로 사용했다. 이들 기호를 통해 여러 가지 정보를 전달했으나, 기호가 한정되고 정형화 되어 있지 않아 적합하지 않았다. 기록하는데 많은 불편함이 있었을 것이나 앙소문화의 원시 한자에서 기호의 흔적을 찾아 볼 수 있다. 한자는 팔괘, 계각 등의 기호에서 계시를 받아 의미를 가진 한자를 만들었을 것이다.

## 4. 한자제작의 환경

언어는 말과 글을 매개체로 인간이 의사소통할 수 있는 중요한 것이다. 우리는 일상 생활에서 공기와 물이 필요하듯이 언어는 사회생활을 하는데 인간과 떨어질 수 없다. 말은 사회 생활을 하면서 자연스럽게 발생한 것이다. 말을 시각화하여 기록하려는 목적으로 생긴 것이 문자이다. 이 문자를 수단으로 인간의 생각을 표현한 것이 글이다.

언어는 말과 글을 모두 포함하여 음성언어와 문자언어로 나눈다. 음성언어는 자신의 감정과 생각을 상대방에게 표현하는 수단이다. 나아가 사회활동을 하면서 상대방과 많은 정보를 교류할 수 있다. 문자언어는 청각적인 정보를 기록하여 시간과 공간적으로 여러 사람에게 전달할 수 있는 도구이다. 그래서 문자언어는 음성언어보다 더 정확한 생각과 역사적 내용을 후세에 전달할 수 있는 것이다.

인간이 단지 말을 수단으로 정보를 전달하거나 생각을 표현하는 것은 아니다. 말이 아닌 몸짓, 손짓, 그림, 기호 등으로 얼마든지 의사소통은 가능하다. 그러나 의미를 담고 있는 언어를 매개체로 의사소통을 하는 체계적인 기호와는 본질적으로 다르다. 다른 의사소통의 수단은 모든 사람들로부터 동의를 얻은 의미체계가 아니다. 언어는 반드시 사회구성원들이 생각, 감정 등을 표현하기 위해 서로 약속한 기호체계가 되어야 한다. 즉 언어는 언어사용자들의 약속을 토대로 음성규칙과 문자규칙을 정한 기호체계를 갖추어야 그 기능을 수행할 수 있다. 인간의 언어표현은 사회적 약속과 전통적 관습에 의해 성립되는 것이다. 언어는 개인이 임의로 바꾸거나 조작할 수 없다. 그래서 일정한 음성, 문법, 표기법을 표준화하여 언어의 기능을 통제한다.

언어는 의사소통을 통해 공동체의 삶을 추구할 수 있는 근원이다. 우리가 사용하는 언어의 기능면에서 보면 입말과 글말로 나눌 수 있다. 입말은 구어 또는 말이라 하고 글말은 서면이 또는 글이라고 표현한다. 입말은 말하기와 듣기를 통해 서로 표현한 생각을 듣고 이해하는 것이다. 글말인 쓰기와 읽기는 글자로 기록한 내용을 읽고 이해하는 것이다. 언어 생활은 이 네 가지 영역을 서로 보완하여 의사소통을 할 수 있는 것이다. 언어의 의사소통은 인간이 서로 사상과 감정을 전달하고 수용하는 역할을 말한다.

문자는 일정한 환경에서 만들어 진다. 문자에 어떤 전달내용이 있는지 알아야 되고, 다른 사람들과 약속을 해야 의사소통이 이루어진다. 어떤 대상 즉 물건이나 상황을 어떻게 표시하겠다는 계획과 표현하기에 편리해야 한다. 처음 문자가 만들어질 때에는 대상을 그대로 그리는 그림문자에서 출발했을 것이다. 이는 여러 가지 흔적을 통해 사물에 어떤 표시를 해서 의사전달을 했다는 사실을 알 수 있다.

기원전에 약 2만 년 전에 그려진 동굴 벽화, 바위의 그림은 의사전달을 위한 표현인지 알 수 없지만, 6천 년쯤 문자로 생각할 수 있는 고고학 자료가 발굴되었다. 초기에는 말을 통해 정보를 전달했을 것이다. 그러나 차츰 사람들이 집단생활을 형성하면서 음성언어 외에 의사전달 수단이 필요했을 것이다. 음성언어의 한계를 극복하기 위해 문자언어로 발전해 나갔다고 할 수 있다. 문자는 오늘날 쓰이고 있는 규범화된 글자는 아니었다. 문자의 초기형태는 하나의 대상을 그려 하나의 의미를 나타내는 그림문자를 그린 것이다. 그림문자는 문자의 전단계로 의사전달의 중요한 수단이었다. 이 그림문자로 정보를 기록하고 먼 지역에까지 전달하는 수단으로 사용했던 것은 의심할 여지가 없다. 그러나 고대문자는 그림문자를 그대로 유지한 것은 아니었다. 음성언어를 문자언어로 전환하려는 강력한 문화적 의지를 찾아 볼 수 있다. 문자의 기원에 대한 신화적인 내용이다. 중국에서 황제의 사관인 창힐이 문자를 만들자 하늘에서 곡식이 떨어지고 귀신이 밤에 울었다라는 기록이 전해진다. 이는 인간이 신과 소통하는 수단으로 문자가 탄생했음을 알려준다. 한자는 신과의 근원적인 관계를 형상화하여 만들어졌다. 신에게 전달하고 싶은 말을 문자언어로 조합한 것이다. 곡식이 떨어졌다는 것은 이 내용이 신에게 전달되어 먹을 것이 풍족해졌다는 것을 암시하는 것이다.

중국인이 문자를 만든 것은 약 3,500년 이전이다. 이 시대에 어떻게 갑자기 문자를 만들었는지는 알 수 없다. 일반적으로 문자가 만들어지는 배경은 집단 거주생활을 하며 기록하거나 전달할 수 있는 방법의 필요성 때문이다. 그러나 고대중국인이 한자를 만들어 사용한 것은 독특하다. 우리가 볼 수 있는 토기문자 이외에 사람들의 일상생활을 기록하거나 의사소통하는 데 필요한 문자언어는 찾아볼 수 없다. 한자의 원형으로 보는 갑골문자만 발굴되었다. 갑골문은 상 왕실의 활동 기록이다. 조상에 지내는 제사, 전쟁, 포로, 사냥, 질병 치료, 천문, 지리 등에 관한 기록이다. 갑골에 기록한 내용은 모두 왕의 신성한 행위와 밀접한 관계가 있지, 일반 서민들의 생활과는 아무런 관련이 없었다. 한자가 일반인들이 소통한 내용이 아니라, 신에게 물어보기 위해 점을 친 기록이다. 갑골문자는 자연계의 운행에 대한 복사가 많으며 신에게 답을 구하는 매개체로 시작했던 것이다.

## 5. 한자의 상징화

모든 한자는 각각 자형, 자음, 자의, 성조를 가지고 있다. 한자는 인간이 사회 생활하는 데 필요한 사물, 신체의 모양, 자연계의 현상을 그려 표현한 상형문자이다. 日은 해의 모양, 月은 달의 모양, 人은 사람의 모양을 본떠 만든 것이다. 하나의 도상(icon) 기호를 만드는 것과 같다. 이 한자의 형상은 단지 사물을 본뜬 것만이 아니라, 기호에 어떠한 의미를 부여한 상징성이다. 기호는 다양한 사물, 관념과 연상체계를 가지고 있다. 한자의 기원으로 말하는 신농씨의 결승은 문자라기보다는 기억의 보조장치라 할 수 있다. 결승을 통해서 메시지를 전달하는 것은 상징(symbol)의 원리이다. 山의 모양도 상징화 과정을 거치지 않으면 문자가 될 수 없다. 각양각색의 산을 대표할 수 있는 특징을 상징화해야 한다. 큰 산을 표현하고 싶다면 山 자체로는 알 수 없다. 큰 산을 그렸는지 작은 산을 그렸는지 알 수 없다. 크다(大)를 의미하는 문자를 앞에 붙여야 의미가 전달될 수 있다.

문자의 형상화는 그림의 상징화 과정을 거쳐 연상하는 문맥 속에서 완성된다. 이는 한자를 이해하는 데 매우 중요하다. 창힐은 조수의 발자국을 본떠 서계를 만들었다고 한다.(黄帝之史仓颉见鸟兽蹄迒之迹…初造书契) 발자국은 지표(index)이다. 그 한자가 지시하는 대상이 무엇인지뿐만 아니라, 지시하는 대상과 밀접하게 연결되어 있다. 山, 月, 马 등이 사물의 모양을 본뜬 상형문자이지만, 상형문자, 상형문자를 조합한 회의문자, 상형문자에 추상성을 부여한 지사문자는 3%밖에 안 된다. 설문해자에 기록된 9,353자 가운데 상형, 회의, 지사는 1,400자 밖에 없다. 90% 이상이 음과 형태를 조합한 형성문자이다. 말하자면 26개의 알파벳을 조합해 만든 음성언어 체계는 지시 대상과의 긴밀성이 떨어진다. 반면 모든 사물이 의미를 나타내는 한자 체계는 기호를 계속 증식하여 그 관계를 확장할 수도 있다. 한자의 의미는 상징화를 거쳐 고정되었지만, 한자의 형태는 원래 의미가 고정되어 있는 것이 아니다. 한자는 형태를 보고 의미를 추측할 수 있지만, 한자의 대부분은 형태를 보고 의미를 알기 어렵다. 至(이르다. 도달하다)는 한자의 형태만을 보면 무엇을 형상화했는지 알 수 없다. 至는 화살(矢)과 일(一)을 조합한 회의문자이다. 一은 화살이 도달하는 땅을 의미한다. 화살은 어떻게 도상화해도 빠르다는 의미를 담을 수 없다. 화살의 형태에 의미를 부여하려면 상징화가 필요한 것이다. 그림에서 문자가 형성되려면 문자를 창조하는 인간의 창의력이 있어야 한다. 인간의 창의력이란 사물을 자세히 보는 방법이기도 하다. 한자를 만들려는 의지와 그 민족의 가치관이 있어야 문자가 만들어 진다. 문자의 의미는 문화를 구성하는 재료가 되고, 문화가 다양한 현상으로 나타나면서 상징화 된다.

한자의 형태와 의미는 사회 구성원의 약속이며, 오랜 동안 사용하면서 상징화된다. 인위적으로 만든 한자의 형태에 의미를 붙여 사용하는 과정에서 보편화된다. 한자의 의미가 반드시 한자의 형태와 관계있는 것만은 아니다. 시대에 따라 의미가 다양하게 만들어지기도 하는 것이다.

## 6. 한자의미의 다양성

한자는 한 글자가 여러 가지 개념을 표시하는 글자가 많다. 하나의 한자가 두 개 또는 두 개 이상의 의미를 나타낸다. 처음에는 하나의 의미였으나 장기간 사용되면서 비슷하거나 다른 의미가 나타났다. 의미를 겸용하거나 의미가 파생되기 때문이다. 이를 한자의 다의성(一字多义)이라 한다.

한자는 명사와 동사로 같이 사용하거나, 능동과 수동의 의미를 동시에 지니는 글자도 있다. 道의 本义는 명사인 도로, 길의 의미였으나 '도리, 도덕, 말하다' 등의 의미로 사용되었다. 书는 손으로 붓을 잡고 있는 모습의 聿을 形符로 한 기록하는 행위를 뜻한다. 기록하다는 동사와 글이라는 명사를 겸하고 있다. 受는 갑골문에 능동과 수동의 의미를 겸하고 있다.

또한 한자에는 본래의 의미와 파생된 의미가 있다. 본래 의미를 本义라 하고 파생된 의미를 转义, 引伸义, 派生义라고 한다. 令이 명령하다는 의미였으나, 县令의 뜻으로 쓰인다. 兵은 본래 兵器의 뜻인데, 군대나 병사를 가리키는 의미도 있다. 다시 전쟁이나 兵法, 공격해 죽이다, 상처 입히다는 뜻으로 사용된다. 写는 본래 여기 것을 저 쪽에 쏟는다는 뜻이었으나, 쏟아낸다(泻)는 뜻으로 파생되거나, 복제, 模写, 抄写 등으로 파생되었다. 写真은 본래 참 모습을 그려낸다는 뜻의 초상화를 의미했으나 지금은 보편적으로 사용된다. 이처럼 하나의 한자 의미가 유사한 의미로 변하는 것이다. 한자는 고금의 의미에도 변화가 크다. 走는 현재 가다는 의미로 사용하지만 고대에 달리다는 의미였다. 현대중국어에서 奔走(급히 달리다), 走马灯(주마등) 등의 단어를 사용하고 있어 해석하는데 곤란을 가져올 수 있다.

그렇다면 상형을 기초로 만들어진 한자는 왜 다양한 의미로 사용했을까? 아마도 중국인의 형상과 사유에 대한 습관인 것 같다. 추상적인 문제를 형상화하고 상징화하는 사고방식이 뛰어난 것이다. 고대 중국의 한자는 日, 月, 木, 火, 手, 刀 등 상형적이고 직접적이다. 그러나 이 한자를 이용하여 더 자세하고 다양한 표현을 위해서 간단하게 조합하였다. 刀에 점 하나를 붙여 刃(칼날 인), 手(손 수)를 나무 위에 올려 놓고 采(딸 채), 牛(소 우)를 우리 안에 가둬 놓고 牢(우리 뇌), 江, 松, 东, 草, 尹 등을 만들었다. 생각을 세밀하게 그릴 수 없어서 기초 한자와 소리를 활용하여 한자와 의미를 확장한 것이다. 한자는 중국인의 사고력와 상상력을 확장시켰으며, 추리와 분류의 사고습관을 만들어 주었다. 아직 한자가 중국 문화와 사유, 다양성에 어떠한 영향을 미쳤는지 명백하게 설명할 수 없지만, 중국인의 문화는 글자의 모양에 의지하는 한자와 관련이 있다. 한 눈에 열 줄씩 읽는다(一目十行). 글자를 보고 뜻을 짐작하다(望文生义) 등의 이해방식, 근체시, 변려문, 대련의 발달 등은 한자를 식별할 수 있는 능력으로 다른 언어를 사용하는 다양한 민족을 하나로 통일할 수 있었던 것 같다.

## 7. 한자와 소학

중국은 독특한 방법으로 자기 민족의 어문(汉语와 汉字)을 연구해 왔다. 그리고 중국의 언어 문자를 연구하는 학문에 특이한 명칭을 붙여 소학(小学)이라 하였다. 소학의 연구핵심은 한자의 형음의(形音义)를 주요 대상으로 하여 다시 분야별로 문자학, 성운학, 훈고학으로 구분된다.

처음 소학의 개념은 주(周)나라 때 중국 언어 문자를 연구하는 학문이 아니라, 대학(大学)과 상대되는 것으로 귀족자제를 위해 설치한 초급학교의 의미였다. 아동들에게 글자를 익히기 위해 중요한 한자를 모아 《사주편》(周代), 《창힐편》(晋代), 《급취편》(汉代) 등을 만든 책을 소학이라 불렀다. 이 소학의 명칭이 뒤에 학술적인 명칭으로 바뀌었다. 서한(西汉)시기에 유향(刘向)이 《七略》에 소학을 문자학으로 지칭하였으며, 동한(东汉)시기에는 《수서경적지》(隋书·经籍志)<小学类>에 음운(音义)·훈고(训诂)·성운(声韵)·체세(体势) 등 네 가지를 서술하였다. 송대에 이르러 처음으로 소학을 문자, 음운, 훈고의 학문으로 정하면서 청말 장태염(章太炎)은 《论语言文字之学》에 소학의 명칭을 언어문자학으로 대체할 것을 제기하면서 전통소학이 종결되고 현대 언어학이 시작되었다. 오늘날 사용하는 소학은 중국 봉건사회의 언어문자학을 가리킨다.

소학 연구 범위는 협의의 자형에서 광의의 문자 연구로 발전하였으며, 자음에서 음운을 자의에서 훈고를 연구하고 있다.

### 1) 문자학

문자학은 한자의 세 가지 요소인 자형, 자음, 자의 관계와 그 변천을 과학적으로 연구하는 학문이다. 세계의 모든 문자는 형, 음, 의의 세 요소를 가지고 있지만, 크게 표의적 문자와 표음적 문자로 구별된다. 일반적으로 중국 문자학은 표의적인 문자의 자형과 자의의 관계를 연구한다.

중국의 한자 연구는 기원전 1-2세기 한나라 때부터 시작되었으며, 그 당시 한자를 연구하는 학문을 소학이라 불렀다. 소학은 과거 유교를 국교로 하였던 중국에서 경학을 연구하면서 시작되었다. 경학은 한자로 쓰인 경서의 내용을 이해하기 위해 언어학적, 문헌학적 연구에서 출발해야 한다. 그렇기 때문에 소학은 경학을 연구하는 기초 학문이었다. 서한시기 이후 소학의 범위는 문자·음운·훈고로 확대되면서 광의의 문자학에 부합하게 되었다.

문자학은 주로 고적문헌에 사용된 한자를 연구대상으로 한다. 고서에 쓰인 한자 자형의 구조분석을 통해 자의를 이해하고, 형·음·의의 관계를 통해 한자의 특징을 파악하여 현대한어를 연구하는데 도움을 주기 위한 것이다.

## 2) 성운학

문자는 형·음·의에 의해서 언어를 표시하는 것이다. 문자가 만들어지기 전에 언어가 있었으며, 언어가 생기기 전에 소리가 있었다. 언어는 소리를 빌려 의사를 표현하는 것이다. 문자는 언어를 근본으로 창제된 의미부호이며, 언어는 듣기 위한 의미부호이다. 이 두 가지는 개인의 사상을 표현하여 서로 교제하는 수단이다. 따라서 형·음·의는 밀접한 관계가 있으며, 이를 연구하는 학문을 옛사람은 소학이라 불렀다. 책을 읽으려면 반드시 글자를 먼저 알아야 하기 때문에 소학은 모든 학문을 하는 기초이다.

성운학은 소학에서 소리를 전문적으로 연구하는 학문이다. 일찍이 장태염은 「音以表言, 言以达意, 舍声音而为语言文字者, 天下無有」라고 하면서 성운학의 중요성을 강조하였다. 전통적인 성운학은 서양의 어음학·음운학과 달리 성운학의 명칭 앞에 중국 또는 한어를 붙였는데, 이는 중국의 언어 문자가 한 종류만이 아니기 때문이다. 음운학은 음소를 단위로 하여 생리적·물리적 측면에서 음운의 모든 현상을 분석하는 것이다. 성운학 역시 음운학의 범주에 속하지만, 중국 한족의 언어는 단음절어이기 때문에 각 글자를 단위로 하여 한 글자가 한 음을 나타낸다. 따라서 각 글자의 소리를 분석할 때 발성(发声)과 수성(收音)부분으로 나눌 수 있다. 즉 声은 发声부분이며, 韵은 收音부분이다. 이 밖에 각 글자마다 성조의 차이가 있어 중국 자음을 만드는 중요한 부분이다. 성조는 의미를 분별하는 작용을 하는데, 동일한 소리도 성조의 높낮이에 의해 서로 다른 의미를 나타낸다.

한어는 한 글자가 하나의 음절로 이루어진 단음절 언어이다. 음절의 앞부분을 성(声 Initial), 뒷부분을 운(韵 Final)이라 부른다. 성과 운이 결합된 단음절 언어이므로 성운이라 부르고, 이를 연구하는 학문을 성운학이라 한다. 즉 중국의 성운을 연구하므로 중국성운학이라고 부르는 것이다.

## 3) 훈고학

훈고학은 중국의 전통언어학을 구성하는 중요한 부분으로 고대 문헌의 훈고 이론을 연구한다. 훈고는 이해하기 쉬운 언어로 이해하기 어려운 단어를 해석하거나, 현대어로 고어를 표준어로 방언을 해석하는 것이다. 특히 한위(汉魏)시대 이전의 서적에 나오는 단어의 의미를 연구한다. 훈고는 또 '故训, 解故' 등으로 불린다. 훈고는 노(鲁)나라 모형(毛亨)이 주석(注释)한《시경》(诗经)을《시고훈전》(诗故训传)이라고 이어 쓴 것에서 비롯되었다.

훈고학의 의미는 협의와 광의의 의미로 나눌 수 있다. 협의의 훈고학은 음운, 문자와 상대적인 의미로 중국 전통적인 단어의 뜻를 연구하는 학문이다. 광의의 훈고학은 음운, 문자를 훈고에 포함시킨 전통 어문학의 한 분야이다. 예를 들면《尔雅》<释水> '大波为瀾,(큰물결) 小波为淪'(잔물결)에서 처럼 당시에 통용되는 말로써 단어의 의미를 해석하는 것이다.

훈고학의 연구대상은 고대 문헌에 쓰인 언어의 단어의 의미(고대 서면어)이며, 연구재료로는 고대 문헌의 언어 및 언어로 언어를 해석하는 주석서 등이 있다. 훈고학은 이러한 자료를 가지고 고대 한어사의 형식(형, 음)과 내용(의)이 결합하는 규율 및 사의 자체의 규율을 고대 문헌의 사의를 정확히 탐구하고 해석하는 것을 목적으로 한다.

훈고의 형식에는 두 종류가 있다. 하나는 전적의 문장에 의거해 순서대로 해석하는 주소(注疏)이다. 이를 주석(注释)이라고 부르기도 한다. 예를 들면《좌씨전해고》(左氏传解诂)(贾逵),《논어주》(论语注)(马融),《주역주》(周易注)(郑玄),《좌씨전해의》(左氏传解义)(服虔),《맹자정의》(孟子正义)(焦循),《장자집주》(莊子集释) 등이 있다. 다른 하나는 전적의 문장에서 벗어나 전적의 동의어를 모아서 해석한 전문서이다. 예를 들면《이아》(尔雅),《광아》(广雅,)《방언》(方言),《설문해자》(说文解字) 등이 있다.

## 8. 한자의 원리

문자는 기본적으로 그림문자에 기원을 두고 있다. 표현하려는 대상을 그림으로 묘사한 것이다. 모든 사물을 구체적으로 묘사하는 것은 상당히 어렵다. 사람들에게 보편적으로 통용되려면 서사 체계를 단순화하여 상징화하는 것이 자연스러운 현상이다. 다양한 그림을 통일시키고 또 다른 방법을 찾아 창조했을 것이다. 그림에 추상적인 요소를 덧붙이거나 두 개 이상의 그림을 조합해 표현하거나 소리를 응용할 수 있는 방법을 고안한 것이다.

한자는 어떻게 만들어져 있을까? 한자는 표의문자이지만 표음성분도 담겨있다. 商 왕조의 문자는 소리와 관계없이 의미를 형상화하거나, 의미와 관련이 있는 소리를 응용하여 합성하는 방법을 찾은 것이다. 예를 들면 대상을 묘사하기 어려운 새는 鸟字에 소리를 활용해 鸡 鸢 鸤 鸥 鸦 鸭 등 다양한 새를 구별할 수 있는 방법을 생각한 것이다.

언어는 기본적으로 형, 음, 의 세 가지 요소를 갖추어야 한다. 한자의 본질을 접근하려면 이 세 가지의 관계가 밝혀져야 한다. 한자의 구조원리는 서기 100년 허신의 설문해자의 육서를 살펴보아야 한다. 먼저 한자의 출발인 상형과 대상을 추상화한 지사를 보자. 상형은 모양을 본뜬 것이다. 구체적인 대상을 형상화한 것이다. 상형은 문자창조의 뿌리라고 할 수 있다. 지사는 모양이 있는 대상이 아니라, 추상적인 일을 가리킨다. 대상을 추상화해서 그린 것이다. 반면에 회의와 형성은 상형과 지사의 한계를 극복하기 위해 고안한 방법이다. 회의는 뜻을 모은 것이다. 즉 상형이나 지사문자를 조합한 것을 말한다. 형성은 소리를 나타내는 음부와 뜻을 나타내는 의부를 조합하는 방법이다.

상형과 지사 방법으로 만든 한자만으로는 인간의 의사나 생각을 전달하는데 한계가 있다. 그렇다고 생각을 표현하기 위해 방대한 한자를 만들어 내기도 어렵다. 설령 한자를 만들어 낸다 해도 그 많은 한자를 기억하기 어렵다. 고대인은 이 어려운 문제점에 부딪쳤을 것이다. 기존에 만들어 놓은 한자에 자획을 계속 추가하면 복잡하여 정확하게 의사소통을 할 수 없었을 것이다. 기억하기도 어려웠을 것이다. 문자는 간단하고 쓰고 익히기 편리해야 한다. 이러한 조건에 맞는 한자를 만드는 원리를 찾아낸 것이 회의와 형성이다. 한자는 의부와 음부, 부수의 형태를 조합하는 이원적 방법으로 표현하려는 대상을 형상화했다. 여기에 새로운 한자를 만들지 않고 기존의 한자를 응용하는 전주와 가차의 방법을 찾아냈다. 가차는 원래 의미가 다른 한자를 같은 음이나 비슷한 음을 가진 한자에 맞추어 사용하는 것이다. 일종의 동음이자의 용법이라 할 수 있다. 전주는 하나의 한자를 서로 다른 여러 가지 의미를 나타내는데 사용한 방법이다. 동자이어를 만드는 방법이라 할 수 있다. 즉 가차는 같은 음이 다른 뜻으로 전용된 것이며, 전주는 같은 한자가 다른 뜻으로 전용된 것이다.

## 육서의 이해

한자가 시대와 더불어 수없이 증가하게 된 이유는 인지가 발달하고 복잡해짐에 따라 자연스럽게 나타내려고 하는 새로운 개념이 자꾸만 늘어났기 때문이다. 그러나 그것은 아무런 체계도 없이 마구 생겨난 것이 아니고 몇 가지 통일된 원칙 아래 이루어졌다. 우리는 여기서 육서의 원칙들을 살펴봄으로써, 한자의 학습을 쉽고 재미있게 할 수 있게 된다. 육서란 한자의 생성원리를 귀납적으로 정리해 낸 이론으로서, 상형 · 지사 · 회의 · 형성 · 전주 · 가차라는 방법이 그것이다. 문자학자들이 한자를 연구하는데 있어서 육서를 기준으로 분석하는 것은 한자는 각 글자마다 고유한 모양(形)·소리(音)·뜻(义)의 3요소를 함께 갖추고 있어 육서가 이러한 한자의 모양, 소리, 뜻의 세 부분을 유기적으로 분석한 이론이기 때문이다. 한자가 만들어진 원리를 찾아 한자를 익히면 한자를 쉽고 바르게 공부할 수 있다.

### (1) 상형

상형이란 실제적인 사물의 형상을 잡아 개략적인 윤곽을 그림으로 그려낸 것이며, 이에 독음이 생겨 입으로 읽을 수 있게 되어 문자가 된 것이다.그러나 상형자는 단순히 한 사물의 형상을 그림으로 그려서 나타내는 방법이기 때문에 일상생활에서 사용하는데 한계가 있었으며, 또한 사회 문화의 발전에 따라 새롭게 표현해야할 언어들을 모두 표현하기에는 부족한 점이 많은 단점도 있다.

① **독체상형** : 사물을 그림으로 그린 후 자형에 어떠한 가감을 하지 않은 순수한 형태의 상형으로 상형의 가장 기본적인 형태이다.

日 : 태양의 둥그런 모습을 나타내며, 가운데의 횡선은 태양이 발광체이므로 그 빛을 발하는 광원을 가운데 점으로 그린 것이나 후에 횡선으로 변한 것이다.

水 : 물이 흐르는 모습, 가운데는 물살이 세고 가장자리는 물살이 약하기 때문에 실선과 점선으로 나타내었다.

川 : 물이 흐르는 모습이나, 물살의 흐름이 빠르고 균일하게 세 개의 실선으로 나

타낸 것이다.

魚 : 물고기의 머리, 몸통, 지느러미 모양을 본뜬 글자.

女 : 여인이 얌전히 앉아 있는 모습을 본 뜬 글자.

② **합체상형** : 문자의 의미를 보다 분명하게 나타내기 위한 목적으로, 독체 상형 문자에다가 문자화 되지 못하고 그림 문자를 첨가해, 본래의 상형문자와 다른 새로운 문자를 만들어 낸 것을 말한다.

桑 : 나무(木)위에 오디 열매(叒)를 그린 것으로, 뽕나무란 뜻으로 쓰인다.

泉 : 땅의 돌 틈에서 물이 흘러나오는 모습으로 샘을 그린 것이다. 白처럼 생긴 것은 샘원을 그린 것이고, 밑의 水자는 흐르는 물을 그린 것이다.

### (2) 지사

사물의 모양으로 본 뜰 수 없는 추상적인 개념을 기호로써 표현한 것으로 그 특징은 구체적이 아닌 추상적인 생각이나 일을 나타내는 방법이다. 문자를 만드는 기본적인 동기는 의사 전달이다. 이 의사 전달은 언어의 목적이 되기도 하지만, 언어의 한계성을 극복하기 위해 만든 것이 문자이므로, 문자는 언어를 충분히 대체할 수 있어야 한다. 그러나 한자에서 최초로 만들어진 상형은 일종의 그림으로 나타내는 한계성으로 인하여 표현할 수 있는 범위가 매우 제한 되어 있다. 이에 따라 이러한 제약을 뛰어넘을 수 있는 방법으로서 지사문자가 나타나게 된다.

① **독체지사** : 어떤 다른 요소가 첨가되지 않은 단독의 지사문자.

一 : 어느 특정한 사물을 그린 것이 아니라, 자연에 존재하는 모든 사물을 대표하여, 단지 하나의 개념을 나타내기 위해 단순히 하나의 부호로 획을 그은 것이다.

高 : 위는 궁궐의 지붕을 아래는 궁궐을 문을 그린 것으로 당시에는 궁궐이 가장 높았기 때문에 '높다'라는 의미로 쓰였다.

上 : 싹이 나오는 것을 그려 위라는 뜻을 나타냄.

下 : 싹의 뿌리를 그려 아래라는 뜻을 나타냄.

② **합체지사** : 상형문자나 독체지사에 의미를 보다 분명하게 나타내기 위해 문자가 아닌 부호를 첨가한 것을 말한다.

刃 : 칼날 위에 작은 점을 찍은 모습으로, 이는 칼의 예리한 날에서 번쩍이는 빛을 표현한 것이다.

本 : 나무의 밑 부분에 뿌리를 표시한 것으로, 간단한 횡선으로 나타내었다.

甘 : 혀 가운데 음식이 놓여진 모양을 가리키고 있어 음식을 맛보고 있는 것을 나타냈다.

### (3) 회의

두 개 이상의 서로 다른 종류의 문자를 합하여 하나의 문자를 만들어 다른 뜻을 나타내는 것이다. 회의문자는 수차의 중형을 통해 수많은 글자를 만들 수 있으며, 두 개 이상의 글자를 합쳐 새로운 글자를 만드는 과정에서, 그 합쳐지는 글자의 필획을 일부 생략하여 만드는 방법이다. 이는 자형상에 있어서는 완전한 두 글자의 합체는 아니나, 의미상에 있어서는 완전한 두 의미의 결합이라고 할 수 있다.

① **이체회의** : 서로 다른 두 개 이상의 문자의 자형과 자의를 결합시킨 회의문자를 말한다.

安 : 여자(女)가 집안에 있는 모습이다. 여자는 집안에 있어야만 편안하다는 전통적인 관념에서 '편안하다'는 의미를 나타내게 되었다.

析 : 나무(木)와 도끼(斤)로 구성되었다. 도끼로 통나무를 쪼개는 모습으로, '쪼개다', '분석하다'는 의미를 나타낸다.

好 : 여자가 아이를 앉고 있는 모습을 그린 것으로 그러면 아기가 '좋아한다'는 뜻을 나타낸다.

信 : 사람과 말씀의 뜻을 결합한 글자로 사람의 행동과 말은 일치해야 함을 나타내서 '믿다'의 뜻이 나왔다.

② **동체회의** : 두 개 이상의 같은 문자의 자형과 자의를 겹합시켜 만든 회의문자를 말한다.

絲 : 가는 실을 나타내는 사가 두 개 합쳐진 것으로, 사보다 굵은 실을 의미한다.

森 : 나무(木) 세 개의 뜻을 결합한 글자로 숲에 나무가 들어 찬 모양을 나타내서 '빽빽히 늘어서다'의 뜻을 나타냄.

③ 생체회의 : 문자의 자형을 결합하면서, 미관등의 몇 가지 이유들로 자형의 부분적인 필획을 생략하여 균형을 맞춘 것을 말한다.

孝 : 부모를 잘 섬긴다는 뜻으로, 老자에서 匕부분이 생략되어 子와 결합.

## (4) 형성

이미 만들어진 글자를 합하여 하나의 문자를 나타내는 것은 회의문자와 같다. 그러나 다른 점은 회의문자는 뜻에 따라 합쳐진 것임에 반하여 형성문자는 한쪽이 음을 나타내고 다른 한쪽이 뜻을 나타내고 있는 점이다. 한자의 창제의 방법 과정상에서 보면 정치, 경제, 사회, 문화가 발전하고 새로운 어휘가 증가함에 따라 표현하고자 하는 욕구가 확대되었으며, 새로운 문자 창제를 위한 방법이 보색되있다. 상형, 지사, 회의의 방법으로는 이러한 욕구를 충족시킬 수 없었으므로 성부를 운용하여 한자를 만드는 방법을 찾게 된 것이다. 한자를 만드는 매우 편리한 형성자는 수많은 글자들을 만들어 한자의 70~80%를 이루고 있으며, 옥편의 구성도 형성자 중심으로 편집되었다.

① 본래의 글자 속에 본래의 글자와 같은 음이 있는 경우.

問 = 門(같은 음) + 口(뜻)

花 = 草(뜻) + 化(같은 음)

② 본래의 글자 속에 본래의 글자와 끝소리(음)가 같은 경우.

海 = 水(뜻) + 每(끝소리가 같음)

③ 본래의 글자 속에 본래의 글자와 끝소리가 비슷한 경우

宙 = 宀(집) + 由(유)

### (5) 전주

이미 만들어진 글자를 그 본래의 뜻과 연관을 가지면서 좀더 새로운 뜻으로 전용해서 쓰는 방법이나, 유사한 문자끼리 통용해서 쓰는 방법을 말한다. 전주의 방법은 한자의 생성 초기에 이미 단편적으로 응용된 방법이기도 한다. 하나의 한자가 만들어졌을 때는 그 한자구조에 상응하는 하나의 의미를 기본 의미로 가지고 있다. 그러나 인간들이 자기의 의사를 표현하려 할 경우 그 의미와 일치하는 글자가 있으면, 어쩔 수 없이 그 관련된 글자로서 자기의 의미를 대신 나타낸다. 이때 관련된 글자에 새로 부여한 의미를 일반적으로 인신의(引伸义)라 말한다. 이와 같은 引伸义 방식은 하나의 글자로 하여금 수많은 의미로 확장하게 하는 기능을 가지고 있으며 이러한 방식의 발전이 전주방법으로 정착된 것이라 할 수 있다.

① 발음은 변하지 않고 뜻만 변한 것

考 : 늙은이의 뜻인데 '생각하다, 어버이'의 뜻으로 전용

老 : 늙은이의 뜻인데 '노련하다, 어른'의 뜻으로 전용

② 발음과 뜻이 동시에 다 변한 것

乐 : 본래 풍유(악)자 인데, 음악은 누구나 들으면 즐거운 것이기 때문에 '즐거울 락'이 되고, 누구나 좋아하는 것이기 때문에 '좋아할 요'가 되기도 한다.

### (6) 가차

이미 만들어져 있는 글자 가운데 글자 본래의 의미와는 상관없이 그 발음이나 모양만 빌어다가 다른 사상(事象)을 나타내는 뜻으로 빌어 쓰는 방법이다. 가차의 방법은 형성자 이전의 문자들을 차용했을뿐, 형성자를 차용한 것이 아니므로 학계에서는 가차는 한자 생성과정에서 형성보다 먼저 놓기도 한다.

① 유사한 음 또는 형태를 빌려 씀.

舍(집 사)→ 捨( 버릴 사)

然(그러할 연)→ 燃(사를 연)

燕(제비 연)→ 宴(잔치 연)

② 의성어, 의태어, 佛家에서 쓰는 용어.

③ 외국어 표기 佛兰西, 巴利, 罗马, 亚细亚 등

④ 모양이 비슷한 것을 빌려 씀 弗(아니 불)→ $(달러)

## 9. 한자 형태의 발전

### 1) 갑골문자의 출현

현재까지 가장 오래된 한자는 은(殷)의 말기(BC 14C-BC 11C)에 사용된 갑골문자(甲骨文字)나. 은(殷)은 종교적인 색채가 강한 왕조이다. 왕족의 출산, 질병, 바람이나 구름 등의 자연현상, 일기예측에 이르기까지 모든 행위와 현상에 대해 신이나 조상신에게 뜻을 물었다. 일상생활의 모든 일을 신에게 의지하여 사전에 吉凶을 점쳐 봐야 한다고 믿었다. 신의 뜻을 물을 수 있는 사람이 왕이었다. 왕이 점을 친 뒤 거북껍질이나 짐승의 뼈에 언제 누가 어떤 것을 점쳤는가를 칼로 새겨 기록하였다. 그 글에 사용된 글자를 甲骨文字라 한다. 甲은 거북의 껍질이고 骨은 짐승의 뼈이다. 甲骨은 1898년(清 光緒 24년) 하남성 안양현(安阳县 小屯寸)에서 발견되었다. 소둔촌과 부근이 은나라 도성(都城)의 터로서 은허(殷虚)이다. 청나라 말부터 현재까지 여러 차례의 발굴을 통해 출토된 갑골은 약 17만 조각이다. 이 문자는 점친 내용을 기록한 것이기 때문에 복사(卜辞)라고도 부른다. 또한 칼을 이용해 파낸 것이기 때문에 은허서계(殷虚书契)라고 부르기도 한다.

갑골문의 글자 수는 약 4천 5백여 자이며, 현재 각 학자들의 고증해석을 거쳐 확인된 자는 대략 1천 7백여 자에 이른다.

갑골문자의 자형은 象形·指事·会意·形声의 造字방법이 모두 이미 갖추어져 있다. 전국(战国)시대부터 한대(汉代)에 이르는 동안 학자들이 한자를 만든 원리를 육서(六

书)로 분석했다. 그 중에서 이 네 가지 글자를 만든 방법이 갑골문자에서 찾은 것이다. 예를 들면 日, 子, 月, 田, 自(鼻의 初文), 其(箕의 初文), 亦(腋의 初文), 告(牛와 口의 구성), 侵(牛와 帚의 구성), 沚(水와 止의 구성) 등 甲骨文은 원시 문자가 아니라 상당히 성숙된 문자라는 것을 알 수 있다. 또한 이체자(异体字)가 많다. 동일한 자라도 편방의 위치가 정해져 있지 않다. 또한 동일한 글자의 상형(象形) 부분은 더 늘일 수도 있고 줄일 수도 있으니 이것 역시 이체자가 많이 형성된 원인이다. 이체자가 특별히 많다는 것은 갑골문자가 아직 완전히 정형화되지 않았다는 뜻이다. 그러나 갑골문은 확실히 그림과는 다르다. 상형자 대부분이 특징화, 윤곽화, 그리고 직선화되어, 도화(图画)의 그려낸 그림과는 다르다. 갑골문 중에는 간혹 그림처럼 세세히 묘사한 상형자가 있기도 한다. 예를 들면 '虎'자는 완전히 호랑이 모양에 따라 상세히 묘사한 것으로 호랑이 몸과 꼬리의 무늬까지도 모두 세밀하게 묘사하였다. 그러나 이것은 정성들여 파낸 예술적 가공에 불과한 것으로 모든 갑골문자가 지니고 있는 특색은 아니다.

갑골문은 합체(合体)로 발전한다. 会意字·形声字는 모두 합체자(合体字)이다. 어떤 글자들은 형부(形符) 또는 성부(声符)를 덧붙이는 방식으로 합체자를 만들었다. 원래 글자의 성부를 빌려 다른 뜻의 형부를 보태어 형성자를 만들기도 했다. 예를 들면 갑골문 중의 '何'는 '荷'의 본자(本字)로 갑골문에서는 사람이 어깨 위에 짐을 진 모습을 본뜬 것이다. '河'는 이 '何'를 빌려 쓴 것이고, 후에 '何'자의 형체에 형부 '水'를 보태어 쓰게 된 것이다. '鸡'은 갑골문을 보면 본래 닭의 형상을 본떴는데, 그 외에 성부 '奚'를 더하였다. 이는 갑골문이 결코 원시 문자가 아니라는 근거이다.

후대에 갑골문에서는 같았지만 서로 다른 글자로 분화하여 한자와 의미가 다른 경우도 많다. 예를 들면 立과 位, 兹와 丝, 人·大·夫, 只과 获, 史와 事, 足과 正, 命과 令, 冬과 终 它(蛇의 本字)와 虫은 같은 글자이다. '听'은 갑골문에서는 口와 耳로 이루어진 회의이기도 하고, 성부 壬(즉 挺의 初文)을 붙여 '圣'이 되기도 했다. 그러므로 '圣'과 '听'은 갑골문에서는 같은 글자였다.

갑골문자는 한자 글씨체의 한 종류가 아니라 한자의 오랜 역사와 그 심오함을 간직하고 있다.

### 2) 청동기에 기록한 문자

서주시대(BC 11C- BC 771)와 춘추시대(BC 770-BC 476)는 청동기에 기록한 명문(銘文)이 발달했다. 고대 중국이 사용한 청동기는 다양한 형태의 종류에 문자를 기록했다. 이 시기 한자의 기본적인 구조는 은나라 말기의 문자와 유사하다. 청동기 문자의 선조성과 규칙성을 보면 여전히 은 왕조의 문자를 승계하였음을 알 수 있다. 청동기는 음식물을 담는 것, 술을 담는 것, 물을 담는 것, 악기 등 여러 가지 형상이 있다. 구리와 주석의 합금인 청동으로 필요한 도구를 만든다는 생각은 획기적인 발명이었다. 세계의 많은 고대문명이 철기시대로 옮겨가기 전에 청동기문명을 거쳤다. 그러나 은주(殷周) 시대만큼 훌륭하게 청동기를 만들어 활용한 문명은 없다. 청동기에는 안쪽 벽 등에 글자를 써놓은 金文이다. 금문은 거푸집을 만든 뒤에 주조한다. 금문은 오래된 것으로는 은의 갑골문자와 거의 같은 시대에 만든 것도 있다. 갑골문자가 날카롭고 가는 직선을 조합한 반면에 금문은 곡선이 많고 선도 굵다. 글자체는 달라도 문자의 구조는 거의 같다. 은대에 만들어진 청동기의 명문은 거의가 10자 미만이다. 조상신의 이름만을 적은 1자 또는 2자의 극히 짧은 것이 많다. 은은 십간과 십이지를 사용하여 날짜를 계산했다. 청동기에 조상신의 이름을 써 넣었다. 은이 망하고 주나라 시대에도 청동기는 변함없이 활발하게 만들어졌다. 주를 세운 부족은 본래 서쪽에서 유목과 농경생활을 했다. 고유문자나 청동기 문화도 가지지 못했다. 서주시대의 청동기는 정(鼎, ding)이나 대(敦, dui) 등 주로 음식물을 담는 도구로 사용했다. 서주 중기는 준(尊 술통)과 같은 것을 만들어 비교적 긴 문장을 적었다. 은대의 청동기는 주술적인 용도였으나, 주대의 청동기는 씨족 내부의 제사를 모시는 도구로 사용했다. 서주 초기의 청동기를 대표하는 것 가운데 하나가 대우정(大盂鼎)이다. 대우정은 청나라 도광년간(1821~50)에 주를 건국한 부족이 본래 살았던 기산(岐山 섬서성 소재)의 기슭에서 발견되었다. 높이가 102.1cm, 상부의 구경이 78.4cm, 무게는 153.5kg인 웅장한 모습이다. 대우정의 내벽에는 19행, 291자로 글이 새겨져 있다. 강왕(康王)이 뛰어난 장군이었던 우(盂 사람 이름)에게 조상의 관직을 잇도록 명령하고, 수레, 말, 옷가지 등과 함께 모두 1,700명이 넘는 백성을 준 기념으로 우가 이 정(鼎)을 만들었다고 기록되어 있다. 그런데 대우정(大盂鼎)이나 모공정(毛公鼎)의 명문처럼 긴 문장을 청동기에 쓴 것은 청동기의 내구성에 착안하면 문장을 언제까지나 보존하려고 한 것이다. 결국 대우정이나 모공정의 명문은 신이나 조상의 영혼에게 바치는 말은 아니고 제작자의 자손 등에게 읽히고 후세에 전하기 위한 기록문서다. 따라서 문체는 고대의 성인이나 왕의 말을 기록한 서경(书经)에 주나라의 기록으로 여겨지는 여러 편의 문장과 매우 비슷하다.

### 3) 문자의 전국시대

전국시대(戰國時代)에 문자를 어떻게 사용되었는가는 고고학 자료를 통해 알려졌다. 전국시대는 은나라 및 서주시대와는 달리 각각 독자적인 문화를 가지고 있으며, 전국문자는 은이나 서주 초기처럼 통일된 한 종류의 형상이 아닌 다양한 양상을 띠고 있다. 전국문자는 전국시대 제(齐), 초(楚), 연(燕), 한(韩), 조(赵), 위(魏) 여섯 나라에서 사용한 것으로 육국문자라고 부르기도 한다. 춘추시대 주나라가 몰락해가자 봉건제후국들이 나타나 할거했다. 한 글자의 형태에도 지역적인 특징을 반영하여 다르게 변화한다. 진나라에서 대전이 사용되고 나머지 국가의 문자는 서로 달랐다. 이 시기에 한자는 대혼란이 일어났다. 글자를 쓰는 방식이 다르고 간체자도 유행했다. 또한 새나 벌레 모양으로 쓴 조충서(鸟虫书)가 출현했다. 한자는 갑골에 새기거나 청동기에 주조된 것인데 반하여, 이 시대에는 글자를 적은 소재의 종류가 다양하다. 병기, 도기, 옥새, 화폐, 죽간, 비단 등 각종 기물에 글자를 써넣었다. 제나라에서 사용된 글자는 서주의 금문과 비교하면 선이 가늘고 세로로 긴 것이 특징이다. 구천(句践) 검의 명문 글자는 주로 남방에서 사용된 글자체이다. 필획이 매우 복잡하며 새의 머리를 도안화한 서체를 조서체(鸟书体) 또는 조전(鸟篆)이라 한다. 조서체는 1978년 호남성 익양현 초의 유적에서 출토되었다. 초왕의 무기인 동극(铜戟)에도 같은 서체의 '탈작초왕극(敓作楚王戟)' 5글자를 명문에 새겼다. 초나 오·월이 할거하던 장강 유역은 본래 기후 등의 자연조건과 자원이 풍부한 지역이다. 조서체는 바로 그 문화가 글자에 반영된 결과로서 생겨난 것이라고 할 수 있다.

500년에 이르는 군웅 할거 시대의 전국을 통일한 것은 진(秦)이었다. 진은 지리적으로 서쪽 끝에 위치하여 중원 여러 나라의 뛰어난 문화와의 접촉도 늦고 후진국이었다. 전국시대의 효공(孝公 BC 361~BC 338) 때에 급속히 강대해져 동쪽 중원의 작은 나라들을 병합하면서 영토를 확장했다. 전국시대 진의 유물중 가장 유명한 것으로 石鼓가 있다.

석고란 10개로 된 큰 북 모양의 돌에 1구 4문자의 시가 각각 1편씩 새겨진 것이다. 뒤에 유행한 석비의 기원이라고도 할 수 있는 옛날 石刻이다. 돌은 화강암질로 상부는 둥글고 평평한데, 크기는 각각 높이 90cm, 지름은 약 60cm다.

전국시대 진에서 만들어진 청동기는 병기 이외에는 출토된 예가 매우 드물다. 숫적으로 적은 제기(祭器)의 하나로 진(秦)의 명문이 쓰인 것이 있다. 이것은 1923년 감숙성에서 발견된 식품을 담는 용기로 진의 경공(景公(BC 596~BC 537)) 시대의 것으로 추정된다. 이 명문에는 秦·公·不·朕·皇·祖 등 모두 12가지 글자가 각각 두 번씩 사용되었는데, 그들 글자를 뽑아내어 겹쳐보면 각 글자의 필획과 크기가 조금도 다름이 없으며 똑같은 글자라는 것을 알 수 있다. 그래서 이 명문은 청동기를 주조하기 위한 거푸집이 아직 굳기 전에 활자를 눌러서 만든 것으로 추측되며, 넓은 뜻으로 활자 사용의 기원이라고도 생각할 수 있다. 만약 당시 이미 인감이 사용되었다고 하면, 인감의 사용을 청동기 문명의 거푸집에 응용한 것이라고 생각되는데, 하여튼 청동기 명문 가운데에서는 매우 드문 보기이다.

### 4) 진시황의 문자 통일

진시황이 전국을 통일할 때까지는 각 제국의 제도가 다양했다. 제국을 통일한 진은 지역에 따라 다른 제도를 통일시키기 시작한다. 그때에 이사(李斯)는 진시황의 정치 고문으로 활약했다. 이사는 법률에 의한 통치를 주장한 한비자와 함께 순자에게 배웠다. 법가의 사상에 따라 새로운 국가의 기초를 다지기 위해 잇달아 참신한 정책을 제창했다.

진시황이 전국을 통일한 뒤 행한 많은 정책 가운데에서도 가장 중요한 것은 문자의 통일이다. 전국시대 각 제후국의 글씨체가 달라 통일된 표준 글씨체가 필요했다. 예를 들면 제(齐) 등 동쪽의 나라에서는 세로로 긴 글씨체가 사용되고, 남쪽에서는 장식적인 조서가 사용되는 등 각 지역에 따라 사용하는 글씨체가 달랐다. 그래서 진시황은 온 나라가 표준으로 할 수 있는 글씨체를 만들도록 이사에게 명했다. 이때 이

사가 제정한 것이 소전이란 글씨체이다. 소전은 본래 진의 지역에서 사용된 대전(大篆)을 간략화한 것이다.

소전은 황제의 명으로 제정된 진나라의 표준글씨체이다. 황제의 조칙같은 정식문서에는 물론 그 글씨체가 사용되었다. 그리고 법령을 통해 전국에 한자 규범화를 추진했다. 한자규범화는 한자를 근대화하는 기초가 되었으며 고대 한자에서 근대 한자로 넘어가는 분수령이 되었다. 소전은 여전히 상형적인 특징을 보이고 있어 갑골문, 금문을 이해하는 데 도움이 된다. 그래서 학자들은 일반적으로 소전을 고대 한자로 분류했다.

현존하는 소전 자료는 세 종류가 있다. 첫째는 진시황이 각 지역을 순시하며 세운 태산각석(泰山刻石), 낭아대각석(琅雅台刻石), 봉산각석(峰山刻石) 등 공적비이다. 둘째는 이사의 <창힐편>, 조고의 <원력편>, 호무경의 <박학편> 등 문자 학습 교본이다. 셋째는 소전체로 9,359자를 수록한《설문해자》(说文解字)가 있다.

하지만 소전은 원래 곡선이 많아 쓰는 데 시간이 걸리므로 짧은 시간에 많은 글자를 써야 할 경우에는 꽤 불편한 글씨체다. 그래서 진나라와 서한 전기까지 사용되었으나, 서한 중기에 이르러 소전의 자형 구조를 간단하게 하고, 곡선을 직선으로 고쳐 보다 빠르게 쓰기 위해 만든 예서로 교체되었다. 소전은 교체된 후에도 인장(印章)에는 여전히 사용되었다.

### 5) 隶书의 발전

기원전 210년 진시황은 순행 도중에 사망했다. 환관 조고는 거짓 조서를 꾸며 시황제의 둘째아들 호해가 2세 황제가 되었다. 조고는 국정을 마음대로 흔들어 사회가 항상 불안했다. 기원전 209년 진승 오광의 농민반란이 일어났다. 진승은 수만 명을 거느리고 진(陈)을 점령하여 국호를 장초(张楚)라고 했다. 농민군이 수십 만으로 늘어났지만, 정국을 장악하지 못하고 살해되었다. 그후 유방과 항우가 진(陈)나라의 통치에 저항하는 농민군의 지도자가 되었다. 유방은 군사를 이끌고 함양을 공격했다. 마침내 진은 유방에게 투항하여 멸망한다. 진이 멸망한 후 항우는 서초 패왕이 되어 유방이 한왕(汉王)에 봉해진다. 기원전 206년부터 4년 동안 황제 자리를 놓고 항우와 유방이 패권다툼을 했다. 기원전 202년 해하에서 포위당한 초나라 항우는 달아나다 오강에서 자살하여 32세로 생을 마쳤다. 유방은 국호를 한이라 하고 황제에 즉위하여 장안에 도읍을 정했다.

한나라가 건국되면서 한자의 형체에 변화가 일어난다. 소전을 간단하게 바꾸어 만들어진 예서를 사용했다. 예서는 직급이 낮은 관리들이 사용했던 문자이다. 진시황은 봉건제에서 중앙집권제를 실시하면서 공문서 작성에 쓰기 편리한 글자체가 필요했다. 당시 감옥을 관리하던 정막(程邈)이라는 관리는 소전체가 불편하여 예서를 만들었다고 전해지고 있다. 예서는 소전보다 쓰기 편리하도록 구조를 단순화했다. 이전 한자의 상형성을 대폭적으로 개선하여 회의나 형성문자 체계를 구축했다. 현재 사용하고 있는 한자의 구조를 가지고 있어 해서가 탄생할 수 있는 본보기가 되었다. 당시 무기나 토기에 새겨진 문자가 예서와 유사한 형태로 보아 전국시대에 이미 초보적인 형태의 글자가 출현했을 것이다. 20년의 짧은 왕조를 유지한 진나라를 거쳐 한나라 때 예서는 보편적으로 사용되었다.

## 10. 중국문자의 규범화

해서(楷书)는 진서(真书), 정서(正书)라고도 부른다. 해(楷)는 모범적이고 표준이라는 의미이다. 위(魏), 진(晋) 이후 현재까지 통용되고 있는 표준글씨체이다. 예서(隶书)의 가로 획, 세로 획, 삐침, 갈고리 획 등을 토대로 발전시켜 형성되었다. 해서의 구조는 예서와 기본적으로 같으며, 일부분에 변화만 있을 뿐이다. 남북조 시기 혼란 속에서 광범위하게 통용되어 당나라에 이르러 완전히 고정된 형태로 정착했다.

한자는 시대의 변천에 따라 소전, 예서, 해서로 발전했다. 이 과정에서 자형은 혼란이 생겨 자획과 편방이 규범화되지 않은 여러 가지 글자체가 통용되었다. 특히 남북조시대(439-589)는 정치적 혼란으로 많은 학파들로 갈라지고 문자도 통일되지 않았다.

북조시대 북제의 유명한 문장가 안지추(颜之推 531-602?)는 《안씨가훈》(颜氏家训)·<

书证篇>에서 서로 다른 글자를 통용하는 15개 예를 들어 바로잡을 것을 주장했다. 이어서 <杂艺篇>에서 진(晋), 송(宋) 등 남조시대에는 많은 학자들의 글자를 본보기로 법식에 맞게 사용했다. 속자(俗字)도 있었지만 서체를 어지럽히지는 않았다. 양(梁)나라 무제에 이르러 잘못된 글자체가 점차 많아져 이를 제멋대로 사용하여 유학의 경전을 해석한 주석서가 쏟아져 나왔다고 비난했다. 당시 한자의 글자체가 혼란스러웠음을 말해주는 내용이다.

300여 년 동안 분열되었던 남북조는 589년 수(隋)나라가 마침내 통일했다. 초대 황제 문제(文帝)는 유교와 유학자를 존중했다. 그러나 남조와 북조의 학문적 통일을 이루지 못하고 당나라로 넘어간다. 당나라는 사상적 통일을 이루기 위해 과거제도를 활용한다. 명경과(明经科)의 수험과목으로 경학을 채택하자 유교 경전에 대한 공식적인 해석서가 필요했다. 2대 황제인 당 태종 이세민은 통일된 교본인 오경정의의 편찬을 안사고에게 명령한 것이다.

안사고(颜师古)는 안씨가훈을 편찬한 안지추의 손자이다. 그는《오경정의》(五经正义),《대당의례》(大唐儀禮), <급취편주>를 편찬하고 한서(汉书) 100권에 주석을 달았다. 동시에 경전의 오류를 바로잡은 안씨정본을 근거로 해서의 이체자를 정리하여 자양서(字样书)를 편찬했는데, 이것이《안씨자양》(颜氏字样)이다. 이 안씨자양을 저본으로 과거시험의 표준 글자체를 담아 새로《간록자서》(干禄字书)가 편찬되었다. 편찬자는 안사고의 조카인 안원손(颜元孙)이다.

당태종의 명령으로 만든《오경정의》(五经正义)는 755년 대종(代宗)이 장참(张参)에게 교정을 지시했다. 장참의 행정은 자세히 알 수 없으나,《오경문자》(五经文字)의 자서에 국자감에서 가르치는 설문해자, 석경, 자림의 글자는 폐해가 많았고, 오경의 문자는 혼란스럽다고 주장하고 있다. 장참은 곧바로 교정작업을 시작했다. 설문해자, 자림, 한석경, 당나라 육덕명의 경전석문 등을 근거로 대력(大历) 11년(776년)《오경문자》(五经文字)를 완성했다. 오경문자가 완성되고 태화 7년(833) 문종(文宗)은 당현도(唐玄度)에게 구경(九经)을 교정하라고 명령했다.《오경자양》(五经字样)을 보충하여 편찬한 것으로 오경문자를 수정하여 해서체의 모범이 된《구경자양》(九经字样)을 편찬했다.《오경문자》(五经文字)는《설문해자》(说文解字)나 희평석경(喜平石经) 등을 자료로 하여 경서에 나타나는 주요한 글자 3,253자에 대해서 자음과 출전을 주석하여 기록하고, 이체자가 있는 것은 그 자형을 들어 내력을 설명한 책이다

이처럼 중국문자의 정착과정은 정치적으로 통일되고 사회가 안정된 시대에 이루어졌다. 문자를 규범화하는 과정에는 진시황의 문자통일과 당나라 시대의 해서 정리를 높이 평가한다. 당나라 안사고, 안원손, 장참, 당현도 등의 해서체 정착으로 당나라의 위치가 확고해졌던 것이다. 그 배경에는 당나라의 태종의 역할도 중요했다. 그는 글씨를 좋아했고 서법에도 뛰어났다. 태종은 <난정집서>(兰亭集书)를 지은 왕희지의 필적을 유독 좋아했다. 과거시험에도 해서의 필법에 따라 글씨를 쓰는 것을 조건에 넣어 선발했을 정도이다.

## 11. 한자의 근대화

### 1) 문자개혁

당나라가 되자 과거제도가 정비되고, 문자면에서도 그 일환으로 해서(楷书)의 자형이 정리된 것은 앞에서 기술했다. 바로 그 직후 무렵부터 중국에서는 인쇄가 보급되기 시작했는데, 먼저 역(历)이나 종교관계의 지폐 등이 인쇄되어 판매되었다. 그런데 인쇄술이 활기를 띨 무렵 사회에서 보편적으로 사용된 글씨체는 해서였다. 그 무렵 해서 이외의 글씨체는 석비(石碑)의 글씨 등의 특수한 경우 이외에는 거의 사용되지 않았으므로, 인쇄에는 처음부터 필연적으로 해서가 사용되었다. 또한 해서는 다른 글씨체와 비교해보아도 필획에 직선이 많아 목판인쇄의 판목에 조각칼 등으로 글자를 새기는 데 편리한 글씨체였다. 이렇게 해서 인쇄에는 거의 해서가 사용되게 되었으며, 인쇄의 보급과 함께 그 밖의 글씨체는 서도 등 예술적인 분야 이외에는 거의 사용되지 않게 되었다. 그 이후 중국은 서적의 인쇄에 사용하는 해서와 글자의 심미적인 감상을 목적으로 하는 해서 이외의 글씨체가 여러 방면에서 대량으로 쓴 시대라고 할 수 있다. 송부터 그 뒤 명과 청나라 때에도 유교문화가 눈부시게 꽃피어 황제의 명령으로 대규모 서적이 편찬되었다. 특히 청대에는 정밀한 문헌비판에 입각하여 고대의 언어와 사상의 해명을 겨냥한 고증학(考证学)이 발전되어 뛰어난 학술서가 많이 저작되었다. 그들 서적이 지닌 문화적인 의의나 학문적인 가치는 말할 것도 없이 매우 큰 것이었으며, 중국 학술사에서 매우 중요한 자리를 차지하지만, '한자의 역사' 곧 한자 그 자체의 발전이라는 차원에서 보면 그것은 언제나 해서로 쓴 것으로 한데 묶을 수 있으며, 당나라 때에 완성된 해서문화의 연장선에 있다고 할 수 있다. 아편전쟁을 계기로 중국은 그때까지 문화가 낮고 야만적인 국가로 경멸했던 유럽 나라들의 참 실력을 알았다. 다시 1911년 신해혁명으로 유교를 국교로 한 마지막 왕조 청이 무너지고 중화민국으로 되자, 근대국가를 세우기 위해 국가정책으로 언어나 문자를 정비하고 고칠 필요성을 논하게 되었다. 근대 유럽뿐만 아니라, 이전에 중국에 조공을 바치고 중국으로부터 문화를 계속하여 받아들였던 일본까지 명치유신(明治维新)을 계기로 근대적인 국가를 만들기 시작하여 강국으로 되어 가는 것을 봤을 때, 중국의 선각자들은 그들이 발전하는 원인의 하나가 교육의 보급에 있으며, 국민 대다수가 글자를 읽을 수 있다는 사실을 깨달았다.

중국이 세계에서 늦게 깬 상황을 회복하고 근대국가로 재출발하려면 초등교육을 보급하고 문맹을 될 수 있는 한 줄이는 것이 급선무이나, 한자는 너무나도 어려워 교육보급의 큰 장애가 되었다. 그래서 먼저 누구든 한자를 읽고 쓸 수 있도록 하려고 한자에 대응하는 표음문자의 제작을 기획했다. 중국인 가운데서도 서양인의 영향을 받아 자국어를 표기하기 위한 표음문자를 만든 인물이 나타나게 되었다. 중국인이 만든 맨처음의 표음문자는 노당장(卢戆章)이 만든 《中国第一快切音新字》인데, 그는 그 문자로 《一目了然初阶》라는 독본을 만들어 1892년에 출판했다. 노당장은 싱가포르에서 영어를 배운 뒤 귀국해서부터는 하문(厦门)에서 영국인 선교사가 만드는 한영사전 편찬을 도왔다. 중화민국이 성립되자 새로운 표음문자의 작성은 새 정부에 그대로 인계되었다. 중화민국 교육부는 1913년에 전국에서 통용할 공통어를 제정하려고 독음통일회를 열었다. 이 회의에서 전국의 표준음을 나타내기 위해 표음문자로서 채용된 것이 주음자모다. 1949년 10월 1일 중화인민공화국이 성립되고부터는 한자의 세계에도 잇달아 새로운 변화가 일어나기 시작했다. 그것은 한마디로 말하면 '주어진 한자문화'에서 '창조해 내는 한자문화'로의 변화라고 할 수 있다. 이러한 민간의 열의와 국가의 정책이 맞아 떨어진 가운데, 1954년에는 국무원에 중국문자개혁위원회가 설치되었다. 정부의 핵심기관에 문자와 언어에 관한 사정을 전문적으로 다루는 부서가 설치된 것은 중국의 오랜 역사상 처음 있는 일이다. 국가의 문자와 언어개혁의 주요 목적은 표준어의 제정, 한자의 발음을 표기하기 위한 새로운 표음문자의 작성, 한자의 간략화 등 3가지에 있었다. 표준어 제정의 시행은 해방후 중국에서 처음 시작한 것은 아니고, 청대에는 관화로 불리는 공용어가 넓은 지역에서 사용되었으며, 중화민국정부는 북경의 발음과 어휘를 기준으로 한 표준어인 국어를 제정했다. 중화인민공화국은 그 '국어'를 바탕으로 해서 발음과 어휘를 조금 고쳐 새로운 표준어를 만들어 그것을 보통화라 불렀다. 이 보통화의 보급추진과 표리 관계에 있는 것이 중국어의 발음을 표기하려고 만든 한어병음방안이다. 중화인민공화국의 문자개혁에서는 새삼스럽게 한자의 주음체계를 연구하여 종래의 것에서 장점과 단점을 감안하여 완전히 새로운 주음체계를 개발했다. 이것이 1958년 2월 전국인민대표대회에서 승인된 한어병음방안이다. 이것은 그때까지의 한자에 대한 갖가지 주음체계의 집대성이며, 알파벳 이외의 문자나 부호는 일체 쓰지 않는다. 한어병음방안은 전국의 학교와 민간에서 표준어 보급 교육과 글자 배우기 교육에 사용되어 누구라도 이해할 수 있는 정밀한 한자의 발음주기 체계로서 효과를 발휘하여 보통화 보급의 원동력이 되었다. 다만 이것은 어디까지나 한자의 발음을 표기하고, 보통화 보급에 이바지하게 하기 위한 보조적인 글자로서 만든 것이지, 그대로 한자를 대신해 전면적으로 사용할 수 있는 표음문자는 아니다. 해방 후 언어문자정책 가운데에서 한자 그 자체에 가장 큰 영향을 준 것은 한자의 간략화다. 과거에 압도적 다수의 인민이 문맹이었던 것은 한자의 자형이 복잡하여 익히기 어렵기 때문이었다. 그 때문에 정부는 한자의 간략화에 적극적으로 몰두하여, 복잡한 글자의 획(字划)을 간단하게 한 글자(简体字라 한다)를 정식문자로 채용하고, 간략화된 한자를 인쇄나 기록에 사용하도록 지도했다. 중화인민공화국이 간체자에 대해서 공식적으로 맨처음 규정한 것은, 1956년의 한자간화방안이다. 이 방안은 세 부분으로 되어 있는데, 첫째는 종래부터 사적인 기록 등에 자주 사용되어 이 방안이 제정되었을 때에는 이미 신문이나 잡지 등에도 사용되고 있었던 간체자로, 이것에 대해서는 이 방안이 시행되는 것과 동시에 종래의 자형 - 간체자에 반해서 번체자(繁体字)라 한다. 둘째 부분은 신중을 기하려고 먼저 이 방안으로 간략화한 글자를 시험적으로 사용하여 사회의 반응을 보도록 하는 것, 셋째는 한자를 구성하는 편방의 간략화표로서 보다 많은 간체자를 만들 수 있게 된다고 생각하는 것이다. 이렇게 해서 간체자가 사회의 공식문자로 등장했다. 정부는 처음에는 꽤 신중한 자세를 취했는데, 한자의 간략화는 사회로부터 예상 이상의 열렬한 환영을 받았다. 간체자는 그 이후 정규문자로서 공식문서를 비롯해 신문과 잡지, 또는 서적인쇄에도 널리 사용하게 되었다. 1965년 정부는 정규문자로 인정한 간체자를 모두 모아 간화자총표를 공포하고, 또한 인쇄물에 사용하는 간체자의 자형을 통일하려고 <印刷通用汉字字形表>를 발행하여 고전출판물 이외는 모두 그 자형에 준하도록 지시했다. 간체자는 곳곳에서 사용하게 되었으며, 사람들 사이에 완전히 정착했다. 간체자의 제작과 사용이 완전히 궤도에 오른 문자개혁의 움직임은 본래 민중이 지닌 폭발적인 힘과 함께 진전을 계속하여, 실제 중국의 거리에는 정부가 공인한 간체자 이외에도 민중이 독자적으로 만들어 낸 간체자가 물결을 이루는 것이 현실이었다. 해방 후 중국은 문자개혁의 대전제로서 노신과 모택동이 주장한 한자의 완전폐지와 표음문자의 국자화(国字化)를 먼 장래에 실현하고자 그것을 국시(国是)로 삼았다. 그러나 실제로 국가에 의한 문자개혁의 첫걸음으로서 만든 병음문자는 어디까지나 한자에 대한 보조적인 도구로서의 역할이 주어졌을 뿐 한자를 대체하려고 하는 글자는 아니었다. 한자를 대체할 글자는 일찍이 중국에서는 만들어진 적이 아직 없으며, 중국의 정식문자는 현재도 여전히 한자다. 사회가 근대화함에 따라 기계문명이 점점 발달하여 글자도 기계가 읽고 쓰는 시대가 바야흐로 눈앞에 다가오고 있다. 현재 중국에서는 한자를 그런 상황에 대응시키려고 갖가지 노력을 기울이고 있으며, 착실히 성과를 달성하고 있다. 한자는 이제 확실히 계속 근대화되고 있으며 폐지할 필요가 없는 것이다. 중국이 낳은 위대한 한자문화는 유구한 역사적인 배경이 있으므로 지금도 힘찬 숨결을 계속 내뿜고 있으며, 굳건히 대지에 뿌리를 내리고 살아 있다. 그래서 앞으로도 중국문명의 한복판에 자리잡아 계속해서 사용될 것이다.

## 2) 번체자의 간화방법

1955년 문자개혁위원회에서 한자어간화방안초안을 연구 제정하고, 국무원의 전문위원회에서 심의하여 1956년 1월 <汉字语简化方案>을 공포하였다. 1965년에는 <印刷通用汉字字形表>를 공포, 필획의 배열 순서를 정하고 인쇄 자형을 송조체(宋朝体)로 통일 규범화시키고, 1985년 <国家语言文字工作委员会>(중국문자개혁위원회의 後身)에서 56년부터 연구해 온 <普通话异读词番音表>를 공포하여 음을 규범화시켰다. 이와 같이 문자 개혁은 앞서 말한 대로 간화뿐 아니라 표준화, 표음화의 여러 면에서 진행되었다.

1964년 <简化字总表>가 나온 이후로도 계속 간화 작업을 진행시키다가 문화 대혁명의 소용돌이를 거치는 동안은 작업이 정지되었다. 문자개혁위원회에서는 1977년에 <第二次汉字简化方案草案>을 발표하여 의견 청취를 했고, 문혁 기간에 사회에서 날조된 간체자들을 폐지시켰다. 이어 80년에 수정위원회를 발족하여 초안의 수정 작업을 진행하였으나 결국은 공포되지 못한 채 현안으로 질질 끌어왔다. 그러다가 1985년 12월 국무원에서 새 시대의 언어 문자 연구 작업을 수행하기 위한다는 명분하에 <中国文字改革委员会>를 <国家语言文字工作委员会>로 그 명칭을 바꾸었으며, 이 기관에서는 중국어 규범화 작업을 잘 진행시켜 普通话를 적극 보급시키는 일과 현행 한자를 연구 정리하여 그 표준을 제정하고 <汉语拼音方案>을 보급시키는 데 있어서 문제점들을 연구 해결하고 또한 한자의 정보 처리 문제 등 응용 연구 작업을 수행할 것을 촉구하였다.

1986년 1월 6일부터 13일까지 <国家教育委员会>와 <国家语言文字工作委员会>가 공동 주최로 베이징에서 열린 <全国语言文字工作会议>의 주제는 지난 30년간의 언어 문자 개혁 작업의 "회고 및 총결산"이었다.

<汉字简化方案>의 간화 방법은 대략 다음과 같이 분류된다.

### ① 생략

원래 번체자를 부분적으로 삭제한다.

錄 - 录　務 - 务　競 - 竞　隸 - 隶

號 - 号　雖 - 虽　類 - 类　畝 - 亩

雲 - 云 電 - 电 鬍 - 胡 窪 - 洼
塗 - 涂 築 - 筑 術 - 术
奪 - 夺 寧 - 宁 齒 - 齿 慮 - 虑
際 - 际 陽 - 阳 墾 - 垦 啓 - 启
開 - 开 廣 - 广 奮 - 奋 閤 - 合
隱 - 隐 縣 - 县 傘 - 伞 鑿 - 凿(삭제 후 변형)

② 편방의 교체

癥 - 症 醞 - 酝 態 - 态 郵 - 邮
慶 - 庆 聯 - 联 邊 - 边 屬 - 属
樹 - 树 歡 - 欢 僅 - 仅 對 - 对
聽 - 听 竈 - 灶 衛 - 卫 體 - 体

③ 고자의 사용

禮 - 礼 從 - 从 衆 - 众 爾 - 尔

④ 초서체를 해서체화

書 - 书 爲 - 为 東 - 东 專 - 专

⑤ 동음의 교체

幾 - 几 隻 - 只 穀 - 谷 鬱 - 郁

⑥ 신조어

義 - 义 蘭 - 兰 叢 - 丛 關 - 关

## 12. 한자의 부수와 필순

### 1) 부수의 이해

한자는 더 이상 나눌 수 없는 단일구조와 둘 이상으로 나눌 수 있는 복합구조로 되어 있다. 부수는 부분적으로 공통성이 있는 글자를 한데 묶어 대표자를 내세운 것이다.

부수(部首)의 발생은 표의문자(表意文字)가 기하급수적으로 늘어나는 문자를 체계적으로 분류하고 정리할 필요성에서 만들어진 것이다. 최초의 부수의 개념을 창안한 사람은 중국 한(汉)나라 때의 문자(文字)학자였던 허신(许慎)이다. 허신은《설문해자》(说文解字)를 편찬하면서 계통별로 540개의 부수(部首)를 설정, 육서(六书)의 법칙에 따라 9,353자를 체계적으로 분류하여 자원과 자의를 설명했다.

《강희자전》에 이르러 부수가 1획부터 17획까지 총 214개로 감소되었다. 현재 부수의 구조(构造)는 전체 214개 가운데 자원(字源)에 따라 형상을 본뜬 '상형자(象形字)'가 149자, 추상적 상징의 약속인 '지사자(指事字)'가 17자, 두 개 이상의 의미를 결합한 '회의자(会意字)'가 21자, 의미와 발음을 결합한 '형성자(形声字)'가 27자이다. 여기에 자원(字源)에서 확대되어 '가차(假借)'의 개념으로 설명한 부수들도 있다.

#### 부수의 분류

한자의 부수는 놓이는 위치에 따라 8종류로 분류된다. 부수는 상·하, 좌·우 등 글자의 한 부분에 위치하게 되는데 그 놓인 위치에 따라 일정한 명칭을 갖는다.

① 변(边) : 글자의 왼쪽에 위치한 자형의 명칭

仁, 冷, 吹, 地, 婚, 往, 快, 防, 時, 植, 牧, 狗, 現, 睦

② 방(傍) : 글자의 오른편에 오는 자형의 명칭

刑, 功, 形, 郊, 料, 歌, 規, 收, 鳴, 雉

③ 머리(首, 头) : 글자의 위쪽에 쓰이는 자형의 명칭

亨, 冠, 安, 家, 爭, 究, 筆, 署, 華, 發, 雲

④ 발(밑 足) : 글자의 아래에 쓰이는 자형의 명칭

元, 堅, 墨, 娶, 忠, 盟, 製, 貧, 賀

⑤ 엄(엄호 垂) : 글자의 위쪽에서 왼쪽 아래로 걸쳐 쓰이는 자형의 명칭

厄, 尿, 店, 房, 病, 虎

⑥ 받침(책받침 绕) : 글자의 왼쪽 위에서 내려와 아래쪽을 받쳐주는 자형의 명칭

建, 近, 超

⑦ 몸·에운담 : 글자의 바깥쪽을 에워싸는 자형의 명칭

囚, 間, 鬪, 匠, 匿, 街, 凶, 出

⑧ 제부수 : 글자를 더 이상 나눌 수 없고 그대로 쓰이는 자형의 명칭

一, 入, 力, 土, 士, 大, 氏, 牛, 立, 臣, 色, 行, 豆, 辛, 面, 高, 鹿, 麥, 黑, 鼓, 鼠, 齒, 龍

부수의 유형

부수는 모양이 같거나 뜻이 비슷한 한자를 분류하여 214개 대표부수 안에 배열한 것이다. 자전이나 사전 속에 부수의 유형을 분류된 내용의 특성에 따라 나누면 다음과 같다.

- 사람과 관련된 부수

人 儿 女 士 己 尸 心 手 毛 氏 父 爪 皮 目 耳 舌 自 血 面 頁 首 骨 齒 臣 身 耂(老) 欠 尢 尸 屮 牙 手 又 寸 頁 首

- 새 이름

  乙 酉 隹 魚 鳥

- 짐승이름

  犬 牛 羊 羽 虫 角 豕 豸 貝 革 韋 馬 鹿 黽 龜 龍 鼠

- 도구 및 물건 이름

  几 刀 匕 卜 几 卩 巾 宀 户 斗 玉 瓦 皿 网(罒) 聿 肉 舟 衣 车 鬯 鬼 龠 鼓 糸 衣

- 무기

  干 弋 弓 戈 矢 耒

- 곡식 농기구 식물

  黍 麥 米 禾 瓜 豆 臼 缶 竹 鼎 鬲

- 자연

  土 山 日 月 木 水 火 田 石 谷 辰 里 金 門 雨 风 鹵 阜(阝) 邑(阝)

- 동작행위를 나타내는 동사

  止 曰 歹 比 示 而 釆 飛 非 齊 長 行 襾 舛 夂, 攵 又

- 사물의 성질을 묘사한 형용사

  大 小 辛 甘 幺 玄 白 香 靑

### 부수의 변형

부수에는 부수의 기능을 하면서 본래의 글자와 모양이 달라지는 경우가 있다. 둘 이상의 글자를 합치면서 한자 모양의 미적·실용적 측면을 고려하여 나타나게 된 현상이다. 예를 들어 '肉'은 변으로 쓰일 때 '月'로 모양이 변한다. '玉'의 경우도 변의 위치에서 부수로 쓰일 때는 '王' 모양이 된다. 이러한 경우 실제 '달'이나 '임금'의 뜻으로 이해하지 않도록 유의해야 한다. 부수 모양이 변형된 예는 다음과 같다.

| 부수(부수이름) | 바뀐 모양 | 용 례 |
|---|---|---|
| 乙 (새 을) | 乚 | 乳 亂 乾 |
| 人 (사람 인) | 亻 | 仙 伐 依 企 今 介 仁 休 信 |
| 刀 (칼 도) | 刂 | 別 剖 切 分 利 初 |
| 手 (손 수) | 扌 | 持 折 拳 掌 摩 拾 打 抑 |
| 心 (마음 심) | 忄, 㣺 | 忙 快 志 忠 慕 情 思 恭 |
| 攴 (칠 복) | 攵 | 收 故 改 鼓 政 敎 |
| 水 (물 수) | 氵 | 江 池 沙 求 氷 畓 泉 河 流 沐 |
| 火 (불 화) | 灬 | 災 炯 烈 熙 照 無 烹 煎 |
| 犬 (개 견) | 犭 | 狂 狸 狀 獄 獸 狼 猶 獨 |
| 牛 (소 우) | 牜 | 物 牧 牽 牝 牡 特 |
| 爪 (손톱 조) | 爫 | 爭 爲 爰 |
| 网 (그물 망) | 罒, 罓 | 置 罰 罕 罔 罪 署 羅 |
| 老 (늙을 로) | 耂 | 考 者 耆 |
| 肉 (고기 육) | 月 | 肋 肩 育 胎 肉 肝 肥 胎 |
| 艸 (풀 초) | 艹 | 花 苗 草 英 茂 |
| 衣 (옷 의) | 衤 | 表 袋 裂 補 衫 被 裏 |
| 玉 (구슬 옥) | 王 | 玫 理 珍 瑩 璗 珥 瑠 |
| 示 (보일 시) | 礻 | 神 祜 禩 |
| 辵 (쉬엄쉬엄 갈 착) | 辶 | 進 返 送 |
| 邑 (고을 읍) | 阝(右) | 邦 邱 郡 部 郵 鄕 |
| 阜 (언덕 부) | 阝(左) | 防 附 陟 陰 陣 陸 限 |
| 長 (길 장) | 镸 | 镺 镻 镽 |
| 食 (먹을 식) | 飠 | 餘 饑 饌 |
| 彐(돼지머리 터진가로 왈) | 彑, ヨ | 彙 彗 |
| 足(발 족) | 𧾷 | 路 跆 踊 |

## 2) 한자의 필순(笔顺)

한자의 필순은 매우 중요하다. 한자의 구조를 이해하고, 한자 자체(字体)의 균형으로 올바르고 아름답게 쓸 수 있다.

① 한자의 기본 필법은 항상 위에서 아래로 쓴다. 三 工 言 客
② 왼쪽에서 오른쪽으로 쓴다. 川 州 侧 外
③ 가로, 세로가 교차될 때, 가로 획을 먼저 쓴다. 十 春 支(예외) 세로획부터 : 田 角 推
④ 좌우 대칭일 때, 가운데·좌·우 순서로 쓴다. 小 水 乐 (예외) 가운데를 나중에: 火 性
⑤ 삐침과 파임이 겹칠 때 삐침을 먼저 쓴다. 父 交
⑥ 몸과 안이 있을 때, 몸쪽(바깥쪽)을 먼저 쓴다. 内 因 同 司 国
(예외) 우측이 터진 경우는 다르다. 区 匹 臣
⑦ 가로획이 길고 왼쪽 삐침이 짧으면 왼쪽 삐침(ノ)부터 쓴다.
右 布 希 有 文 父 人 入 欠 金 九 力 万 方
⑧ 가로획이 짧고 왼쪽 삐침이 길면 가로획(一)부터 쓴다. 左 友 存 在
⑨ 상하를 꿰뚫는 세로획은 나중에 쓴다. 车 中 手 事 平 虫 里 重
⑩ 좌우로 꿰뚫는 가로획은 나중에 쓴다. 女 母 子 舟 (예외) 가로획부터 쓴다. 世
⑪ 책받침은 나중에 쓴다. 建, 道, 直(단 起, 题, 勉은 먼저 쓴다)

주의해야 할 획수

2획: 了, 冂, 凵, 卩, 厶, 几, 刀, 乃, 匚
3획: 子, 女, 夂, 尢, 尸, 巾, 也, 弓, 幺, 廴, 乞, 刃, 廾
4획: 水, 及, 片, 母, 爿 ,牙, 比, 氏, 辶, 无, 丑, 兮, 幻
5획: 矛, 皮, 皿, 以, 瓜, 戊, 玄, 凹凸, 瓦, 允, 孕, 阞(地脈 륵), 内, 王
6획: 考, 臣, 舛, 艮, 衣, 糸, 臼, 匈, 坊, 艾
7획: 路, 妥, 我, 孛, 延, 把, 迂

## 연습문제

1 선택형

1. 汉字是( )文字.

① 语素　② 音节　③ 音素　④ 词

2. 从汉字形、音、义的关系看,"剥"属( )

① 一形一音一义 ② 一形一音多义 ③ 一形多音一义 ④ 一形多音多义

3. 从汉字形、音、义的关系看,"肖"属"( )l

① 一形多音一义 ② 一形多音多义 ③ 多形一音多义 ④ 多形一音一义

4. "皿"的构造方式是( )

① 象形　② 指事　③ 会意　④ 形声

5. "益"的构造方式是( )

① 象形　② 指事　③ 会意　④ 形声

6. "刃"的构造方式是( )

① 象形　② 指事　③ 会意　④ 形声

7. "闪"的构造方式是( )

① 象形　② 指事　③ 会意　④ 形声

8. "辨"的构造方式是( )

① 象形　② 指事　③ 会意　④ 形声

9.. 汉字字体演变的过程是( )

① 甲骨文, 金文, 策书, 行书, 楷书

② 甲骨文, 金文, 策书, 隶书, 楷书

③ 甲骨文, 金文, 隶书, 楷书, 行书

④ 甲骨文, 金文, 楷书, 行书, 草书

10. 标志着汉字统一的字体是( )

① 金文　② 大篆　③ 小篆　④ 楷书

11. 下列汉字中用"木"作声旁的字是 ( )

① 休　② 沐　③ 采　④ 秒

12. 下列汉字中用"目"作形旁的字是 ( )

① 首　② 钼　③ 睦　④ 眠

2 다항 선택형

1. 下列文字中属古文字的有( )

① 甲骨文 ② 金文 ③ 莱书 ④ 隶书 ⑤ 楷书

2. 下列汉字中属象形字的有( )

① 目 ② 鸟 ③ 刀 ④ 木 ⑤ 鱼

3. 下列汉字属指事字的有( )

① 寸 ② 刃 ③ 本 ④ 水 ⑤ 又

4. 下列汉字属会意字的有( )

① 伐 ② 友 ③ 及 ④ 取 ⑤ 秉

5. 下列汉字中属形声字的有( )

① 他 ② 贴 ③ 斯 ④ 收 ⑤ 虹

6. 现代汉字字形结构的单位有( )

① 笔画 ② 笔顺 ③ 偏旁 ④ 部首 ⑤ 部件

7. 下列汉字用"夷"作声旁的字是( )

① 庚 ② 美 ③ 喷 ④ 姨 ⑤ 胰

8. 下列汉字用"土"作形旁的字是( )

① 吐 ② 针 ③ 在 ④ 地 ⑤ 坟

3 ○× 문형

1. 所谓写规范字,就是不写错别字,不写繁体字.( )

2. 汉字是记录汉语的书写符号系统.( )

3. 从文字符号记录的言结构系统中的单位的情况来分析,有的文字记录的是音素(音位),有的文字记录的是音节,汉字记录的是语素.( )

4. 从书写形式来看,汉字是平面型方块体文字.( )

5. 汉字记录汉语也有分词连写的规则.( )

6. 一个汉字只记录一个音节,汉字和音节是对应的.( )

7. "连门儿也没有"一共有六个音节.( )

8. 有几千年历史的汉字;曾经有过几种主要字体:甲骨文、金文、篆书、隶书、楷书.( )

9. 甲骨文是清末光年间在殷商都城遗址现今河南省安阳市小 屯村发现的.( )

10. 甲骨文是三千多年前的殷商时代通行的文字,这种文字是刻在 龟甲和兽骨上的.( )

11. 金文主要是西周及春秋时代的青铜器上的文字.( )

12. 小篆是秦并六国后使用的标准字体.( )

13. 一般认为楷书出现于汉末,魏晋以后开始流行.( )

14. 楷书的产生,是汉字演进史上的一个转折点.( )

15. "丘、壶、皿、束、田、大、车、马"都是象形字.( )

16. "上、下、本、末、三、亦、刃、中"都是会意字.( )

17. "恭、河、慕、闪、囚、及、从"都是形声字.( )

# 해 답

## 1장 답안

☐1 선택형

1. ③ 2. ③ 3. ① 4. ② 5. ④ 6. ④ 7. ① 8. ① 9. ① 10. ③ 11. ② 12. ① 13. ① 14. ① 15. ② 16. ③ 17. ③

☐2 다항 선택형

1. ①③⑤ 2. ①④⑤ 3. ①④⑤ 4. ①②③ 5. ①③④

☐3 빈칸 넣기

1. 普通话, 普通话, 方言 2. 音义结合的符号系统, 人类社会最重要的交际工具和 思惟工具 3. 口语, 书面语, 文学语言 4. 普通话, 北京语音, 标准音, 北方话, 基础方言, 典范的现代白话文著作, 语法规范 5. 方言, 雅言, 通语, 官话, 国语, 普通话 6. 方言 7. 一个民族全体成员通用, 通行于一定地域 8. 北方方言, 北京话 9. 北方方言, 吴方言, 湘方言, 赣方言, 客家方言, 粤方言 10. 对应规律, 推广普通话 11. 没有复辅音, 元音占优势, 有声调

☐4 ○× 문형

1.× 2. ○ 3. × 4. × 5. ○ 6. × 7. ○ 8. ○

## 2장 답안

☐1 선택형

1. ③ 2. ③ 3. ① 4. ② 5. ④ 6. ④ 7. ① 8. ① 9. ①

☐2 다항 선택형

1. ②④ 2. ①②④⑤ 3. ①③④⑤ 4. ②④⑤ 5. ①②③ 6. ①④ 7. ①②④⑤ 8. ①②④⑤

☐3 ○× 문형

1. ○ 2. × 3. × 4. × 5. × 6. × 7. × 8. × 9. × 10. × 11. × 12. × 13. × 14. × 15. × 16. × 17. ○ 18. × 19. × 20. × 21. × 22. × 23. × 24. × 25. ○ 26. × 27. × 28. × 29. × 30. ×

## 3장 답안

☐1 선택형

1. ③ 2. ① 3. ① 4. ④ 5. ① 6. ① 7. ② 8. ④ 9. ① 10. ① 11. ④ 12. ④ 13. ① 14. ④ 15. ① 16. ④ 17. ④ 18. ④ 19. ④ 20. ③ 21. ③ 22. ② 23. ③ 24. ④ 25. ④ 26. ② 27. ③ 28. ③

29. ③ 30. ④ 31. ② 32. ① 33. ① 34. ③ 35. ③ 36. ③ 37. ① 38. ① 39. ③ 40. ② 41. ① 42. ① 43 ① 44. ③

2 다항 선택형

1. ②③④⑤ 2. ①②③④⑤ 3. ①③⑤ 4. ③④⑤ 5. ①②③④⑤ 6. ①③④⑤ 7. ②③④⑤ 8. ①② 9. ①③⑤ 10. ①② 11. ①②③④ 12. ①④ 13. ①②③④ 14. ④ 15. ①②③④ 16. ①②③④ 17. ①⑤ 18. ①②③④ 19. ①②③④ 20. ①②③④

3 ○× 문형

1. × 2. × 3. × 4. × 5. ○ 6. ○ 7. ○ 8. ○ 9. × 10. ○ 11. × 12. × 13. × 14. × 15. × 16. × 17. ○ 18. × 19. × 20. ○ 21. ○ 22. ○ 23. ○ 24. × 25. × 26. × 27. × 28. × 29. × 30. × 32. × 32. × 33. × 34. ×

4

(1) 的, 了, 吗 (2) 和, 呢 (3) 对, 的, 的 (4) 所, 的, 跟

5

词 : 白菜 白果 白酒 白露 白字 白糖 白杨 改良 改正 改动 改嘴 眼馋 眼看 眼生 眼熟 眼气 小菜 小葱 小节 小人 小舌 小组 小溪 小米 换班 换季 换防 换帖
短语 : 白纸 白墙 白狗 白猫 白活 改好 改作业 眼疼 小河 小湖 小树 小风 换钱 换人

6

1개의 语素 : 湿 海洛因 鹁鸪 迪斯科 轴轳 团图 澎湃 苗条 垃圾
2개의 语素 : 购买 骨肉 车辆 老鹰 反映
3개의 语素 : 地下室 人造丝 紫外线
3개의 语素 : 资产阶级

## 4장 답안

1 선택형

1. ① 2. ③ 3. ④ 4. ① 5. ③ 6. ③ 7. ① 8. ① 9. ③ 10. ② 11. ① 12. ② 13. ① 14. ④ 15. ① 16. ④ 17. ③ 18. ② 19. ② 20. ④ 21. ① 22. ③ 23. ② 24. ②

2 다항 선택형

1. ②③④⑤ 2. ①②③④⑤ 3. ①②③④⑤ 4. ①②③④ 5. ①②③④ 6. ①② 7. ②⑤ 8. ①③④⑤ 9. ①⑤ 10. ①⑤ 11. ③④⑤ 12. ①⑤ 13. ①②③

3 ○× 문형

1. × 2. × 3. × 4. × 5. × 6. × 7. × 8. × 9. ×

## 5장 답안

1 선택형

1. ① 2. ③ 3. ② 4. ① 5. ③ 6. ② 7. ③ 8. ④ 9. ② 10. ③ 11. ② 12. ④

2 다항 선택형

1. ①②③ 2. ①②③④⑤ 3. ①②③ 4. ①②③④⑤ 5. ①②③④⑤ 6. ①⑤ 7. ①②③④⑤ 8. ③④⑤

3 ○× 문형

1. × 2. ○ 3. × 4. ○ 5. × 6. × 7. × 8. ○ 9. ○ 10. ○ 11. ○ 12. ○ 13. ○ 14. × 15. ○ 16. × 17. ×

<참고문헌>

邵敬敏 主編, 现代汉语通论, 上海教育出版社, 2001.
邢公畹 主編, 现代汉语教程, 南开大学出版社, 1992.
胡裕树 主編, 现代汉语, 上海教育出版社, 2001.
邢福义 主編, 现代汉语, 高等教育出版社, 1993.
劉月华 外, 实用现代汉语语法, 外语教学与研究出版社, 1983.
赵永新 編著, 汉语语法概要, 北京语言学院出版社, 1991.
房玉清 著, 实用汉语语法, 北京语言学院出版社, 1992.
孙德金 著, 汉语语法教程, 北京语言学院出版社, 2002.
李一平 主編, 现代汉语, 光明日报出版社, 2005.
赵经平 主編, 现代汉语, 海南日报出版社, 2006.
李 军 編著, 现代汉语, 齐鲁书社, 2005.
香坂順一 著, 정헌철 편역, 중국어학입문, 고려원, 1986.
허성도 역, 현대중국어학개론, 교보문고, 1991.
전광진 역, 중국언어학총론, 동문선, 1996.
강식진 편저, 중국어학개론, 신아사, 2013.
정윤철, 현대중국언어학개론, 소통, 2008.
김현철 외, 현대한어, 차이나하우스, 2007.
김용운 외, 중국언어학개론, 중문출판사, 1994.
권정용 역, 해설종합현대중국어, 학고방, 1995.
장흥권, 현대언어학, 연변출판사, 1989.
김난미 역, 현대중국어개론, 다락원, 2005.
하영삼 역, 한어문자학사, 동문선, 2000.
김언종, 박재양 역, 한자의 역사, 학민사, 1999.
김용걸, 한자자형의 세계, 성신여대출판사, 2002.
심경호, 한자 백가지 이야기, 황소자리, 2005.
심경호 역, 한자학, 이회문화사, 1996.
심경호 역, 문자강화, 바다출판사, 2008.
고인덕 역, 한자의 세계, 솔출판사, 2008.
장원철 역, 한자에 도전한 중국, 산처럼, 2002.
서은숙 역, 창힐의 향연, 이산, 2004.
영남대어문학연구실, 중국어문학역총, 중문출판사.

**오길용**

전북대학교 중어중문학과 졸업
전남대학교 대학원 문학석·박사
현 군산대학교 중어중문학과 교수

저서
새로운 한문의 세계, 중국어와 문화, 한문의 즐거움, 레벨업 중국어, 중국고전소설 강독, 영화로 이해하는 중국 근현대, 기초한자와 한문 익히기, 현대중국어 문법, 현대중국어의 기초, 중국 현대화의 길, 한중일 기초입문 1.2, 한문강독, 현대중국어문법, 한자와 우언 그외 다수

**김훈호**

전남대학교 중어중문학과 졸업
전남대학교 대학원 문학석·박사
현 순천대학교 중어중문학과 교수
현 중국하북사범대학 객원교수
전 인문예술대학 학장 역임

저서
한자와 문화, 서유이목자 연구. 명·청대 관화 연구, 현대중국어 문법, 한자와 우언 그외 다수

# 중국어학 입문

초판 1쇄 발행 _ 2022년 8월 30일

공　　저 • 오 길 용 · 김 훈 호
발 행 인 • 정 현 걸
발　　행 • 신 아 사
인　　쇄 • 대명프린팅
출판등록 • 1956년 1월 5일 (제9-52호)
주　　소 • 서울시 은평구 통일로 59길 4(2F)
전　　화 • 02)382-6411 · 팩스 02)382-6401
홈페이지 • www.shinasa.co.kr
E-MAIL • shinasa@daum.net

ISBN 979-11-92428-31-4 (93720)

**정가 16,000원**